国家粮食和物资储备局 主编

REPORT ON THE DEVELOPMENT OF FOOD AND
STRATEGIC RESERVES IN CHINA 2023

中国粮食和物资储备发展报告

2023

人民出版社

编委会

目　录

注：封面图为湖南粮食集团港口物流区。（来源：国家粮食和物资储备局办公室）

序　言

2022 年中国粮食和物资储备发展概述

　　2022 年，全国粮食和物资储备系统坚持以习近平新时代中国特色社会主义思想为指导，全面落实党的十九大和十九届历次全会精神，认真学习贯彻党的二十大精神，按照党中央、国务院决策部署，坚持稳中求进工作总基调，坚决扛稳保障粮食和物资储备安全政治责任，在国际粮价大幅波动的情况下国内粮食市场保持总体平稳，国家储备实力进一步增强，应急救灾物资保障及时有力，各项重点工作取得新成效，为维护经济发展和社会大局稳定发挥了积极作用。

一、不断强化粮食"产购储加销"协同保障，粮食市场运行保持总体平稳

　　统筹抓好市场化收购和政策性收购，夏粮和早籼稻旺季收购圆满收官，秋粮旺季收购平稳有序，牢牢守住了农民"种粮卖得出"的底线。优化监测预警和统计制度体系，精准落实调控措施，主动回应社会关切，持续释放积极信号。稳步推进政策性粮食公开竞价销售和稻谷饲用定向销售，有力保障了市场供应。选定第二批国家级粮食应急保障企业，县级粮食应急保障能力持续增强。深入推进优质粮食工程，抓好粮食绿色仓储、品种品质品牌、质量追溯、机械装备、应急保障能力和节约减损健康消费"六大提升行动"。全方位开展粮食质量安全风险监测和库存粮食质量安全跨省异地检验监测。印发实施《关于粮食节约减损的指导意见》，加强节粮减损技术研究和标准推广应用，依托产后服务中心助农减损增收。

二、深入推进专项整治和监管执法，坚决守住管好"天下粮仓"

　　全力配合中央纪委国家监委开展粮食购销领域腐败问题专项整治，集中发现和整改了一批问题隐患，会同国家发展和改革委员会出台创新方式强化粮食购销领域监管的通知、加快推进粮食购销领域监管信息化建设的指导意见等一系列制度文件，持久性成效逐步显现；监管信息化建设和应用提速加力，穿透式监管格局初步形成。扎实开展 2022 年度政策性粮食库存检查、新入库粮食跨省交叉检查，创新采用"云端指挥、直插库点"方式，对 17 个省份夏粮秋粮收购进行随机视频抽查。出台粮食流通行政执法办法、粮食购销定期巡查工作制度等，持续开展"亮剑"专项执法行动，执

法力度创历史新高，对个别典型案件给予顶格处罚，形成有力震慑。

三、扎实做好基础设施建设和收储轮换，进一步夯实国家储备物质基础

加快粮食仓储物流设施项目建设，推进高标准粮仓建设，优化升级粮食仓储设施。根据增强储备实力的需要，突出储备设施功能综合化、保障基地化、布局网络化、管理智能化，持续完善物资储存和调运基础设施网络。聚焦保障国家粮食安全、能源安全、产业链供应链安全稳定，认真落实粮食、能源、重要矿产品、应急物资等关键品类物资储备任务，进一步夯实国家储备家底，优化储备布局结构，确保平时备得足、储得好，关键时刻调得出、用得上。立足"两个大局"，强化战略保障、宏观调控和应对急需功能，增强防范化解重大风险能力，充分发挥"压舱石"和"稳定器"作用。坚持有效市场和有为政府有机结合，探索完善国家储备市场调节机制，更加精准地把握吞吐调节的时度效，服务大宗商品保供稳价，以国家储备的确定性应对外部环境的不确定性。

四、积极推动立法改革和"两项考核"，管粮管储机制进一步健全完善

配合做好粮食安全保障法立法相关工作，推进粮食储备安全管理条例修改工作。制定印发"十四五"粮食产业高质量发展、粮食仓储物流设施、粮食和物资储备科技和人才、信息化发展等专项规划，强化宣贯解读和组织实施，切实发挥规划导向作用。深化粮食储备安全管理体制机制改革，研究制定战略和应急物资储备安全管理体制机制改革配套政策，抓好任务落地。会同国家发展和改革委员会等部门研究起草省级党委和政府落实耕地保护和粮食安全责任制考核办法，牵头同步调整完善考核指标评分细则；完成中储粮 2021 年度考核工作，推动做到应改尽改、应罚必罚，指挥棒作用进一步放大。开展重大问题研究，建立定期形势分析机制，制定修订国家储备仓库安全生产监督管理办法等配套制度和有关行业标准。扎实推进安全生产专项整治三年行动，开展安全生产督导检查，针对发现的问题严肃问责，坚决守牢安全生产底线。

五、认真落实管党治党责任，推动全面从严治党向纵深发展

按照全面学习、全面把握、全面落实的要求，深入学习领会党的二十大精神，党组同志带头讲好党课，理论学习中心组每月围绕一个主题进行深入交流，组织党员干部参加宣讲报告会，对副处级以上党员干部进行全员培训。全力配合做好中央巡视各项工作，每月调度进展，扎实推进整改任务落实。印发新时代加强领导班子和干部人才队伍建设的意见，规范选人用人工作，强化素质能力

提升，严格干部管理监督。开展支部标准化规范化建设，增强党组织的政治功能和组织功能，7个党支部分别被评为中央和国家机关、国家发展和改革委员会"四强"党支部。加强政治机关和模范机关建设，组织"学查改"专项活动，深入学习贯彻习近平新时代中国特色社会主义思想特别是习近平经济思想，跟进学习贯彻习近平总书记最新重要讲话和指示批示精神。提高内部巡视巡察质量水平，国家粮食和物资储备局党组完成十九届巡视全覆盖任务。制定经济责任审计等制度，开展各类专项审计。建立国家粮食和物资储备局党组成员联系垂管单位及基层党建工作联系点制度，切实加强对垂管单位的领导和监督。坚决拥护对张务锋免职、审查调查、开除党籍和公职，积极清除流毒影响。开展"端正党风严守党纪、凝心聚力干事创业"专题教育，引导党员干部集中精力干好本职工作。一体推进不敢腐、不能腐、不想腐，实事求是践行"四种形态"；与驻委纪检监察组进行专题会商，针对会商指出问题制定整改措施，组织司局单位对职权事项进行廉政风险排查，进一步完善项目建设、物资收储等高风险领域制度规定；制定机关文化建设实施方案和加强新时代廉洁文化建设的15项措施，大力弘扬粮食和物资储备系统优良传统，积极涵养风清气正的良好政治生态。

撰稿单位：国家粮食和物资储备局办公室（外事司）

撰稿人：王勇

审稿人：方进

综述

深入学习贯彻习近平总书记关于国家粮食安全的重要论述精神

（《习近平经济思想研究》2023 年第 5 期）

郑栅洁*

粮食安全是"国之大者"。在世界百年变局加速演进、国际环境日益复杂严峻和我国迈上强国建设、民族复兴新征程的时代背景下，深入学习贯彻落实习近平总书记关于国家粮食安全的重要论述，对于确保我国粮食安全、促进高质量发展和高水平安全的良性互动，具有十分重要的意义。按照党中央统一部署，中央党史和文献研究院会同国家粮食和物资储备局，编辑出版了《习近平关于国家粮食安全论述摘编》，为深入学习贯彻习近平总书记重要论述精神，切实做好新时代保障国家粮食安全工作，指明了前进方向，提供了根本遵循，我们要深入学习领会蕴含其中的核心要义，切实抓好贯彻落实。

一、提高政治站位，切实增强学习贯彻习近平总书记关于国家粮食安全重要论述的思想自觉、政治自觉和行动自觉

党的十八大以来，习近平总书记高瞻远瞩、统揽全局，以战略眼光、宏阔视野、深厚情怀，就保障国家粮食安全提出一系列新理念新思想新战略，系统阐述了保障国家粮食安全的重大理论观点，深刻回答了端牢 14 亿多中国人饭碗的重大实践问题，擘画实施了国家粮食安全战略，为做好新时代国家粮食安全工作提供了强大的思想武器和科学的行动指南。我们要认真学习领会，深刻把握蕴含其中的重大政治意义、理论意义和实践意义。

第一，习近平总书记关于国家粮食安全的重要论述，集中体现了以人民为中心的发展思想，具有重大的政治意义。民心是最大的政治。悠悠万事，吃饭为大。粮食问题不能只从经济上看，必须从政治上看，保障国家粮食安全是实现经济发展、社会稳定、国家安全的重要基础。近年来，受百年变局、世纪疫情、乌克兰危机和自然灾害等叠加影响，全球粮食安全形势复杂严峻，粮食问题备受老百姓关注，解决好吃饭问题，事关广大人民群众的获得感、幸福感、安全感。习近平总书记立足解决

---

* 郑栅洁，习近平经济思想研究中心理事会理事长，国家发展和改革委员会党组书记、主任。

14亿多人口吃饭这个最大的国情，更好满足广大人民群众所思所盼，提出了"粮食安全是头等大事""确保谷物基本自给、口粮绝对安全，确保中国人的饭碗牢牢端在自己手中"等重要论断和部署，体现了把人民放在心中最高位置的崇高情怀，对于增进民生福祉、维护社会和谐稳定、巩固党的执政基础具有极为重要的意义。

第二，习近平总书记关于国家粮食安全的重要论述，凝聚升华了我们党解决粮食问题的实践探索和宝贵思想，具有重大的理论意义。时代是思想之母，实践是理论之源。我们党历来高度重视粮食问题，团结带领全国人民经过不懈努力，实现了由"吃不饱"向"吃得饱"进而追求"吃得好"的历史性转变。特别是党的十八大以来，在以习近平同志为核心的党中央坚强领导下，我国粮食安全保障能力显著增强，为全面建成小康社会提供了有力支撑保障，走出了一条中国特色粮食安全之路。我国以占世界9%的耕地、6%的淡水资源，养育了世界近五分之一的人口，从新中国成立前4亿人"吃不饱"到今天14亿多人"吃得好"，响亮回答了"谁来养活中国"这一问题。习近平总书记关于国家粮食安全的重要论述，植根于我们党百年奋斗特别是新时代十年波澜壮阔的伟大实践，继承发扬了党领导粮食工作的重大原则和基本经验，系统阐释了"保障国家粮食安全的根本在耕地""坚持农业科技自立自强，用中国种子保障中国粮食安全""健全种粮农民收益保障机制和主产区利益补偿机制"等新时代粮食安全的重大理论和实践课题，科学揭示了粮食安全的内在规律，是我们党粮食安全理论创新发展的集中体现。

第三，习近平总书记关于国家粮食安全的重要论述，深刻阐释了在新时代新征程上把牢粮食安全主动权的历史使命，具有重大的实践意义。当今世界进入新的动荡变革期，我国发展进入战略机遇和风险挑战并存、不确定难预料因素增多的时期，各种"黑天鹅""灰犀牛"事件随时可能发生。在众多风险挑战中，粮食安全问题是底线中的底线问题。习近平总书记科学准确把握粮食安全面临的风险挑战和复杂严峻形势，深刻指出"只有把牢粮食安全主动权，才能把稳强国复兴主动权"，并对保障粮食稳定安全供给、全方位夯实粮食安全根基等作出战略部署。这些都充分体现了习近平总书记作为马克思主义政治家、思想家、战略家的历史担当、忧患意识和战略远见，为解决好我国粮食安全领域重大问题、把牢粮食安全主动权提供了有力思想武器。

二、深学细悟笃行，全面准确学习领会习近平总书记关于国家粮食安全重要论述的丰富内涵和实践要求

习近平总书记关于国家粮食安全的重要论述，是一个科学、系统、完善的思想理论体系，内容丰富、内涵深刻，思想性、政治性、指导性都很强。《论述摘编》用八个部分作了专题梳理，可以从战略定位、战略目标、战略举措、战略保障等四个方面把握其科学内涵和

实践要求，将这一科学理论的强大思想伟力转化为推进粮食事业取得新发展新成效的强大实践动力。

在战略定位上，牢牢把握粮食安全是"国之大者"、头等大事和永恒主题。习近平总书记强调，农业保的是生命安全、生存安全，是极端重要的国家安全。只有农业强起来，粮食安全有完全保障，我们稳大局、应变局、开新局才有充足底气和战略主动。我们必须充分认识到，虽然我国粮食生产连年丰收，但粮食安全基础仍不稳固，赶不上需求的快速增长和结构的不断变化，粮食增产面临的水土资源、生态环境压力越来越大，供需处于一个紧平衡状态，而且紧平衡很可能是我国粮食安全的长期态势，粮食安全形势依然严峻，不可能长期出现高枕无忧的局面，什么时候都不能轻言粮食过关了。如果粮食安全出问题，发展和安全就会失去基础。为此，要突出底线思维、居安思危、未雨绸缪，始终绷紧粮食安全这根弦。

在战略目标上，牢牢把握确保中国人的饭碗牢牢端在自己手中的极端重要性。习近平总书记强调，立足国内基本解决我国人民吃饭问题，是由我们的基本国情决定的，也是我们一以贯之的大政方针。一个国家只有立足粮食基本自给，才能掌握粮食安全主动权，进而才能掌控经济社会发展这个大局。靠别人解决吃饭问题是靠不住的。我们必须对此有清醒认识，对于我们这样一个人多地少的发展中大国来说，在粮食问题上决不能心存侥幸，不能主要依靠国际市场来解决吃饭问题。为此，要坚持以我为主，始终立足自身抓好农业生产，以国

内稳产保供的确定性，有效应对外部环境的不确定性。

在战略举措上，牢牢把握全方位夯实粮食安全根基的重点任务。习近平总书记强调，必须全方位夯实粮食安全根基，既要抓物质基础，强化藏粮于地、藏粮于技，也要抓机制保障，做到产能提升、结构优化、韧性增强、收益保障、责任压实。《论述摘编》分别从耕地、科技、收益保障和利益补偿机制、农业供给侧结构性改革、储备调节、节约粮食等方面，对相关重点任务作了非常系统的论述。我们必须认真学习领会，深入实施国家粮食安全战略，始终坚持以我为主、立足国内、确保产能、适度进口、科技支撑，落实藏粮于地、藏粮于技战略，搞好粮食储备调节，善于用好两个市场、两种资源，参与国际合作，推进全链条节约减损，让节约粮食在全社会蔚然成风，做到开源和节流并重，全面提高粮食生产、储备、流通能力。

在战略保障上，牢牢把握严格落实粮食安全党政同责的政治责任。习近平总书记强调，要严格实行粮食安全党政同责，继续落实"菜篮子""米袋子"责任制。要牢牢守住耕地红线，压实责任，出现问题要及时问责、终身问责，确保粮食安全兹事体大，是国之大者。我们必须深刻认识到，粮食安全党政同责是政治责任，不能有丝毫懈怠。当前，我国粮食生产呈现向主产区集中趋势，有利于发挥各地比较优势，但粮食生产和调度风险也在集中，必须压实耕地保护、粮食安全责任，主产区、主销区、产销平衡区都有责任保面积、保产量，饭

碗要一起端，责任要一起扛。

三、对标对表看齐，把习近平总书记关于国家粮食安全的重要论述精神贯彻落实到保障国家粮食安全的各领域全过程

在全力推动高质量发展、全面推进中国式现代化的新征程上，我们要坚持以习近平新时代中国特色社会主义思想为指导，学习好、宣传好、运用好习近平总书记关于国家粮食安全的重要论述，有机融入正在开展的学习贯彻习近平新时代中国特色社会主义思想主题教育之中，深化理解认识，抓好贯彻落实，坚决扛稳保障国家粮食安全的政治责任，把学习成果切实转化为做好粮食安全工作的强大动力和生动实践。

第一，加强党对粮食工作的全面领导。注重从讲政治的高度理解和推进粮食安全工作，以保障国家粮食安全的实际行动坚定拥护"两个确立"、坚决做到"两个维护"。一要强化理论学习。学懂弄通做实习近平总书记重要论述，原原本本学、及时跟进学、深入思考学，与学习贯彻党的二十大、中央经济工作会议、中央农村工作会议精神贯通起来，与本地区本部门工作实际结合起来，自觉贯彻到粮食安全各项工作之中。二要大兴调查研究。落实党中央关于大兴调查研究的部署要求，突出问题导向和目标导向，深入研究解决粮食安全重大问题，走到一线去，问需于民、问计于民，研究提出补短板强弱项的对策措施，为党中央科学决策提供参考，为推进政策落实明确靶向。三

要压紧压实责任。扎实开展耕地保护和粮食安全责任制考核，督促各地真正把保障粮食安全的责任扛起来，确保党中央关于粮食安全的大政方针落实到位。

第二，切实筑牢粮食安全基础。党的二十大、中央经济工作会议、中央农村工作会议对当前和今后一个时期粮食安全工作作出了全面部署，我们要切实把党中央决策部署落实落细、抓出实效。一要持续加强基础能力建设。抓住耕地和种子这两个要害，坚决守住18亿亩耕地红线，逐步把永久基本农田全部建成高标准农田，把种业振兴行动切实抓出成效，把当家品种牢牢攥在自己手里。二要持续强化粮食产购储加销协同保障。实施新一轮千亿斤粮食产能提升行动，健全粮食储备体系，深入开展粮食节约行动，树立大食物观，构建多元化食物供给体系，多途径开发食物来源。三要持续完善制度政策和机制。加快推进粮食安全立法，健全种粮农民收益保障和主产区利益补偿机制，不断提高粮食安全治理现代化水平。

第三，深入开展粮食执法监管。政府储备粮是保百姓饭碗的粮食，必须做到数量真实、质量良好，不能平时老说库盈囤满，真到急用时却拿不出来。具体工作中，要做到"三个严格"。一要严格惩治腐败问题。深化粮食购销领域腐败问题专项整治，改革完善体制机制。二要严格执法监督检查。加大执法检查力度，严肃查处涉粮违法违规案件，形成有力震慑。三要严格信息化监督。加强事前事中事后全流程监管，特别是要做好事中监管、防患未然。大力推进粮食监管信息化，建成覆盖中央和地

方政策性粮食的数字化监管系统，切实提升穿透式监管能力。

第四，全力做好粮食保供稳价。粮价是百价之基础，粮价稳百价稳。近年来，虽然国际粮价大幅上涨、供需矛盾突出，但我国粮食市场保持总体平稳，为宏观经济稳定作出了重大贡献。当前，重点要在"三稳三增"上下功夫。一要稳面积、增产量。抓住农时季节，加强技术指导，推广应用先进适用技术，努力提高单产，减少损耗率，为粮食丰产丰收打牢基础。二要稳市场、增供应。密切关注国内外粮情动态，把握好力度节奏，做好产运销衔接、进出口调节、政策性粮食投放等工作，确保粮食市场供应和价格基本稳定。三要稳预期、增动力。统筹做好粮食收购、农资供应、补贴落实等工作，用心用情用力解决好基层和群众急难愁盼问题，保护和调动农民种粮积极性，进一步凝聚保障粮食安全强大合力。

保障粮食安全，责任重于泰山。我们要更加紧密地团结在以习近平同志为核心的党中央周围，坚持以习近平新时代中国特色社会主义思想为指导，深入贯彻落实习近平总书记关于国家粮食安全的重要论述精神，深刻领悟"两个确立"的决定性意义，增强"四个意识"、坚定"四个自信"、做到"两个维护"，踔厉奋发、担当作为，加快构建更加完善的国家粮食安全保障体系，以新安全格局保障新发展格局，为全面建设社会主义现代化国家、全面推进中华民族伟大复兴作出新的更大贡献。

全方位夯实粮食安全根基

（《习近平经济思想研究》2023 年第 1 期）

丛　亮 *

洪范八政，食为政首。习近平总书记高度重视保障国家粮食安全，在党的十九大、二十大和中央经济工作会议、中央农村工作会议上作出重要论述，从东北到海南、从中原到边疆，从产区到销区、从科研一线到田间地头，一次次谆谆告诫、殷殷嘱托，立足新时代擘画了中国特色粮食安全之路，引领和推动了粮食安全的理论创新、制度创新和实践创新。这些重要论述立意高远、内涵丰富，全面阐述了国家粮食安全的极端重要性，深刻洞察了我国粮食安全面临的形势任务，科学揭示了粮食安全的内在规律，系统回答了国家粮食安全的战略定位、战略举措、战略保障等重大问题，充分体现了习近平总书记深邃的战略思维、宏阔的历史视野、深厚的人民情怀、宽广的世界眼光，为解决好粮食安全领域重大问题提供了有力思想武器。要全面贯彻习近平总书记重要论述精神，坚持统筹发展和安全，从初级产品供给保障的战略高度，坚决扛稳保障国家粮食安全的政治责任，全方位夯实粮食安全根基，把中国人的饭碗牢牢端在自己手中。

一、我国粮食安全保障取得巨大成就

习近平总书记在党的二十大报告中指出：“谷物总产量稳居世界首位，十四亿多人的粮食安全、能源安全得到有效保障。”在看望参加全国政协十三届五次会议的农业界、社会福利和社会保障界委员时，习近平总书记深刻指出：“经过艰苦努力，我国以占世界 9% 的耕地、6% 的淡水资源，养育了世界近 1/5 的人口，从当年 4 亿人吃不饱到今天 14 亿多人吃得好，有力回答了‘谁来养活中国’的问题。”党的十八大以来，以习近平同志为核心的党中央把解决好十几亿人的吃饭问题作为治国理政的头等大事，立足世情国情粮情，提出“谷物基本自给、口粮绝对安全”的新粮食安全观，确立“以我为主、立足国内、确保产能、适度进口、科技支撑”的国家粮食安全战略，我国粮食生产能力不断增强，粮食流通现代化水平明显提升，粮食供给结构持续优化，国家粮食

＊　丛亮，习近平经济思想研究中心理事会副理事长，国家发展和改革委员会党组成员、副主任，国家粮食和物资储备局党组书记、局长。

安全保障更加有力。

粮食安全制度日益健全。中央一号文件连续聚焦"三农";《乡村振兴战略规划（2018—2022 年）》作出建立全方位粮食安全保障机制的部署;建立健全粮食安全省长责任制、加强耕地保护和改进占补平衡、建立粮食生产功能区和重要农产品生产保护区、大力发展粮食产业经济、开展粮食节约行动、实施重要农产品保障战略、加强高标准农田建设、地方党委和政府领导班子及其成员粮食安全责任制等方面重要文件先后出台。制定修订农业法、土地管理法、种子法、反食品浪费法、粮食流通管理条例等法律法规。实行粮食安全党政同责，开展粮食安全责任制考核、中央储备粮管理和中央事权粮食政策执行情况考核，构成了落实国家粮食安全战略的责任体系。

粮食生产能力稳步提升。深入实施"藏粮于地、藏粮于技"战略，聚焦种子和耕地两个要害，农业生产条件和技术水平不断提高。划定永久基本农田并实施特殊保护，到 2022 年底累计建成 10 亿亩高标准农田。农田有效灌溉面积超过 10 亿亩，主要粮食作物耕种收综合机械化率均超过 80%，主要农作物良种基本实现全覆盖，农业科技进步贡献率超过 60%。优化农业生产区域布局，加强粮食生产功能区和重要农产品生产保护区建设。完善生产经营方式，着力培育新型农业经营主体和社会化服务组织，逐步形成以家庭经营为基础、合作与联合为纽带、社会化服务为支撑的立体式复合型农业经营体系。我国粮食生产实现"十九连丰"，总产量连续 8 年保持在 6500 亿

公斤以上，人均粮食占有量明显高于世界平均水平。

粮食储备实力不断增强。中央深改委第八次会议审议通过《关于改革完善体制机制加强粮食储备安全管理的若干意见》，完善了与我国经济体制相适应的现代粮食储备制度框架。新建、改造和提升了一批粮食仓储设施，机械通风、粮情测控等储粮技术广泛应用，低温、气调等绿色储粮技术逐步推广，仓储条件总体达到世界较先进水平。科学确定粮食储备功能、规模、布局，加强政府粮食储备管理;开展全国政策性粮食库存数量和质量大清查，全面摸清了粮食库存家底;粮食储备体系不断健全，有效发挥了守底线、稳预期、保安全的关键作用。

粮食流通体系持续完善。坚持市场化改革取向和保护农民利益并重，稳妥推进粮食收储制度改革，多元市场主体购销格局基本形成，政策性收购托底作用有效发挥，没有发生过大面积"卖粮难"。大力实施优质粮食工程，推进优粮优产、优购、优储、优加、优销"五优联动"，在更高层次上促进了粮食产需动态平衡。"两横六纵"八大跨省粮食物流骨干通道打通，原粮散粮运输、成品粮集装化运输比重大幅提高。加强粮食供应保障网络建设，应急加工配送体系进一步完善。健全粮食市场监测预警体系，精准落实粮食市场调控措施。在国际粮食市场复杂多变的情况下，我国粮食市场运行总体平稳，在应对风险挑战、稳定经济大势中发挥了应有作用。

粮食国际合作继续深化。作为世界上最大

的发展中国家和负责任大国，中国始终是维护世界粮食安全的积极力量。用好国内国际两个市场、两种资源，促进全球粮食贸易发展；积极响应和参与联合国粮农组织、世界粮食计划署等国际组织的倡议和活动；与数十个国家和国际组织签署了粮食和农业多双边合作协议，在农业种植、粮食仓储、农业机械及农产品加工等领域向有需要的国家实施援助项目。以"减少粮食损失浪费，促进世界粮食安全"为主题，召开国际粮食减损大会。2019年，国务院新闻办公室发布《中国的粮食安全》白皮书，展现了我国保障粮食安全的成就，宣示了政府立场和政策主张，彰显了在中国共产党领导下端好中国人饭碗的战略自信，塑造了积极维护世界粮食安全的国际形象，在国内外产生良好反响。

二、科学准确把握粮食安全新形势新要求

粮食安全是"国之大者"。在以习近平同志为核心的党中央坚强领导下，经过各地各部门和广大干部群众的共同努力，我国粮食连年丰收、库存充实、供应充裕、市场稳定，粮食安全保障能力显著增强，"中国粮食、中国饭碗"成色更足，为在"两个大局"中应对各种风险挑战提供了有力支撑；同时也要清醒认识到存在的短板和压力。准确把握形势变化，坚定信心、保持定力，精准研判、清醒审慎，积极应对、主动作为，坚决守住国家粮食安全底线。

从全球范围看，粮食安全是人类面临的重大课题。习近平总书记深刻指出，"粮食安全是事关人类生存的根本性问题"，"看看世界上真正强大的国家、没有软肋的国家，都有能力解决自己的吃饭问题"。近年来，全球饥饿人口数量居高不下，实现联合国2030年可持续发展议程"零饥饿"目标面临巨大挑战，需要各国加强合作、共同努力。当前，世界进入新的动荡变革期，我国发展进入战略机遇和风险挑战并存、不确定难预料因素增多的时期。增强忧患意识、坚持底线思维，准备经受风高浪急甚至惊涛骇浪的重大考验，比任何时候都要注意处理好发展和安全的关系。一个国家只有立足粮食基本自给，才能掌握粮食安全主动权，进而才能掌握经济社会发展这个大局。"手中有粮、心中不慌"，如果在吃饭问题上被"卡脖子"，就会被一剑封喉。中国人的饭碗要牢牢端在自己手里，而且里面应该主要装中国粮，以国内稳产保供的确定性应对外部环境的不确定性。

从我国实际看，粮食供需中长期处于紧平衡态势。早在2013年习近平总书记就明确指出："虽然我国粮食生产连年丰收，但这就是一个紧平衡，而且紧平衡很可能是我国粮食安全的长期态势。"2022年初，习近平总书记进一步强调："在粮食安全这个问题上不能有丝毫麻痹大意，不能认为进入工业化，吃饭问题就可有可无，也不要指望依靠国际市场来解决。"在党的二十大报告中，习近平总书记再次强调，"确保粮食、能源、产业链供应链可靠安全和防范金融风险还须解决许多重大问题"。受资源禀赋等制约，我国在粮食问题上

不可能长期高枕无忧，资源环境约束加剧与粮食需求刚性增长的矛盾突出，粮食品种、区域等结构性矛盾突出，成本刚性上升与增加种粮收益的矛盾突出，个别品种外采率高与国际贸易风险的矛盾突出。粮食多一点少一点是战术问题，粮食安全是战略问题；不能把粮食当成一般商品，光算经济账、不算政治账，光算眼前账、不算长远账。居安思危，安不忘危。在粮食问题上，不能得健忘症，不能好了伤疤忘了疼。保障国家粮食安全是一个永恒课题，任何时候这根弦都不能松。

从新发展阶段看，粮食安全应坚持系统观念，强化产购储加销协同保障。习近平总书记在党的二十大报告中明确提出，全方位夯实粮食安全根基，确保中国人的饭碗牢牢端在自己手中。对我们这样一个大国来说，保障好粮食等初级产品供给，是现实所需也是长远战略；既需要规模数量，也需要合理布局；既需要足够的粮食产量和库存，也需要相应的加工流通和产业链掌控能力。要围绕产购储加销各个环节综合施策，制定实施衔接配套的制度政策和改革举措，不断增强粮食供给体系韧性，推动全链条协同保障粮食安全，牢牢守住国家粮食安全底线。粮食安全的根基是"能力安全"，要切实把着力点放在国内生产能力、必要的储备能力以及国际资源掌控能力上来。要树立大食物观，在确保谷物基本自给、口粮绝对安全的基础上，全方位多途径开发食物来源。要贯彻以我为主、立足国内的粮食安全方针，统筹谋划、系统推进，强化弱项、巩固基础，确保粮食面积、产量不掉下来，粮食供给、市场不出问题。

三、坚定走好中国特色粮食安全之路

悠悠万事，吃饭为大。要坚决贯彻习近平总书记关于保障国家粮食安全的重要论述精神，认真落实总体国家安全观和国家粮食安全战略、乡村振兴战略，牢记"国之大者"，增强忧患意识，坚持底线思维，加快构建更高层次、更高质量、更有效率、更可持续的国家粮食安全保障体系，牢牢把住国家粮食安全的主动权，更好服务于全面建设社会主义现代化国家、全面推进中华民族伟大复兴中国梦的大局。

全面落实"藏粮于地、藏粮于技"战略。19年来我国粮食连年丰收，得益于耕地等基础设施保障能力的不断增强，得益于品种改良、科技进步带来的单产提高。要按照耕地和永久基本农田、生态保护红线、城镇开发边界的顺序，统筹划定落实三条控制线；落实"长牙齿"的耕地保护硬措施，坚决守住18亿亩耕地红线；加强用途管制，规范占补平衡，强化土地流转用途监管，推进撂荒地利用，坚决遏制耕地"非农化"、基本农田"非粮化"。实施新一轮千亿斤粮食产能提升行动，逐步把永久基本农田全部建成高标准农田。加快发展高效节水灌溉，在水土资源条件适宜地区建设改造一批大中型灌区，提高稳产增产能力。推进耕地宜机化改造，解决耕地碎片化问题。抓紧抓实种源等农业关键核心技术攻关，提高种业企业自主创新能力，推进育繁推一体化发展，把种业振兴行动切实抓出成效，把当家品种牢牢攥在自己手里。加快农机农艺、良种良法等科技突破，加强农机农艺融合和集成示范。始终立足抗灾夺丰收，健全农作物病虫害等防治体系，全面提高农业抗风险能力。

切实提升粮食收储调控能力。民以食为天，粮价是百价之基。稳住大国粮仓，稳了物价，稳了市场，稳了预期，方能为经济社会发展大局提供坚实支撑和回旋余地。要不断强化产购储加销协同保障，完善粮食监测预警体系，加强精准调控和预期管理，合理把握政策性粮食销售节奏和力度，保持粮食市场运行总体平稳。坚持和完善最低收购价政策，认真抓好政策性收购，积极推动主体多元、渠道多样、优粮优价的市场化收购。深化粮食产销合作，提高省际粮食流通的组织化程度，构建长期稳定、高效精准的粮食产销合作关系。推进高标准粮仓建设，优化升级和新建扩建粮食仓储设施，调整粮食储备设施区域布局。科学确定储备规模，优化储备品种规模和结构布局，加强协同运作，充分发挥中央储备粮"压舱石"和地方储备粮"第一道防线"作用。以共建"一带一路"国家和地区为重点，积极支持粮食企业"走出去"和"引进来"，拓展多元化粮食来源市场。

大力推动粮食产业高质量发展。产业强，粮食安。要优化农业布局和产品结构，将有限的资源优先用于口粮等必保品种。以粮食生产功能区和重要农产品生产保护区为重点，建设国家粮食安全产业带。以"粮头食尾"和"农头工尾"为抓手，延伸粮食产业链、提升价值链、打造供应链，构建从原粮到成品、产区到销区、田间到餐桌的"大粮食""大产业""大流通"格局。深入推进优质粮食工程，实施粮食绿色仓储、粮食品种品质品牌、粮食质量追溯、粮食机械装备、粮食应急保障能力、粮食节约减损健康消费"六大提升行动"。推广"阜南样板"等经验，培育壮大龙头企业，带动品种培优、品质提升、品牌打造和标准化生产，为巩固拓展脱贫攻坚成果同乡村振兴有效衔接增添后劲。大力实施科技和人才兴粮兴储，推动粮食科技改革创新，加快成果转化、升级换代，将研究成果写在大地上，写在粮库里，写在实践中，促进粮食产业提质增效。

深入开展粮食节约行动。粮食生产、流通、加工、消费环节浪费现象不容忽视，保障粮食安全，要在增产和减损两端同时发力。要不断强化全链条管控，加强农业机械研制推广，提高粮食作物机械化作业水平；加快仓储设施升级改造，大力推广绿色低温储粮技术；鼓励发展粮食循环经济，完善粮油技术标准，引导口粮适度加工，减少加工损耗和营养流失；引导公众养成科学合理膳食习惯，多措并举制止粮食消费领域浪费；加强饲料粮减量替代，提高饲料利用效率。举办世界粮食日和全国粮食安全宣传周等主题活动，大力营造爱粮节粮、健康消费的社会新风尚。

不断提高粮食安全依法治理水平。作为有着14亿多人口的大国，发挥法治固根本、稳预期、利长远作用，用法治方式保障国家粮食安全，十分必要而紧迫。要加快推动粮食安全立法进程，力争粮食安全保障法、粮食储备安全管理条例等早日出台，支持各地制定粮食安全地方性法规，优化依法管粮的法律制度环境。加大改革力度，完善粮食储备购销领域监管体制机制。加强智能粮库建设，促进人防技防相结合，强化粮食库存动态监管，全面实现信息化穿透式监管，严查涉粮违法违规案件，曝光典型案例，保持高压态势，坚决守住管好"天下粮仓"。

坚决扛稳保障粮食安全重任。粮食安全要实行党政同责，"米袋子"省长要负责，书记也要负责。主产区、主销区、产销平衡区都要保面积、保产量，不断提高主产区粮食综合生产能力，切实稳定和提高主销区粮食自给率，确保产销平衡区粮食基本自给，做到饭碗一起端、责任一起扛。要不断强化耕地保护和粮食安全责任制考核，加大对耕地保护、面积产量、收储调控、保供稳价、应急保障和粮食质量安全等考核力度，压紧压实地方党委政府保障粮食安全责任。扎实开展中央储备粮管理和中央事权粮食政策执行情况考核，督促承储企业严格履行主体责任，保证数量真实、质量良好、储存安全。同时，按照让农民种粮有利可图、让主产区抓粮有积极性的目标要求，加大农业保护支持力度，健全种粮农民收益保障机制和主产区利益补偿机制，多渠道增加种粮综合效益，让广大种粮农民有钱挣、得实惠。

切实端牢中国人的饭碗

（《时事报告》2022年第10期）

丛　亮

悠悠万事，吃饭为大。党的十八大以来，以习近平同志为核心的党中央把解决好十几亿人的吃饭问题作为治国理政的头等大事，提出确保谷物基本自给、口粮绝对安全的新粮食安全观，确立以我为主、立足国内、确保产能、适度进口、科技支撑的国家粮食安全战略，走出了一条中国特色粮食安全之路。立足新发展阶段，完整、准确、全面贯彻新发展理念，构建新发展格局，我们要深入学习领会习近平总书记关于粮食安全的重要论述，牢记"国之大者"，强化底线思维，从初级产品供给保障的战略高度，坚决扛稳保障国家粮食安全的政治责任，更好服务于全面建设社会主义现代化国家、实现中华民族伟大复兴中国梦的大局。

一、我国粮食安全事业取得巨大成就

习近平总书记在看望参加全国政协十三届五次会议的农业界、社会福利和社会保障界委员并参加联组会时强调指出："经过艰苦努力，我国以占世界9%的耕地、6%的淡水资源，养育了世界近1/5的人口，从当年4亿人吃不饱到今天14亿多人吃得好，有力回答了'谁来养活中国'的问题。"10年来，在以习近平同志为核心的党中央坚强领导下，各地各有关部门认真落实重农抓粮政策举措，我国粮食生产能力持续增强，粮食储备实力明显提升，粮食流通效率进一步提高，国家粮食安全保障更加有力，"中国粮食、中国饭碗"成色更足。

综合保障水平稳步提升。2021年全国粮食总产量达到13657亿斤，连续7年保持在1.3万亿斤以上；人均粮食产量483.5公斤，高于国际公认的400公斤粮食安全线，做到了谷物基本自给、口粮绝对安全。粮油产品更加丰富，粮食供给结构持续优化。现行标准下9899万农村贫困人口全部脱贫，包括"不愁吃"在内的"两不愁三保障"全面实现。当前，世界处于百年未有之大变局，新冠肺炎疫情、乌克兰危机等接踵而至，国际粮食市场屡受冲击，粮食价格起伏较大。与之相比，我国粮食产业链供应链稳定性凸显，粮食安全保障能力经受住了国际国内复杂局面的现实检验。习近平总书记深刻指出："这次新冠肺炎疫情如此严重，但我国社会始终保持稳定，粮食和重要农副产品稳定供给功不可没。"在经济下行压力加大、外部环境发生深刻变化的复杂形势下，发挥好粮食安全的"压舱石"作用，依靠自身力量端牢自己的饭碗，就能为应对各种风险挑战赢得主动，为保持经济持续复苏、社会大局稳定奠定基础。

粮食生产基础不断夯实。第三次全国国土调查结果显示，全国耕地面积为 19.18 亿亩；划定 10.58 亿亩粮食生产功能区和重要农产品生产保护区，并落实到省、到县、到地块；累计建成 9 亿亩高标准农田。农业科技进步贡献率达到 61%，粮食作物良种基本实现全覆盖，农作物自主选育品种面积占比超过 95%。设施农业等机械化水平较大提升，小麦、玉米、水稻综合机械化率分别超过 97%、90% 和 85%。新型农业经营体系加快构建，全国家庭农场超过 100 万家，农民合作社超过 220 万家，农业社会化组织 95 万多个。

粮食收储调控持续完善。坚持市场化改革取向和保护农民利益并重，粮食收储制度和价格形成机制改革稳步推进，多元市场主体购销格局基本形成，政策性收购托底作用有效发挥，没有发生过大面积"卖粮难"。新建、改造和提升了一批粮食仓储设施，机械通风、粮情测控等储粮技术广泛应用，低温、气调等绿色储粮技术逐步推广，仓储条件总体达到世界较先进水平。粮食储备体系进一步完善，有效发挥了守底线、稳预期、保安全的关键作用。调控手段不断创新完善，粮食市场运行保持总体平稳。

粮食国际合作继续深化。在坚持立足国内的前提下，用好两个市场两种资源，适度进口，调剂品种余缺。与数十个国家和国际组织签署了粮食和农业多双边合作协议，在农业种植、粮食仓储、农业机械及农产品加工等领域向有需要的国家实施援助项目。以"减少粮食损失浪费，促进世界粮食安全"为主题，召开国际粮食减损大会，取得十项减损共识成果。在新中国成立 70 周年之际，国务院新闻办公室发布《中国的粮食安全》白皮书，在国内外反响良好。

二、保障国家粮食安全的主要经验

党的十八大以来，国家粮食安全保障取得巨大成就，根本在于以习近平同志为核心的党中央坚强领导，在于习近平新时代中国特色社会主义思想科学指引。我们要认真总结党领导粮食安全事业的宝贵经验，不断深化对保障国家粮食安全的规律性认识，切实增强工作的系统性、预见性、创造性。

（一）坚持和加强党的全面领导，从战略上把握和推动国家粮食安全

中国共产党领导是中国特色社会主义最本质的特征，是中国特色社会主义制度的最大优势。习近平总书记多次在重要会议上作出重要论述，从东北到海南、从中原到边疆、从产区到销区、从科研一线到田间地头，一次次谆谆告诫、殷殷嘱托，引领和推动了粮食安全的理论创新、制度创新和实践创新。习近平总书记系统阐述了确保粮食安全的极端重要性，明确指出"粮食安全是'国之大者'""粮食安全是国家安全的重要基础""我国是人口众多的大国，解决好吃饭问题，始

终是治国理政的头等大事""悠悠万事、吃饭为大，只要粮食不出大问题，中国的事就稳得住""粮食多一点少一点是战术问题，粮食安全则是战略问题""不能把粮食当成一般商品，光算经济账、不算政治账，光算眼前账、不算长远账"；科学分析了我国粮食安全形势，指出"在粮食问题上不可能长期出现高枕无忧的局面""保障国家粮食安全是一个永恒课题""在粮食安全这个问题上不能有丝毫麻痹大意""要牢牢把住粮食安全主动权"；深刻揭示粮食安全的内在规律，明确提出了保障粮食安全的战略举措，指出"推动藏粮于地、藏粮于技""农业现代化，种子是基础，必须把民族种业搞上去"，深入推进优质粮食工程，延伸粮食产业链、提升价值链、打造供应链，做好粮食市场和流通的文章；特别强调了保障粮食安全的责任担当，地方各级党委和政府要扛起粮食安全的政治责任，粮食安全要实行党政同责，"米袋子"省长要负责，书记也要负责。党的十九大报告强调："确保国家粮食安全，把中国人的饭碗牢牢端在自己手中。"党的十九届三中、四中、五中全会对完善保障国家粮食安全的体制机制、制度政策、关键举措等作出重要决策；中央经济工作会议、中央农村工作会议和中央财经委会议、中央深改委会议等均作出重要部署，中央政治局会议将"保粮食能源安全"列入"六保"任务之一。这些重要论述和重要部署，为新时代保障国家粮食安全指明了正确方向，提供了根本遵循。实践表明，只有坚持和加强党的全面领导，把党的领导制度优势转化为治理效能，牢牢把握保障粮食安全的正确方向，才能办好头等大事、解决好吃饭问题，使中国特色粮食安全之路越走越宽广。

（二）坚持以人民为中心的发展思想，增强广大人民群众对"中国粮食、中国饭碗"的获得感幸福感安全感

切实端牢 14 亿多中国人的饭碗，促进农民增收、企业增效、消费者受益，更好满足人民美好生活需要，是做好粮食安全工作的出发点和落脚点。围绕"为耕者谋利"，各级各有关部门强化农民种粮收益保障，坚持和完善最低收购价制度，完善稻谷补贴、玉米大豆生产者补贴等政策，推动三大主粮完全成本保险和种植收入保险实现主产省产粮大县全覆盖；发挥政策性收购托底作用，精心组织好市场化收购，形成优质优价导向。围绕"为食者造福"，深入推进优质粮食工程，加快粮食产业高质量发展，提高粮油加工技术和装备水平，促进增品种、提品质、创品牌；完善城乡配送供应网络，推广新业态新模式，加强粮食质量监管，为消费者提供优质粮油产品和服务，着力满足人民群众从"吃得饱"到"吃得好""吃得营养健康"的需求。围绕"为业者护航"，实施"放管服"改革，加大财税扶持力度，落实用电用地等优惠政策，发挥政策性金融支持作用，建立健全粮食贷款信用保证基金，不断优化涉粮企业发展环境。实践表明，只有切实抓好兴粮之策、惠农之道、利民之举，才能将粮食安全各项政策举措转化为人民的切身利益，得到群众认可，经得起实践检验。

（三）坚持全面深化改革，完善政策体系，不断增强粮食安全事业发展的动能

近18年来，我国粮食连年丰收，打破了以往"两增一减一平"的怪圈，这主要得益于体制机制和支持政策的日益健全完善，得益于耕地等基础设施保障能力的不断增强，得益于品种改良、科技进步带来的单产提高。中央一号文件连续聚焦"三农"，实施重要农产品保障战略、建立粮食生产功能区和重要农产品生产保护区、加强耕地保护和改进占补平衡、加强高标准农田建设等政策文件相继出台，成为保障国家粮食安全的重要制度安排。涉及粮食安全的重点领域改革不断向纵深推进，农村承包地"三权分置"、土地承包关系保持稳定并长久不变等举措全面落地，以绿色生态为导向的农业补贴制度改革深入推进，粮食储备安全管理体制机制改革持续深化。粮食安全责任制、中央储备粮管理和中央事权粮食政策执行情况的考核体系先后建立。中央强调，任何省区市，无论耕地多少，都要承担粮食生产责任。与此同时，不断加大对主产区的支持力度，调动主产区积极性。加快培育新型农业经营主体，实施家庭农场培育计划和农民合作社规范提升行动，支持发展粮食耕种、产后、储销等环节社会化和专业化服务，促进小农户和现代农业发展有机衔接的政策体系初步建立，着力解决好"谁来种地"和"怎样种地"等问题。先后出台一系列激励农业科研人员创新举措，允许科研人员自主创业、持股兼职，调动科研人员积极性。实践表明，只有始终保持开拓进取的锐气、攻坚克难的勇气，不断向改革的广度和深度拓展，才能加快补短板、强弱项、激活力，为保障国家粮食安全增添新动能。

（四）坚持系统观念，强化底线思维，持续提高粮食安全综合保障能力

系统观念是具有基础性的思想和工作方法。对我们这样一个大国来说，保障好粮食等初级产品供给，做到"中国人的饭碗任何时候都要牢牢端在自己手上""我们的饭碗应该主要装中国粮"是现实所需，也是长远战略；既需要规模数量，也需要合理布局；既需要足够的粮食产量和库存，也需要相应的加工流通和产业链掌控能力。明确排出优先序，科学合理配置资源，永久基本农田重点用于保障稻谷、小麦、玉米三大谷物的种植面积，集中力量首先把最基本最重要的保住。突出协同保障，统筹"产购储加销"各个环节综合施策，着力构建完备的法律制度体系，着眼中长期制定国家粮食安全规划纲要，实施衔接配套的制度政策和改革举措，不断增强粮食供给体系韧性，推动全链条协同保障粮食安全，牢牢守住了国家粮食安全底线。强化创新驱动，坚持以创新激发活力、培育动能，加快农机农艺、良种良法等科技突破，加强农机农艺融合和集成示范，推广绿色仓储和现代物流技术，促进粮食全链条高质量发展。树立大食物观，全方位多途径开发食物资源，向森林要食物，大力发展木本粮油、森林食品；向草原要食物，积极推动草原畜牧业集约化发展；向江河湖海要食物，稳定水产养殖，积极发展远洋渔业；向设施农业

要食物，发展现代化设施种养业，探索智慧农业、植物工厂，有效缓解我国农业自然资源约束。实践表明，只有系统把握、统筹协调，才能实现各项举措在政策取向上相互协同，在实际成效上相得益彰，增强保障国家粮食安全的总体效应，以国内稳产保供的稳定性来应对外部环境的不确定性。

三、立足新时代走好中国特色粮食安全之路

习近平总书记要求，"在粮食安全这个问题上不能有丝毫麻痹大意""要未雨绸缪，始终绷紧粮食安全这根弦"。当前，资源环境约束加剧与粮食需求刚性增长的矛盾突出，粮食品种、区域等结构性矛盾突出，成本刚性上升与增加种粮收益的矛盾突出，个别品种外采率高与国际贸易风险的矛盾突出。立足新时代新征程，要坚决贯彻习近平总书记关于保障国家粮食安全的重要论述精神，认真落实总体国家安全观和国家粮食安全战略、乡村振兴战略，保持战略定力，增强忧患意识，抓住关键环节，着力固根基、扬优势、补短板、强弱项，加快构建更高层次、更高质量、更有效率、更可持续的国家粮食安全保障体系。

（一）强化依法治理、责任落实和规划引领，健全保障国家粮食安全的制度政策

不断提高运用法治思维和法治方式深化改革、推动发展、化解矛盾、维护稳定、应对风险的能力，更好发挥法治在粮食安全领域固根本、稳预期、利长远的作用。坚持立法先行，

力争粮食安全保障法、粮食储备安全管理条例等早日出台，支持各地制订粮食安全地方性法规；认真贯彻修订后的《粮食流通管理条例》，用好行政执法手段，严格落实法律责任，提高粮食流通法治化规范化水平。坚持立足当前、着眼长远，编制和实施新一轮国家粮食安全中长期规划纲要，认真落实"十四五"规划纲要和专项规划确定的相关目标任务、政策措施。全面落实粮食安全党政同责，强化粮食安全责任制考核，完善主产区、产销平衡区、主销区考核指标，加大对耕地保护、面积产量、收储调控、保供稳价、应急保障和粮食质量安全等考核力度，压紧压实地方党委政府保障粮食安全责任。扎实开展中央储备粮管理和中央事权粮食政策执行情况考核，强化考核结果运用，督促承储企业严格履行主体责任，保证数量真实、质量良好、储存安全。认真落实强农惠农富农政策，完善农业支持保护制度，健全农民种粮收益保障机制，增加种粮综合效益，使务农种粮有效益、不吃亏、得实惠。发挥新型农业经营主体对小农户的带动作用，健全农业专业化社会化服务体系，实现小农户和现代农业发展有机衔接。鼓励种粮大户发挥规模经营优势，积极应用现代农业科技，带动广大小农户多种粮、种好粮。

（二）落实"藏粮于地"，加大耕地保护和农田建设力度

按照耕地和永久基本农田、生态保护红线、城镇开发边界的顺序，统筹划定落实三条控制线；落实最严格的耕地保护制度，强化"长牙齿"的耕地保护硬措施，严防死守18亿

亩耕地红线；加强用途管制，规范占补平衡，强化土地流转用途监管，建立健全耕地数量、种粮情况监测预警及评价通报机制，坚决遏制耕地"非农化"、严格管控"非粮化"。持续抓好高标准农田建设，加大中低产田改造力度，提升耕地地力等级。加快发展高效节水灌溉，在水土资源条件适宜地区建设改造一批大中型灌区。推进耕地宜机化改造，解决耕地碎片化问题。实施国家黑土地保护工程，因地制宜推广保护性耕作，提高黑土地耕层厚度和有机质含量，切实把黑土地用好养好。挖掘潜力新增耕地，支持将符合条件的盐碱地等后备资源适度有序开发为耕地。

（三）坚持"藏粮于技"，强化现代种业等科技支撑

大力实施种业振兴行动，实现种业科技自立自强、种源自主可控，用中国种子保障中国粮食安全。支持现代种业提升工程，加强种质资源保护和利用，推进种业领域国家重大创新平台建设，抓紧抓实种源等农业关键核心技术攻关，提高种业企业自主创新能力，推进育繁推一体化发展。加强农机装备工程化协同攻关，提升农机装备研发应用水平。坚持需求导向，注重产学研用融合，加大绿色储藏、质量安全、高效物流、营养健康、粮油加工、粮机装备等技术研发和应用力度。立足抗灾夺丰收，健全农作物病虫害等防治体系，全面提高粮食生产抗风险能力。

（四）优化粮食生产布局，增强粮食综合生产能力

将有限的资源优先用于口粮等必保品种，

稳口粮、稳玉米、扩大豆、扩油料，多措并举促进稳产增产，将粮食年产量保持在 1.3 万亿斤以上。加强粮食生产功能区建设，以东北平原、长江流域、东南沿海地区为重点，建设水稻生产功能区；以黄淮海地区、长江中下游、西北及西南地区为重点，建设小麦生产功能区；以东北平原、黄淮海地区以及汾河和渭河流域为重点，建设玉米生产功能区；以产粮大县集中、基础条件良好的区域为重点，打造国家粮食安全产业带。实施大豆和油料产能提升工程，在黄淮海、西北和西南地区推广玉米大豆带状复合种植，在东北地区开展粮豆轮作，充分挖掘大豆增产空间和潜力，开展盐碱地大豆种植示范。加强重要农产品生产保护区和特色农产品优势区建设，落实大食物观，宜粮则粮、宜经则经、宜牧则牧，形成同市场需求相适应、与资源环境承载能力相匹配的现代农业生产结构和区域布局。

（五）以人民群众需求为导向，提高粮油产品供给质量

深化农业供给侧结构性改革，既保数量，又保多样、保质量，稳定发展优质粳稻，大力发展强筋、弱筋优质专用小麦，鼓励发展青贮玉米等优质饲草饲料，增加高油高蛋白大豆供给。深入推进优质粮食工程，抓好粮食绿色仓储、品种品质品牌、质量追溯、机械装备、应急保障能力和节约减损健康消费"六大提升行动"，推进粮食优产、优购、优储、优加、优销"五优联动"，促进品种培优、品质提升、品牌打造和标准化生产。坚持"粮头食尾"和"农头工尾"，以龙头骨干

企业为引领，以粮食产业集群为带动，促进粮食产品提质进档，推动粮食产业优化升级，建设与高质量发展要求相适应的现代化粮食产业体系。大力促进主食产业化，鼓励开发绿色优质、营养健康的粮油新产品。按照"最严谨的标准、最严格的监管、最严厉的处罚、最严肃的问责"的"四个最严"要求，加强粮食质量检验监测和监管，守护好广大人民群众"舌尖上的安全"。

（六）不断提升收储调控能力，在更高水平上实现粮食供需动态平衡

强化产购储加销协同保障，完善粮食监测预警体系，加强精准调控和预期管理，合理把握政策性粮食销售节奏和力度，保持粮食市场运行总体平稳。积极推动主体多元、渠道多样、优粮优价的市场化收购，认真抓好政策性收购，守住"种粮卖得出"底线。深化粮食产销合作，提高省际粮食流通的组织化程度，构建长期稳定、高效精准的粮食产销合作关系。健全粮食储备体系，保持合理储备规模，优化储备品种结构布局，加强协同运作，充分发挥中央储备粮"压舱石"和地方储备粮"第一道防线"作用。推进高标准粮仓建设，优化升级粮食仓储设施。修订完善粮食应急预案，加强各级粮食应急保障中心建设，规范管理粮食应急保障企业，加强城市、社区、城际、农村配送的有效衔接，提高应急响应能力和配送效率。以"一带一路"国家和地区为重点，支持粮食企业"走出去""引进来"开展国际合作，打造国际大粮商，拓展多元化粮食来源市场。

（七）深入开展粮食节约行动，促进节粮减损和营养健康

粮食生产、流通、加工、消费环节浪费现象不容忽视，减少粮食损耗是保障粮食安全的重要途径。认真落实《粮食节约行动方案》，加强全链条管控，最大限度减少损失浪费。推广应用智能绿色高效收获机械，提高机械化作业水平。开展绿色仓储提升行动和绿色储粮标准化试点，加快仓储设施升级改造，大力推广绿色低温储粮技术。针对不同地区、不同品种，研发先进适用储粮装具，指导帮助农民实施科学储粮项目。制订修订小麦粉等粮油加工标准，合理确定加工精度等指标，引导水稻、小麦等口粮适度加工，大力发展全谷物等新型营养健康食品，提高粮油加工转化率，减少加工损耗和营养流失。鼓励发展粮食循环经济，提高副产品综合利用水平，实现循环利用、高值利用和梯次利用。加强饲料粮减量替代，提高饲料利用效率。发展规范化、标准化、信息化散粮运输服务体系，开展多式联运高效物流衔接技术示范。深入实施《国民营养计划（2017—2030年）》，引导公众养成科学合理膳食习惯，多措并举制止粮食消费领域浪费。举办世界粮食日和全国粮食安全宣传周等主题活动，倡导简约适度、绿色低碳的生活方式，大力营造爱粮节粮、健康消费的新风尚。

（八）创新强化监管执法，坚决守住管好"天下粮仓"

深化专项整治，抓紧抓好问题整改，从严惩治涉粮腐败，深入推进粮食储备购销领域监管体制机制改革，务求取得持久性成效。粮食

购销点多面广、专业性强，传统执法检查方式已难以适应，急需广泛运用现代数字技术，实时掌握各粮库库存及交易情况，发挥大数据的作用，建立起全程即时在线的粮储管控体系，推进粮储管理现代化。为此，要聚焦建立粮食购销数字化监管系统，加快推进国家、地方和央企平台及粮库信息系统建设，确保按期高质量实现监管范围全覆盖、监管链条全过程、监管效果穿透式。同时，不断强化日常执法检查，加大"四不两直"抽查、交叉检查、"飞行检查"力度，探索实行信用监管，充分发挥 12325 监管热线作用，依法从严查处涉粮案件，曝光典型案例，形成有力震慑，保持高压态势。

深刻领悟粮食安全是"国之大者"

（《习近平经济思想研究》2023 年第 7 期）

王春正*

党的十八大以来，以习近平同志为核心的党中央把粮食安全作为治国理政的头等大事。习近平总书记围绕国家粮食安全作出的一系列重要论述，系统回答了确保国家粮食安全的战略意义、战略举措、战略保障等重大问题，提出了确保国家粮食安全的具体路径和科学方法，推进和实现了国家粮食安全的理论创新、制度创新和实践创新，是习近平新时代中国特色社会主义思想的重要组成部分。《习近平关于国家粮食安全论述摘编》摘录了习近平总书记关于国家粮食安全的一系列重要论述，为我们深刻认识国家粮食安全的重要性、深入贯彻落实国家粮食安全战略、全方位夯实粮食安全根基提供了根本遵循。

习近平总书记指出，"粮食安全是'国之大者'"。粮食安全事关人民幸福安康、事关强国建设、事关民族复兴大业，关乎全局、关乎长远、关乎根本。习近平总书记这一重要论述，充分体现了对世情国情粮情的深刻洞察，体现了总书记深厚真挚的为民情怀、宏阔宽广

的历史视野、治国理政的政治智慧，标志着我们党对国家粮食安全的认识达到了新的历史高度。

一、粮食安全是"国之大者"，大就大在关乎人民福祉、民心所向

民以食为天，吃饱饭是人民群众生存发展的最基本需求。早在 2013 年中央农村工作会议上，习近平总书记就指出，"我国十三亿多张嘴要吃饭，不吃饭就不能生存，悠悠万事、吃饭为大"。习近平总书记又在多个场合反复强调，我国是人口众多的大国，解决好吃饭问题，始终是治国理政的头等大事。

早在 1949 年新中国成立前夕，西方一些国家就曾叫嚣，一直到现在没有一个中国政府能够解决人民的吃饭问题。当时毛泽东同志立即对这种论调进行了批驳，提出"革命加生产即能解决吃饭问题"的真理。新中国成立后，我们党高度重视农业和粮食问题，提出经济发展要以农业为基础的思路，我国农业和粮

---

*　王春正，国家粮食安全政策专家咨询委员会顾问，原中央财经领导小组办公室主任，国家发展和改革委员会原常务副主任。

食生产取得了巨大成就。党的十八大以来，以习近平同志为核心的党中央明确提出要依靠自己保口粮，集中国内资源保重点，做到谷物基本自给、口粮绝对安全，把饭碗牢牢端在自己手上，坚持藏粮于地、藏粮于技，确立以我为主、立足国内、确保产能、适度进口、科技支撑的国家粮食安全战略。我国农业生产连年丰收，粮食产量连续 8 年保持在 1.3 万亿斤以上，现在人均粮食产量达到 480 多公斤，显著高于国际公认的 400 公斤的粮食安全线，创造了中外罕见的历史性伟大成就，粮食安全得到有效保障。2022 年，习近平总书记在看望参加全国政协十三届五次会议的农业界、社会福利和社会保障界委员时指出，经过艰苦努力，我国以占世界 9% 的耕地、6% 的淡水资源，养育了世界近 1/5 的人口，从当年 4 亿人吃不饱到今天 14 亿多人吃得好，有力回答了"谁来养活中国"的问题。十年来，我们进一步解决吃得饱又吃得好，有力彰显了中国特色社会主义制度和国家治理体系的优越性。

二、粮食安全是"国之大者"，大就大在关乎国家安定、社会稳定

习近平总书记指出，"无农不稳，无粮则乱。这一幕在古今中外反复上演"，"只要粮食不出大问题，中国的事就稳得住"。这些重要论述，有着深刻的历史逻辑和现实逻辑。

事实充分表明，粮食供给有保障，就会促进社会稳定、国家兴盛。最近三年多我国也遭遇到传播速度最快、感染范围最广、防控难度最大的新冠疫情。习近平总书记指出，"要在做好疫情防控的同时，保持生产生活平稳有序，避免因确诊病例增多、生活物资供应紧张等引发群众恐慌，带来次生'灾害'"。正是由于我们有习近平总书记作为党中央的核心、全党的核心掌舵领航，有从容应对惊涛骇浪的深厚底气，采取得力举措，进行全面部署，在关键时刻才能够最大限度运用综合国力，既有效控制了疫情，又有力保障了粮油肉菜供给，群众生活没有受到太大影响，社会秩序总体正常，为促进社会大局稳定、推进社会主义现代化建设奠定了坚实基础。相比之下，世界上有的国家农产品出现断供甚至农业破产，导致社会动荡、政局不稳。

三、粮食安全是"国之大者"，大就大在关乎国家安全、强国建设

从当前的国际形势、我国的发展阶段和目标任务来看，一方面，当今世界百年未有之大变局加速演进，要充分认识粮食安全对国家安全的极端重要性。粮食问题历来被许多国家作为战略博弈的重要筹码，可以粮制胜。在 2022 年中央农村工作会议上，习近平总书记引用我国历史上春秋战国时期"齐国诱导鲁国弃粮种桑，关键时候断粮降服鲁国；越王勾践把种子煮熟贡给吴国，趁其粮食绝收一举灭吴"的历史典故，生动形象地阐述了这一道理。我国发展进入战略机遇和风险挑战并存、不确定难预料因素增多的时期，来自外部的打压遏制不断升级。在这种情况下，我们必须遵照习近平总书记的重要指示精神，不断提高粮食安全保障能力，加快建设农业强国，始终把

中国人的饭碗牢牢端在自己手中。另一方面，立足全面建设社会主义现代化国家，要充分认识粮食安全对强国建设的极端重要性。习近平总书记指出，"一旦农业出问题，饭碗被人拿住，看别人脸色吃饭，还谈什么现代化建设？只有农业强起来，粮食安全有完全保障，我们稳大局、应变局、开新局才有充足底气和战略主动"，"只有把牢粮食安全主动权，才能把稳强国复兴主动权"，"保障国家粮食安全是一个永恒课题，任何时候这根弦都不能松"。学习领会习近平总书记这一系列重要论述，我们深刻体会到，以中国式现代化全面推进中华民族伟大复兴，确保国家粮食安全是必须牢牢把握住的底线红线。党的二十大进一步明确，到2035年基本实现社会主义现代化、人均国内生产总值达到中等发达国家水平，到本世纪中叶建成社会主义现代化强国的战略目标。这必然要求粮食安全要实现高水平、高质量、高层次保障，加快建设农业强国。

"国之大者"也是责之大者。新时代新征程上，我们要更加自觉深刻领悟"两个确立"的决定性意义，增强"四个意识"、坚定"四个自信"、做到"两个维护"。要以《习近平关于国家粮食安全论述摘编》出版发行为契机，进一步深入学习习近平新时代中国特色社会主义思想，贯彻落实习近平总书记关于国家粮食安全重要论述精神，牢记粮食安全是"国之大者"，深入实施国家粮食安全战略，任何时候都不能放松对粮食生产和农业的支持，坚定扛起维护国家粮食安全的政治责任，全方位夯实粮食安全根基，打造高质量供给体系，更好满足人民群众对优质多样化农产品的需求，为全面建设社会主义现代化强国提供强有力支撑。

深入贯彻落实党的二十大精神全方位夯实粮食安全根基

（《中国粮食经济》2023 年第 1 期）

陈锡文 *

习近平总书记在党的二十大报告中再次对全面推进乡村振兴作出部署。报告中关于"全面推进乡村振兴"这一节，三分之一的篇幅阐述了粮食安全和食物供给问题，并明确提出要全方位夯实粮食安全根基，确保中国人的饭碗牢牢端在自己手中。民族要复兴，乡村必振兴，而粮食安全和食物供给则占据乡村振兴的首要位置。落实好党的二十大报告中关于全方位夯实粮食安全根基的要求，必须与学习习近平总书记对"三农"问题的一系列论述相结合，这样才能更透彻地理解"全方位夯实粮食安全根基"的深刻含义。

一、清醒认识我国粮食安全和食物供给的现实状况

我国解放前粮食总产量最高的是 1936 年，约 3000 亿斤；1949 年约为 2264 亿斤；1968 年为 6095 亿斤；1996 年首次突破 10000 亿斤，2015 年突破 13000 亿斤，2021 年为 13657 亿斤。新中国成立以来，我国粮食产量的增长有目共睹。可以说，在粮食产量持续增长的背景下，作为口粮的稻谷和小麦，保证我国 14 亿多人吃饱饭没有问题。正如习近平总书记指出的："经过艰苦努力，我国以占世界 9% 的耕地、6% 的淡水资源，养育了世界近 1/5 的人口，从当年 4 亿人吃不饱到今天 14 亿多人吃得好，有力回答了'谁来养活中国'的问题。"但同时，习近平总书记还指出，"当前，全球粮食产业链供应链不确定风险增加，我国粮食供求紧平衡的格局长期不会改变""粮食生产年年要抓紧，面积、产量不能掉下来，供给、市场不能出问题"。在我国粮食连续十九年增产、丰收的背景下，如此强调我国的粮食安全？这是因为确实存在着远虑和近忧。远虑，是我国人口规模巨大，且正处于生活水平不断提高阶段，对高质量食物的需求还在不断增长；近忧，是尽管我国粮食不断增产，口粮自给有余，但饲料以及油、糖、肉、奶等重要食物的供给都存在缺口。

* 陈锡文，国家粮食安全政策专家咨询委员会顾问，第十三届全国人民代表大会农业与农村委员会主任委员。

农业资源不足制约我国粮食安全和食物保障

我国人均农业自然资源相对稀缺,尤其是耕地。据国土"三调"的结果,全国2019年底的耕地总面积为19.179亿亩,只占国土总面积的13.32%,按2021年底全国总人口141260万人计,人均耕地面积不足1.36亩,不及世界人均水平的50%。我国耕地不仅人均数量少,而且质量不高,一至三等优质耕地只占31.2%,四至六等耕地占46.8%,七等至十等耕地占22%;处于山地丘陵的耕地约7亿亩,占耕地总面积的36.5%。

党中央历来高度重视农业发展和粮食安全,粮食生产形势总体长期向好,2021年又创历史新高,达13657亿斤(68285万吨)。但要看到,2021年粮食进口的数量也创历史新高。在粮食进口数量不断增长的同时,油、糖、肉、奶等重要食物的进口量也在持续增长。由于资源禀赋的制约,在迈向全面建设社会主义现代化国家的征程中,如何确保我国粮食和食物供给的安全,已成为保障总体国家安全必须解决好的一个突出问题。

我国食物供给的软肋主要在口粮以外的其他食物

党中央明确,确保国家粮食安全必须做到"谷物基本自给,口粮绝对安全"。目前,作为口粮的稻谷和小麦分别具备2.1亿吨和1.3亿吨以上的国内生产能力,能够保障人均口粮240公斤(原粮)以上的占有水平。近年来,稻谷、小麦每年都产大于需、库存充裕。所以,只要其他重要食物能够满足供给,口粮绝对安全是有保证的。问题在于,我国目前除口粮以外的其他食物对国际市场的依赖程度正在不断提高,进而导致了整个食物供给的不确定性在增大。在口粮与其他食物之间,存在着很强的替代和转换关系。现有口粮供给的绝对安全,是建立在其他食物供给充裕的基础之上的,如果其他食物的供给出了问题,也必将影响口粮的供给安全。因此,尽管当前口粮供给充裕,但必须在确保口粮绝对安全的前提下,着力改善其他食物的供给状况。

2021年我国农产品进出口总额达3046亿美元,其中出口848亿美元,进口2198亿美元,农产品贸易逆差达1350亿美元,比上年的逆差948亿美元扩大了42.4%。在历史上,农产品出口曾经是我国外汇收入的重要来源,但从2004年首次出现了逆差。目前,我国大宗农产品的国际贸易,净出口的品种有蔬菜和水产品,净进口的品种包括谷物、油料、禽畜肉等。

国家粮油信息中心的数据显示,2020/2021年度,以各类国产油料榨取的油脂产量约为1234.8万吨,而同期国内食油的消费量为4254.5万吨,食用植物油对国际市场的依赖程度为71%;2020/2021年度制糖期,国内食糖产量1066万吨,国内食糖消费量为1580万吨,进口527万吨,食糖对国际市场的依赖度为33.35%。

二、国际粮食与食物供给链面临的主要风险

当前风险主要表现在五个方面:自然灾害和气候变化对农产品国际贸易的影响;疫情导

致农产品国际供应链的不确定性；生物质能源对化石能源的替代；资本炒作对大宗农产品引发的价格波动；地缘政治对大宗农产品国际贸易的冲击。上述因素交织在一起，使全球食物供应链的不确定性进一步加大。近两年多来，全球已经出现两次部分国家限制农产品出口的现象，分别是因为疫情爆发和俄乌冲突爆发。

从气候角度看，南、北美洲的干旱天气可能影响美国、巴西等国的玉米、大豆产量和加拿大的油菜籽产量；马来西亚的台风和洪水以及疫情影响下的劳动力短缺，可能影响棕榈油的产量。欧洲的干旱导致农作物减产，西班牙今年橄榄油可能减产 35%。

从俄乌冲突看，两国合计占全球小麦出口的 30%、玉米的 20%、大麦的 19%、菜籽油的 15%、葵花籽油的 63%，以及矿物肥料的 20%，发生冲突后，势必影响这些产品的出口量和国际市场的价格。

从能源市场的变化看，俄乌冲突发生后，国际能源市场价格大幅度上涨，这将从两方面影响农产品的价格。一是影响农业生产资料的价格，导致农业成本上升、农产品价格上涨。二是能源价格上涨，必然带动更多的农产品转为生产生物质能源的原料，从而减少全球农产品的贸易量。2021 年美国燃料酒精和生物柴油的产量分别为 4500 万吨和 1100 万吨，至少耗费 1.37 亿吨玉米和 2461 万吨大豆。目前，巴西每年生产 2340 万吨生物酒精，欧盟每年生产 1700 万吨生物柴油。这三家合计，一年生产的生物质燃料，折合耗费粮食 3 亿吨以上。据测算，当石油价格高于每桶 60 美元时，以玉米和甘蔗生产燃料酒精、以大豆和油菜籽生产生物柴油就有利可图。

此外，资本对大宗农产品的炒作必不可免。2022 年春季，我国部分进口粮油的到岸完税成本价格，已经高于国内批发价格。由于我国有比较充裕的库存，因此国内粮油价格的上涨幅度明显低于国际市场。但随着国际局势的进一步发展和我国库存逐步下降，国际市场的价格上涨很有可能传导到国内。对后期粮油和畜产品价格的走势，我们应有足够的关注和政策储备。

三、根本措施是增强国内稳产保供的确定性

习近平总书记在党的二十大报告中指出："我国发展进入战略机遇和风险挑战并存、不确定难预料因素增多的时期，各种'黑天鹅'、'灰犀牛'事件随时可能发生。我们必须增强忧患意识、坚持底线思维，做到居安思危、未雨绸缪，准备经受风高浪急甚至惊涛骇浪的重大考验。"我们要对此有清醒认识，做好打持久战的准备，以国内稳产保供的确定性来应对外界环境的不确定性。

牢牢守住十八亿亩耕地红线

习近平总书记指出："耕地是粮食生产的命根子，是中华民族永续发展的根基。"保护耕地的紧迫性刻不容缓。从国土"二调"到"三调"的 10 年间，全国除东北三省和内蒙古、新疆 5 省区外，其余 26 省区市耕地面积都是减少的，其中有 8 个省区减少的耕地面积都超过 1000 万亩。我国现有的耕地面积乘上复种

指数，全国常年农作物播种面积在 25 亿亩上下。粮食播种面积 17.6 亿多亩，棉花播种面积 5000 万亩，油料播种面积 2 亿亩，糖料播种面积 2500 万亩，烟叶播种面积 1600 万亩，蔬菜播种面积 3.3 亿亩，仅这 6 大作物每年的播种面积就已超过 23.8 亿亩，占总播种面积的 95％以上。必须坚决采取"长牙齿"的硬措施，落实最严格的耕地保护制度，逐步把永久基本农田全部建成高标准农田。

深入实施种业振兴行动

习近平总书记指出："解决吃饭问题，根本出路在科技。我国农业科技进步有目共睹，但也存在短板，其中最大的短板就是种业。"2020 年，我国大豆平均亩产 132.4 公斤，为历史最高水平，但只相当于世界平均水平 188.7 公斤的 70.16％。我国玉米平均亩产虽高于世界平均水平，但与发达国家相比还有不小差距。在畜禽、水产品、蔬菜、水果等种业的研发上，我们同样需要加快追赶进度。同时，农业的技术装备也存在短板不足。因此，要提高我国粮食安全和食物保障的水平，要强化农业科技和装备支撑，根本出路只能是依靠科技进步。

健全种粮农民收益保障机制

习近平总书记指出："调动农民种粮积极性，关键是让农民种粮有钱挣。"要持续稳定和加强种粮农民补贴，坚持完善最低收购价政策，扩大完全成本保险和收入保险范围。同时创新经营方式，鼓励农民发展适度规模经营，不断压减粮食生产成本。此外，还要采取多种措施，建立主产区利益补偿机制，解决好产粮大县大多是财政穷县的现状，否则就难以调动地方政府抓好粮食生产的积极性。

树立大食物观

习近平总书记指出："老百姓的食物需求更加多样化了，这就要求我们转变观念，树立大农业观、大食物观，向耕地草原森林海洋，向植物动物微生物要热量、要蛋白，全方位多途径开发食物资源"。大食物观，基础是粮食。在坚持将粮食安全作为首要任务的同时，处理好与其他食物的关系。我们既要向耕地要粮食，还要将目光从耕地资源拓展向整个国土资源，宜粮则粮、宜经则经、宜牧则牧、宜渔则渔、宜林则林，因地制宜发展设施农业，构建多元食物供给体系。

把粮食安全作为治国理政头等大事

（《经济日报》2023年6月21日）

程国强 *

粮食安全是"国之大者"。党的十八大以来，以习近平同志为核心的党中央高度重视国家粮食安全，始终把解决好十几亿人口的吃饭问题作为治国理政的头等大事。习近平总书记对粮食安全问题发表了一系列重要论述，深刻阐释了保障国家粮食安全的重要意义、战略重点和实践要求，为做好新时代国家粮食安全工作、把牢粮食安全主动权提供了根本遵循和行动指南。我们要深入学习贯彻习近平总书记关于国家粮食安全的重要论述，全方位夯实粮食安全根基，确保中国人的饭碗牢牢端在自己手中。

一、深刻认识新时代保障粮食安全的重大意义

解决好吃饭问题，是坚持以人民为中心的发展思想的重要体现。14亿多人口的吃饭问题是中国最大的民生，也是中国最大的国情。以习近平同志为核心的党中央立足世情国情粮情，确立以我为主、立足国内、确保产能、适度进口、科技支撑的国家粮食安全战略，提出确保谷物基本自给、口粮绝对安全的新粮食安全观，带领中国人民走出了一条中国特色粮食安全之路。我国以占世界9%的耕地、6%的淡水资源，养育了世界近1/5的人口，实现了从当年4亿人吃不饱到今天14亿多人吃得好的历史性转变。新征程上，坚持以人民为中心的发展思想，要求更好满足人民对美好生活的需要，顺应居民收入增长、食物结构升级变化的新趋势，满足人民群众对吃得好、吃得营养健康的新需求，在确保粮食供给的同时，保障肉类、蔬菜、水果、水产品等各类食物的有效供给。

牢牢端稳中国饭碗，是应对世界动荡变革的法宝。一个国家只有实现粮食基本自给，才有能力掌控和维护好经济社会发展大局。当前，世界百年未有之大变局加速演进，逆全球化思潮抬头，单边主义、保护主义明显上升，我国发展进入战略机遇和风险挑战并存、不确定难预料因素增多的时期。这对保障国家粮食

---

* 程国强，国家粮食安全政策专家咨询委员会委员、中国人民大学农业与农村发展学院教授。

安全提出了更高要求。新征程上，只有全方位夯实粮食安全根基，始终把粮食安全的主动权牢牢掌握在自己手中，才能增强发展的安全性稳定性，把稳强国复兴主动权，为夺取全面建设社会主义现代化国家新胜利提供有力支撑。

加强国际粮食安全合作，是构建全球发展命运共同体的重要支撑。粮食安全关系人类永续发展和前途命运，是构建人类命运共同体的重要基础。中国依靠自己的力量解决14亿多人口的吃饭问题，为维护世界粮食安全作出了重大贡献，也为世界各国解决粮食问题提供了借鉴和启迪。构建全球发展命运共同体，推进全球发展倡议落地落实，其中一项重要内容就是要加强国际粮食安全合作，汇聚起应对粮食安全挑战的全球合力，共同提升全球粮食供给保障能力，共同维护全球粮食产业链供应链的稳定性，共同推进全球粮食安全治理体系更加公平合理，为促进世界繁荣发展和人类文明进步提供更加坚实的基础支撑。

二、把握新时代保障粮食安全的战略要求

准确把握粮食安全的战略定位。看待粮食安全问题要立足中华民族伟大复兴战略全局和世界百年未有之大变局，深刻认识粮食安全是"国之大者"，是国家安全的重要基础，是治国理政的头等大事。还要认识到，粮食安全始终是我国实现经济行稳致远、社会安定和谐的基础支撑，只有全方位夯实粮食安全根基，才能在严峻复杂的世界变局中有效防范抵御各类风险挑战，为确保国家大局稳定奠定坚实基础。

始终坚持以我为主、立足国内。14亿多人口的中国，任何时候都必须自力更生保自己的饭碗。必须始终绷紧粮食安全这根弦，始终坚持以我为主、立足国内、确保产能、适度进口、科技支撑，确保谷物基本自给、口粮绝对安全，把保障粮食等重要农产品有效供给作为农业现代化的首要任务，依靠自己的力量把中国人的饭碗端稳端牢。要落实最严格的耕地保护制度，牢牢守住18亿亩耕地红线；加快推进高标准农田建设，提高建设标准和质量，确保实现旱涝保收、高产稳产；坚持农业科技自立自强，加快关键核心技术攻关、成果转化和推广应用，既要用物联网、大数据等现代信息技术发展智慧农业，也要加快补上烘干仓储、冷链保鲜、农业机械等现代农业物质装备短板；立足抗灾夺丰收，加强动植物防疫检疫体系、防灾减灾体系等建设。

树立大食物观。这是新时代优化配置农业资源、统筹利用国土资源，保障食物有效供给的战略需求。要从更好满足人民美好生活需要出发，掌握人民群众食物结构变化趋势，在确保粮食供给的同时，保障肉类、蔬菜、水果、水产品等各类食物有效供给。要构建多元化食物供给体系，从传统农作物和畜禽资源向更丰富的生物资源拓展，向森林、草原、江河湖海要食物，向植物动物微生物要热量、要蛋白；在保护好生态环境的前提下，从耕地资源向整个国土资源拓展，宜粮则粮、宜经则经、宜牧则牧、宜渔则渔、宜林则林，形成同市场需求相适应、同资源环境承载力相匹配的现代农业生产结构和区域布局。

三、牢牢把住粮食安全主动权

一是强化粮食安全的政治责任和政策支持。必须严格落实粮食安全党政同责，严格粮食安全责任制考核。要加大政策支持力度，让农民种粮有利可图、让主产区抓粮有积极性。具体来看，要健全种粮农民收益保障机制，稳定和加强种粮农民补贴，提升收储调控能力，不断完善粮食最低收购价政策，逐步扩大稻谷小麦玉米完全成本保险和种植收入保险实施范围，让农民种粮不吃亏、有钱挣、多得利。同时，要完善粮食主产区利益补偿机制，加大奖补力度，决不能让重农抓粮吃亏，保障产粮大县重农抓粮得实惠、有发展。

二是深入实施"藏粮于地、藏粮于技"战略。粮食安全，根本在耕地，出路在科技。必须把提高农业综合生产能力放在更加突出的位置，把"藏粮于地、藏粮于技"真正落实到位，立足自身抓好农业生产，以国内稳产保供的确定性来应对外部环境的不确定性。要全面压实各级地方党委和政府耕地保护责任，坚决遏制耕地"非农化"、基本农田"非粮化"。要提升耕地利用效能，逐步把永久基本农田全部建成高标准农田，实施国家黑土地保护工程，加大中低产田改造力度，提升耕地地力等级。还要深入实施种业振兴行动，推动农业关键核心技术攻关，聚焦提高单产、降本增效，研究制定良田、良种、良法、良机、良制集成组装综合性方案，着力提高土地生产率和农业全要素生产率。

三是持续提高粮食储备调控能力。粮食储备是保障国家粮食安全的重要物质基础，是应对突发事件、维护市场稳定的"压舱石""稳定器"。要科学确定粮食储备功能和规模，改革完善粮食储备管理体制，健全粮食储备运行机制。要强化粮食产购储加销协同保障，完善监测预警体系，保持粮食市场运行总体平稳。要提高应急储备能力，推进粮食流通现代化，健全交通运输网络和配送体系，切实解决应急配送和供应"最后一公里"问题。

四是加快推进粮食产业高质量发展。要深入推进农业供给侧结构性改革，加快构建现代农业产业体系、生产体系、经营体系，推动品种培优、品质提升、品牌打造和标准化生产，引导农业由增产导向转向提质导向。要以"粮头食尾""农头工尾"为抓手，发挥自身优势，延伸粮食产业链、提升价值链、打造供应链，不断提高农业质量效益和竞争力，推动粮食产业转型升级，实现粮食安全和现代高效农业相统一。要开展粮食节约行动，加强立法，强化监管，采取有效措施，建立长效机制，坚决制止餐饮浪费行为，推动全社会形成勤俭节约的良好风尚。

五是加强国际农产品供应链管理。要立足培育农业国际竞争新优势、扩大农业对外开放，用足用好国际农业资源，通过多元化粮食进口渠道和农业科技合作扩大世界粮食总供给，提高农业食品国际供应链的安全性、稳定性和可持续性。要加强全球农业投资贸易与市场风险监测，促进风险防控关口前移；加快培育全球性农业食品企业，鼓励企业深度融入全球农业生产、加工、物流、营销及贸易产业链、价值链与供应链；不断完善和强化全球粮食安全治理，拓展农业国际合作，构建安全可控、持续稳定的全球农业食品供应网络。

此图为北大荒农垦集团有限公司农场粮食生产场景。
（来源：北大荒农垦集团有限公司）

第一部分

粮食生产

一 粮食生产概述

2022 年，各级农业农村部门认真学习贯彻落实习近平总书记重要指示批示和党中央、国务院决策部署，紧紧围绕"保供固安全，振兴畅循环"的工作定位，克服北方罕见秋雨秋汛、冬小麦大面积晚播、新冠肺炎疫情多点散发、南方局部严重高温干旱等多重困难挑战，环环紧扣、压茬推进，实现粮食和农业生产再获丰收，全年粮食连续 8 年保持在 13000 亿斤以上。

（一）粮食面积稳步增长

2022 年粮食播种面积 11833.2 万公顷，比上年增加 70 万公顷，增幅 0.6%。

（二）单产保持基本稳定

2022 年粮食平均单产每公顷 5801.7 公斤，比上年略减 3.3 公斤，减幅 0.1%。

（三）全国粮食产量实现多年连丰

2022 年粮食总产 68652.8 万吨，比上年增加 368.0 万吨，增幅 0.5%，粮食产量连续 8 年稳定在 65000 万吨以上。

撰稿单位：农业农村部种植业管理司
撰稿人：陈明全、冯宇鹏
审稿人：吕修涛

二 粮食生产品种结构

（一）三季粮食产量均实现增加

1. 夏粮面积、产量均增

2022 年夏粮播种面积 2653.0 万公顷，比上年增加 9.3 万公顷，增幅 0.3%；产量 14740.3 万吨，比上年增加 144.6 万吨，增幅 1.0%；单产每公顷 5556.1 公斤，比上年增加 35.4 公斤，增幅 0.6%。

2. 早稻面积、产量均增

2022 年早稻播种面积 475.5 万公顷，比上年增加 2.1 万公顷，增幅 0.4%；产量 2812.3 万吨，比上年增加 10.7 万吨，增幅 0.4%；单产每公顷 5914.3 公斤，比上年减少 3.7 公斤，减幅 0.1%。

3. 秋粮面积、产量均增

2022 年秋粮播种面积 8704.7 万公顷，比上年增加 58.8 万公顷，增幅 0.7%；产量 51100.1 万吨，比上年增加 212.3 万吨，增幅 0.4%；单产每公顷 5870.4 公斤，比上年减少 15.3 公斤，减幅 0.3%。

（二）主要粮食品种产量"三增一减"

1. 稻谷面积、产量均减

2022年稻谷播种面积2945.0万公顷，比上年减少47万公顷，减幅1.6%；产量20849万吨，比上年减少435.2万吨，减幅2.0%；单产每公顷7079.6公斤，比上年减少33.8公斤，减幅0.5%。

2. 小麦面积减、产量增

2022年小麦播种面积2351.8万公顷，比上年减少5.0万公顷，减幅0.2%；产量13772万吨，比上年增加77.5万吨，增幅0.6%；单产每公顷5856.0公斤，比上年增加45.3公斤，增幅0.8%。

3. 玉米面积减、产量增

2022年玉米播种面积4307.0万公顷，比上年减少25万公顷，减幅0.6%；产量27720万吨，比上年增加464.9万吨，增幅1.7%；单产每公顷6436.0公斤，比上年增加144.5公斤，增幅2.3%。

4. 大豆面积、产量均增

2022年大豆播种面积1024万公顷，比上年增加182万公顷，增幅21.7%；产量2028万吨，比上年增加388.5万吨，增幅23.7%；单产每公顷1980.1公斤，比上年减少31.8公斤，减幅1.6%。

撰稿单位：农业农村部种植业管理司
撰稿人：张振、刘阿康
审稿人：吕修涛

三　粮食生产地区布局

（一）从南北区域看

北方15省（区、市）：包括北京、天津、河北、山西、内蒙古、辽宁、吉林、黑龙江、山东、河南、陕西、甘肃、青海、宁夏、新疆。2022年粮食播种面积6932.7万公顷，比上年增加45.3万公顷，增幅0.7%；产量41052.7万吨，比上年增加472.6万吨，增幅1.2%，该区域粮食产量占全国粮食总产的59.8%。

南方16省（区、市）：包括上海、江苏、浙江、安徽、福建、江西、湖北、湖南、广东、广西、海南、重庆、四川、贵州、云南、西藏。2022年粮食播种面积4900.5万公顷，比上年增加24.7万公顷，增幅0.5%；产量27599.9万吨，比上年减少105.1万吨，减幅0.4%，该区域粮食产量占全国粮食总产的40.2%。

（二）从东西区域看

东部10省（市）：包括北京、天津、河北、上海、江苏、浙江、福建、山东、广东、海南。2022年粮食播种面积2519.8万公顷，比上年增加10.9万公顷，增幅0.4%；产量16142.9

万吨，比上年增加 136.2 万吨，增幅 0.9%，该区域粮食产量占全国粮食总产的 23.5%。

中部 6 省：包括山西、安徽、江西、河南、湖北、湖南。2022 年粮食播种面积 3447.4 万公顷，比上年增加 3.7 万公顷，增幅 0.1%；产量 20264.8 万吨，比上年增加 180.8 万吨，增幅 0.9%，该区域粮食产量占全国粮食总产的 29.5%。

西部 12 省（区、市）：包括内蒙古、广西、重庆、四川、贵州、云南、西藏、陕西、甘肃、青海、宁夏、新疆。2022 年粮食播种面积 3463.1 万公顷，比上年增加 34.2 万公顷，增幅 1.0%；产量 17916.6 万吨，比上年增加 168.3 万吨，增幅 0.9%，该区域粮食产量占全国粮食总产的 26.1%。

东北 3 省：包括辽宁、吉林、黑龙江。2022 年粮食播种面积 2403.0 万公顷，比上年增加 21.4 万公顷，增幅 0.9%；产量 14328.5 万吨，比上年减少 117.2 万吨，减幅 0.8%，该区域粮食产量占全国粮食总产的 20.9%。

（三）从生态区域看

东北 4 省（区）：包括内蒙古、辽宁、吉林、黑龙江。2022 年粮食播种面积 3098.2 万公顷，比上年增加 28.1 万公顷，增幅 0.9%；产量 18229.0 万吨，比上年减少 57.0 万吨，减幅 0.3%，该区域粮食产量占全国粮食总产的 26.5%。

西北 6 省（区）：包括山西、陕西、甘肃、青海、宁夏、新疆。2022 年粮食播种面积 1229.7 万公顷，比上年增加 11.5 万公顷，

增幅 0.9%；产量 6323.8 万吨，比上年增加 187.3 万吨，增幅 3.1%，该区域粮食产量占全国粮食总产的 9.2%。

黄淮海 7 省（市）：包括北京、天津、河北、江苏、安徽、山东、河南。2022 年粮食播种面积 3880.6 万公顷，比上年增加 7.9 万公顷，增幅 0.2%；产量 24369.1 万吨，比上年增加 377.8 万吨，增幅 1.6%，该区域粮食产量占全国粮食总产的 35.5%。

长江中下游 5 省（市）：包括上海、浙江、江西、湖北、湖南。2022 年粮食播种面积 1437.4 万公顷，比上年增加 3.3 万公顷，增幅 0.2%；产量 8627.6 万吨，比上年减少 118.3 万吨，减幅 1.4%，该区域粮食产量占全国粮食总产的 12.6%。

华南 4 省（区）：包括福建、广东、广西、海南。2022 年粮食播种面积 617.0 万公顷，比上年增加 2.8 万公顷，增幅 0.5%；产量 3339.9 万吨，比上年增加 21.0 万吨，增幅 0.6%，该区域粮食产量占全国粮食总产的 4.9%。

西南 5 省（区、市）：包括重庆、四川、贵州、云南、西藏。2022 年粮食播种面积 1570.3 万公顷，比上年增加 16.5 万公顷，增幅 1.1%；产量 7763.2 万吨，比上年减少 43.4 万吨，减幅 0.6%，该区域粮食产量占全国粮食总产的 11.3%。

（四）从产销区域看

主产区 13 省（区）：包括河北、内蒙古、辽宁、吉林、黑龙江、江苏、安徽、江西、山东、河南、湖北、湖南、四川。2022 年粮食

播种面积 8902.9 万公顷，比上年增加 46.0 万公顷，增幅 0.5%；产量 53718.0 万吨，比上年增加 115.2 万吨，增幅 0.5%，该区域粮食产量占全国粮食总产的 78.3%。

主销区 7 省（市）：包括北京、天津、上海、浙江、福建、广东、海南。2022 年粮食播种面积 493.8 万公顷，比上年增加 5.9 万公顷，增幅 1.2%；产量 2965.0 万吨，比上年增加 30.2 万吨，增幅 1.0%，该区域粮食产量占全国粮食总产的 4.3%。

产销平衡区 11 省（区、市）：包括山西、广西、重庆、贵州、云南、西藏、陕西、甘肃、青海、宁夏、新疆。2022 年粮食播种面积 2436.6 万公顷，比上年增加 18.1 万公顷，增幅 0.7%；产量 11969.6 万吨，比上年增加 222.1 万吨，增幅 1.9%，该区域粮食产量占全国粮食总产的 17.4%。

撰稿单位：农业农村部种植业管理司
撰稿人：冯宇鹏、刘阿康
审稿人：吕修涛

四　主要粮食品种生产成本分析

（一）2022 年粮食成本收益情况

国家发展和改革委员会组织的全国农产品成本调查显示，与上年相比，2022 年我国稻谷、小麦和玉米三种粮食平均单产增加，成本增加，价格上涨，收益增加。具体情况如下：

1. 单产增加

2022 年我国粮食主产区单产整体增加。三种粮食平均亩产 501 公斤，比去年增加 14 公斤，增幅为 2.9%。稻谷（包括早籼稻、中籼稻、晚籼稻和粳稻平均，下同）、小麦和玉米单产"两增一减"，其中稻谷单产 475 公斤，减产 14 公斤，降幅 2.9%；小麦单产 511 公斤，增产 48 公斤，增幅 10.3%；玉米单产 516 公斤，增产 9 公斤，增幅 1.7%。

2. 成本增加

2022 年三种粮食平均生产总成本和现金成本均有所增加。其中，亩均总成本 1253 元，比去年增加 96 元，增幅 8.3%；亩均现金成本 663 元，比去年增加 82 元，增幅 14.1%。亩均现金成本自 2004 年以来已经连续第十九年上升。成本上升的主要原因是化肥费、机械作业费、土地成本和种子费增加较多。其中，化肥费亩均 196 元，比去年增加 41 元，增幅 26.8%，主要原因是受上游原料价格上涨影响，化肥价格涨幅较大。此外，受农业机械化水平持续提升以及油价高位运行等因素影响，机械作业费亩均 171 元，比去年增加 15 元，增幅 9.3%。近年来粮食价格上涨带动土地流转价格上涨，土地成本亩均 280 元，比去年增加 23 元，增幅 8.8%。由于种子价格及种子用量的增多，种子费亩均 73 元，比去年增加 6 元，增幅 8.5%。人工成本比去年略减，亩均

412 元，比去年减少 2 元。

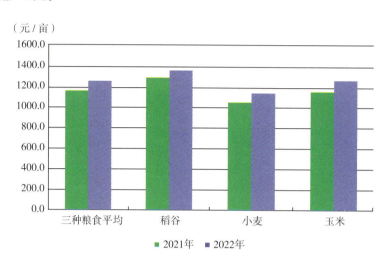

图 1-1　2021—2022 年三种粮食每亩总成本变化

3. 价格上涨

2022 年三种粮食平均出售价格每 50 公斤 142 元，比去年上涨 13 元，涨幅 10.2%。其中，稻谷为 139 元，上涨 4 元，涨幅 2.8%；小麦为 150 元，上涨 27 元，涨幅 22.2%；玉米 135 元，上涨 8 元，涨幅 6.5%。

4. 收益增加

如果不考虑家庭用工和自有土地机会成本，2022 年三种粮食平均每亩现金收益 779 元，比去年增加 86 元，增幅 12.4%。如果考虑对农业的补贴，每亩实际收益（现金收益加补贴收入）895 元，比去年增加 96 元，增幅 11.9%。其中，稻谷亩均实际收益为 682 元，比去年减少 67 元，降幅 8.9%；小麦亩均实际收益为 1052 元，比去年增加 331 元，增幅 45.9%；玉米亩均实际收益为 952 元，比去年增加 23 元，增幅 2.4%。从净利润看，2022 年三种粮食平均每亩净利润 189 元，比去年增加 72 元，增幅 61.9%。

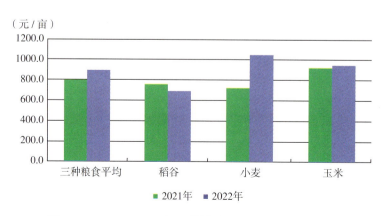

图 1-2　2021—2022 年三种粮食每亩实际收益变化

表 1-1 2021 年和 2022 年粮食成本收益比较（一）

单位：元

品种	每亩总成本		每亩净利润		每50公斤总成本		每50公斤平均出售价格	
	2021 年	2022 年	2021 年	2022 年	2021 年	2022 年	2021 年	2022 年
三种粮食平均	1157.1	1252.7	116.9	189.3	116.7	122.9	128.5	141.5
稻谷	1281.3	1361.9	60.0	-22.7	129.5	141.8	135.6	139.4
早籼稻	1167.2	1244.5	-68.4	-126.0	138.5	149.8	130.4	134.6
中籼稻	1250.0	1341.1	230.6	36.2	111.9	130.4	148.5	132.6
晚籼稻	1236.6	1320.7	-7.4	-29.0	142.4	151.8	141.5	148.5
粳稻	1472.8	1543.0	83.5	26.6	130.5	138.5	137.9	140.8
小麦	1040.6	1140.8	129.4	425.9	109.5	109.5	123.1	150.4
玉米	1148.8	1256.8	162.1	163.3	110.9	119.3	126.6	134.8

表 1-2 2021 年和 2022 年粮食成本收益比较（二）

单位：元

品种	每亩现金成本		每亩实际收益（含补贴收入）		每50公斤现金成本	
	2021 年	2022 年	2021 年	2022 年	2021 年	2022 年
三种粮食平均	581.3	663.3	799.8	895.3	58.6	65.1
稻谷	717.8	801.6	749.1	682.3	72.6	83.4
早籼稻	627.0	717.5	582.3	535.3	74.4	86.3
中籼稻	622.8	708.8	971.9	796.1	55.8	68.9
晚籼稻	711.3	804.1	617.2	610.4	81.9	92.5
粳稻	910.0	975.8	825.0	787.6	80.6	87.6
小麦	538.7	618.0	720.9	1051.8	56.7	59.3
玉米	487.4	570.4	929.3	951.8	47.1	54.1

（二）2022 年粮食和主要经济作物收益比较

2022 年我国粮食、棉花、油料、烤烟等主要农产品生产成本增加，价格和单产分化，影响主要农产品种植收益变化。具体来看，粮食、油料作物、烤烟收益增加，棉花收益有所下滑。

从 2022 年亩均实际收益（含补贴）水平看，烤烟最高、粮食其次、棉花和油菜籽较低，其中烤烟亩均实际收益为 2747 元，粮食为 1575 元（按一年两季粮食作物计算，北方地区一亩小麦和一亩玉米的实际收益合计为 2004 元，南方地区一亩早籼稻和一亩晚籼稻实际收益合计为 1146 元，平均每亩粮食实际收益为 1575 元），棉花为 886 元，油菜籽为 680 元。2021 年烤烟亩均实际收益为 2706 元，粮食为 800 元，棉花为 2064 元，油菜籽为 580 元。对比两年各类作物实际收益变化，玉米和小麦等粮食收益大幅增加，烤烟和油菜籽收益稳中有增，棉花收益大幅下降。

撰稿单位：国家发展和改革委员会价格司
撰稿人：张希圆
审稿人：程行云

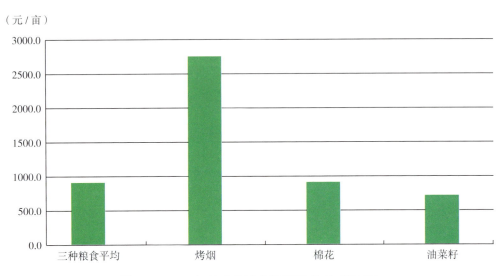

图 1-3　2022 年粮食和主要经济作物收益比较

五　粮食生产能力建设

（一）加强耕地保护与质量建设

落实"长牙齿"的耕地保护硬措施。中办、国办印发《地方党委和政府领导班子及其成员粮食安全责任制规定》，实行最严格的耕地保护制度，全方位夯实粮食安全根基。《全国国土空间规划纲要（2021—2035 年)》印发实施，优先划定耕地和永久基本农田，带位置分解下达各省（区、市）耕地保有量和永久基本农田任务，逐级压实耕地保护责任，严格落实耕地保护优先序，牢牢守住 18 亿亩耕地红线不动摇。加强黑土地保护，实施《黑土地保护法》，持续推进实施国家黑土地保护工程，聚焦黑土地保护重点县，重点推广秸秆还田和"深翻＋有机肥还田"等综合技术模式，集中连片加强黑土地保护。

（二）加强农田水利等基础设施建设

加快实施藏粮于地、藏粮于技战略，依据《全国高标准农田建设规划（2021—2030 年)》，按照"统一规划布局、统一建设标准、统一组织实施、统一验收考核、统一上图入库"五个统一的要求，2022 年共安排中央各项资金 1096 亿元，支持建成高标准农田 10472 万亩，完成年度目标任务的 104.7％。到 2022 年底，累计建成高标准农田 10 亿亩，建成后的项目区农田平均耕地质量提高约 1 个等级，亩均粮食产能增加 10％—20％，稳定保障 1 万亿斤以上的粮食产能。规划建设了一批重大水利工程，进一步提高了粮食综合生产能力。2022 年以来，全国新开工 8 项大型灌区，实施 505 处大中型灌区现代化改造，新增恢复和改善灌溉面积达到 3370 万亩，加强对农业灌排用水保障，持续提高灌排保障能力和农业用水效率。

（三）发挥农业科技支撑作用

按照《"十四五"现代种业提升工程建设规划》，聚焦种质资源保护、育种创新、品种测试和良种繁育四大环节，建立健全现代种业体系。2022 年安排中央预算内投资 15 亿元，支持各地加快推进现代种业提升工程等项目建设，加快补上种业自主创新短板。加强重大植物疫情监测预警和应急防控，安排中央预算内投资 12 亿元实施动植物保护能力提升工程，提升对重大病虫害的监测、诊断、预警和防治能力。实施《"十四五"全国农业机械化发展规划》《"十四五"全国农业农村科技发展规划》，推动农机装备加快转型升级，农作物耕种收综合机械化率达到 73%，全国农业科技进步贡献率达到 62.4%。

（四）推动农业绿色发展

推动粪肥还田，支持建设一批粪肥还田利用种养结合示范基地，2022 年安排中央预算内投资 20 亿元支持项目县开展粪污收集、贮存、处理和利用，提升粪肥还田利用率，推动形成绿色高效的农业生产方式，全国畜禽粪污资源化利用率达到 78%。安排中央预算内投资 15 亿元，在长江经济带和黄河流域深入开展农业面源污染治理，改善农业生态环境，促进农业可持续发展。推进秸秆、农膜回收利用，全国秸秆综合利用率和农膜利用率分别达到 88%、80%。持续推进化肥、农药减量增效，全国主要农作物化肥、农药使用量实现负增长，水稻、小麦、玉米三大粮食作物化肥利用率均达到 41.3%、农药利用率达到 41.8%。

撰稿单位：国家发展和改革委员会农村经济司

撰稿人：陈曦

审稿人：吴晓

此图为益海嘉里（合肥）粮油工业有限公司一期项目在
庐江正式投产场景。（来源：益海嘉里官网）

第二部分

粮油市场供求形势分析

一 粮食市场总体概述

2022 年，全球粮食产情、疫情和乌克兰危机等因素叠加影响全球粮食供应链，推高国际粮食价格。之后美联储激进加息收缩流动性，黑海粮食出口协议签订，国际粮价冲高回落。国内粮食产量继续提高，口粮完全自给，但品种结构性矛盾仍然突出。具体表现为稻谷供大于求；小麦饲用量明显下降，产需平衡有余；玉米产不足需，进口和替代谷物能够补充饲料粮供应；大豆依赖进口，国内产量提高，外采率下降。2022 年我国粮食进口量 14687 万吨，同比减少 10.7%。其中，大豆进口 9108 万吨，同比下降 5.6%；玉米进口 2062 万吨，同比下降 27.3%。国际粮价大幅波动，对国内输入性影响加大，国内小麦、玉米等粮食价格创历史新高，但在国家有关部门保供稳市各项措施作用下，主要粮食价格保持合理区间运行，波动幅度相对较小。2022 年底，早籼稻收购价格同比下降 1.4%，普通粳稻价格南方地区同比下跌 3.9%，北方地区同比下跌 0.8%，玉米价格同比上涨 8.4%，小麦价格同比上涨 13.1%，大豆价格同比下降 10.5%。

撰稿单位：国家粮油信息中心
撰稿人：齐驰名
审稿人：刘冬竹、李喜贵

二 小麦市场供求形势分析

（一）小麦市场供给和需求情况分析

1. 小麦产量增加

2022 年国家继续在小麦主产区执行最低收购价政策，小麦（三等）最低收购价为 115 元 /50 公斤（2300 元 / 吨），较 2021 年上调 2 元 /50 公斤。此外，向实际种粮农民发放一次性补贴，还安排 70 亿元支持夏粮促壮稳产，调动农民种粮积极性。2022 年小麦主产区大部分时段光温水匹配良好，病虫害偏轻发生，气象条件总体有利于作物生长发育和产量形成，加之各部门有力克服北方罕见秋汛导致的冬小麦晚播和局部发生新冠疫情等不利因素影响，小麦产量创新高。国家统计局发布，2022 年全国小麦播种面积 2352 万公顷，同比下降 0.2%；单位面积产量 5856 公斤 / 公顷，同比增长 0.8%；总产量 13772 万吨，同比增长 0.6%。

2. 小麦消费量减少

受疫情防控、各地增加成品储备粮等因素影响，我国小麦制粉消费略有增加。由于小麦玉米价差维持高位，小麦饲用明显减少。据调研，2022 年国内小麦价格涨幅高于玉米，小麦玉米价差长期处于 200 元 / 吨以上，小麦饲用需求减弱。2022 年国内小麦消费总量 12775 万吨，比上年度减少 1869 万吨，降幅 12.8%。其中，食用消费 9380 万吨，同比增加 20 万吨，增幅 0.2%；饲用、种用及工业消费 3395 万吨，同比减少 1889 万吨，降幅 35.8%。

3. 小麦进口量增加

我国小麦总量供给充足，进口主要用来调剂品种余缺、满足居民日益增长的多元消费需求。2022 年全年我国共进口小麦 996 万吨，同比增长 1.9%。2020 年以来，新冠疫情持续全球蔓延、地缘政治冲突加剧，对世界经济和国际农产品贸易产生了重大影响，小麦进口来源发生了较大变化。从进口国别来看：澳大利亚为我国主要小麦进口国，占进口总量的 57.5%，进口加拿大小麦 179 万吨，占进口总量的 18.0%，进口美国小麦 63 万吨，占进口总量的 6.3%。自 2022 年 10 月份起国内小麦价格涨幅较大，由于进口利润明显提高，第四季度小麦进口量大幅上升，美国和加拿大小麦进口增加。

（二）小麦市场价格走势及成因分析

1. 第一阶段（2022 年 1 月至 4 月）：国内小麦价格屡创新高

受储备企业轮出小麦谨慎、市场担忧新季小麦减产、国际小麦价格暴涨推高国内看涨预期等多重因素影响，国内小麦价格出现持续性上涨，2 月底至 3 月初部分面粉企业曾 1 日内上调小麦价格 60—100 元 / 吨，主产区小麦平均进厂价超过 3200 元 / 吨，创历史新高。4 月底市场陈麦不断减少，加之疫情防控运费增加，小麦价格再创新高。4 月底国内小麦平均进厂价超过 3300 元 / 吨，为历史最高，同比上涨 31%。

2. 第二阶段（2022 年 5 月至 6 月）：新季小麦价格大幅高开后回落

2022 年我国小麦再获丰收，品质明显提高，受种植成本增加、市场看好后市、收购主体积极入市等因素影响，新季小麦价格大幅高开，6 月初华北小麦开秤价格普遍达到 3100 元 / 吨以上，同比上涨 600 元 / 吨，农民种粮收益明显增加，但受 2021 年小麦价格高开后持续上涨，叠加疫情的影响，部分地区农户也存在惜售囤粮现象。随着新麦大量上市，单产、产量均超预期，市场观望情绪渐浓，小麦价格高开后回落。

3. 第三阶段（2022 年 7 月至 9 月）：小麦价格上涨动力不足

秋粮收获上市后，基层粮点和贸易商购销业务转向玉米，部分持粮主体存在惜售心理，尤其是农户存粮数量较往年明显增加，小麦价格快速上涨。此外，受华北黄淮海等小麦主产区出现多次连阴雨天气影响，冬小麦播种延迟，加之河南暴雨泄洪区种植面积下降等因素影响，市场主体担忧小麦产情。随后政策性粮食投放减少，小麦与玉米价格恢复正常比价。华北黄淮地区小麦进厂均价从 10 月上旬的 2640 元 / 吨快速上涨至 2860 元 / 吨。

4.第四阶段（2022 年 10 月至 12 月）：小麦价格冲高后小幅回落

10 月份后华北地区正值农忙，贸易商关注重点转为玉米，叠加疫情防控导致部分地区物流不畅、贸易企业存粮成本较高、面粉经销商增加备货等因素影响，国内小麦价格

再次回升至 3300 元 / 吨以上。12 月，面粉消费旺季不旺，后期粮源供给较为充裕，小麦价格高位回落。12 月底，华北小麦进厂均价 3230 元 / 吨。

撰稿单位：国家粮油信息中心
撰稿人：冯立坤
审稿人：刘冬竹、李喜贵

图 2-1　2022 年华北地区普通小麦平均进厂价

三　稻谷市场供求形势分析

（一）稻谷市场供给和需求分析

1.稻谷播种面积和单产双减，产量减少 2.0%

2022 年全国稻谷播种面积 2945 万公顷，同比减少 47 万公顷，下降 1.6%；稻谷单产 7080 公斤 / 公顷，同比减少 34 公斤 / 公顷，下降 0.5%。稻谷产量 20849 万吨，同比减少 435 万吨，减幅 2.0%。

一是早稻播种面积略增，单产略减，总产增加。据国家统计局数据，2022年全国早稻播种面积476万公顷，同比增加2万公顷，增幅0.4%。各主产省层层压实粮食生产责任，开展撂荒地复垦复种，落实各项支农惠农、种粮补贴、粮食最低收购价等政策，早稻播种面积保持基本稳定。早稻单产5914公斤/公顷，同比减少4公斤/公顷。早稻播种以来，主产区大部时段气象条件较好，虽生长期间经历阶段性低温寡照，但后期乳熟成熟期天气适宜，光热配合较好，早稻生长进度有所追回，有利于产量形成。

2022年早稻总产量2812万吨，同比增加11万吨，增幅0.4%，连续第3年实现增长。2022年早稻产量占稻谷总量的比例为13.5%，同比增加0.3%。

二是中晚稻播种面积、单产和总产均下降。据国家统计局数据，2022年全国中晚稻播种面积2470万公顷，同比减少49万公顷，减幅2.0%；中晚稻单位面积产量7304公斤/公顷，同比减少34公斤/公顷，减幅0.5%；中晚稻总产量18037万吨，同比减少446万吨，减幅2.4%。主要是受南方地区高温干旱天气，以及东北"水改旱""稻改豆"等种植结构调整影响。

2. 我国大米进口创新高，出口减少

2022年，受国内饲料、工业加工需求增长以及玉米价格较高影响，国内对碎米消费需求增强，进口量大幅增加。2022年我国进口大米619万吨，同比增加123万吨，增幅24.8%，创历史新高。其中碎米进口353万吨，同比增加101万吨，占大米进口增量的82.1%，主要用于制酒、食品生产等工业用途以及饲料用途。国内稻谷去库存持续推进，2022年我国出口大米219万吨，同比减少23万吨，减幅9.5%。

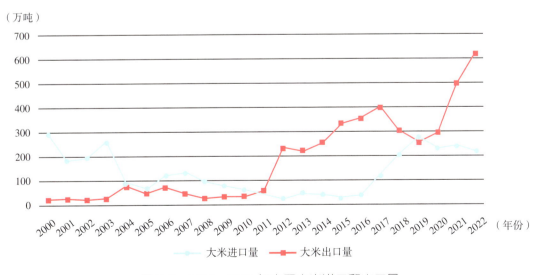

图 2-2　2000—2022 年中国大米进口和出口量

3. 稻谷饲用需求大幅增长

国家粮油信息中心测算，2021/2022 年度国内稻谷总消费 22282 万吨，比上年度增加 600 万吨，增幅 2.8%。其中国内食用消费 16000 万吨，较上年度持平；饲料和工业消费 6150 万吨，较上年度增加 600 万吨，增幅 10.8%，主要是部分政策性陈稻谷定向用于饲料生产。

（二）稻米市场价格走势与成因分析

1. 早籼稻高开高走，中晚籼稻低开高走

2022 年 7 月，新季早稻上市，价格同比高开 100—140 元 / 吨，开秤后快速攀升，收购期间整体走势坚挺。9 月底，主产区收购价格稳定在 2660—2700 元 / 吨，销区采购价格在 2920—3000 元 / 吨。早稻市场价格高于 2480 元 / 吨的最低收购价，各主产区未启动托市收购。

2022 年 6—8 月，我国南方农区遭遇 1961 年以来综合强度最强的高温干旱天气，高温持续时间长、发生范围广，影响新季中晚籼稻品质，尤其是早熟中籼稻质量相对更差，价格低开上市，同比回落 80—160 元 / 吨。为切实保护种粮农民利益，10 月中旬至 11 月初，江苏、安徽、河南、湖北相继启动中晚稻最低收购价预案，启动时间均早于 2021 年。随后上市的中籼稻及晚籼稻品质改善，叠加市场对中晚籼稻供给的担忧，中晚籼稻价格上涨。12 月底，主产区中籼稻收购价格 2660—2760 元 / 吨，同比上涨 100—120 元 / 吨。2022 年产中晚籼稻旺季收购已于 2023 年 1 月 31 日结束，累计收购 2598 万吨，其中最低收购价收购 165 万吨。

2. 粳稻价格延续南强北弱格局，优质优价特征明显

2022 年 10 月底，南方新季粳稻集中上市，时间上因收获期降雨有所推迟。由于南方高温时段粳稻主要处于拔节孕穗期，不是需水敏感期，因此受影响相对较小，但出米率等较 2021 年仍有所下滑。新季粳稻上市后多元主体收购积极，价格高开，主产区收购价格 2800—2860 元 / 吨，同比上涨 80—100 元 / 吨。11 月中下旬后，质量较好的粳稻供应趋紧，加工企业收购意愿不强，价格低走趋稳，"优质优价"特征明显。进入 12 月份以后，各级储备稻谷轮入进度放缓，稻谷市场供应充足，前期贸易商收购的新季稻谷价格走势偏弱。随着地储采购结束，江苏粳稻价格小幅回落。

黑龙江粳稻生产期间天气良好，新季粳稻质量较好。2022 年 11 月，东北主产区新季粳稻集中上市，黑龙江圆粒粳稻开秤价 2600—2640 元 / 吨，同比基本持平，后期变化不大；而长粒粳稻由于种植面积大幅减少，市场供给有限，收购价格同比涨幅较大。12 月底，圆粒稻谷价格 2620 元 / 吨，同比降幅 0.8%，长粒稻谷价格 3300 元 / 吨，同比涨幅 22.2%。2022 年产粳稻旺季收购已于 2023 年 2 月 28 日结束，累计收购 3905 万吨，其中最低收购价收购 1023 万吨。

3. 大米价格互有涨跌

2022 年我国各主产区大米价格互有涨跌。12 月底，南方普通中晚籼米出厂价 3720—3900

元/吨，同比上涨20—80元/吨。黑龙江普通圆粒粳米出厂报价3570—3600元/吨，同比下降100—150元/吨；长粒粳米出厂报价4500—

4600元/吨，同比上涨600—800元/吨。江苏普通粳米主流报价3700—3850元/吨，同比下降50—100元/吨。

图2-3 2010—2022年中国主产区大米出厂价

4. 国际大米价格冲高回落，国内外大米价差回归

2022年12月底，泰国5%破碎率大米FOB（离岸价）报价477美元/吨，同比上涨80美元/吨，涨幅20%；越南5%破碎率大米FOB报价460美元/吨，同比上涨60美元/吨，涨幅15%。

亚洲大米出口价格上涨主要原因：一是全球稻谷供需同频增加，需求更为旺盛。据美国农业部预计，2021/2022年度全球大米产量5.15亿吨，同比增加573万吨，为历史最高水平；而全球消费总量达到历史新高5.21亿吨，同比增加1730万吨，消费增量远超产量增加。

二是2022年1—6月国际市场小麦价格大幅上涨，碎米替代需求增加。三是2022年9月之后，印度对大米出口采取限制措施，叠加全球粮食保护主义浪潮，国际需求旺盛。12月底，广东港口早籼米价格3700元/吨，越南5%破碎率大米进口到港完税价3665元/吨，国内外价差35元/吨，上年为810元/吨，同比缩小775元/吨。

撰稿单位：国家粮油信息中心

撰稿人：于季菲

审稿人：刘冬竹、李喜贵

（美元/吨）

图 2-4　2010—2022 年世界主要大米出口国价格

四　玉米市场供求形势分析

（一）玉米供给和需求状况分析

2022 年玉米面积稳中略降，玉米产量再创新高，国内玉米进口量有所下降，但仍为历史较高水平；玉米饲料消费结构性增长，工业消费相对稳定，供需双增背景下，产需缺口仍然存在，价格整体上移。

1.2022 年全国玉米生产呈现面积减、单产增、总产增的特点

2022 年我国玉米播种基本顺利，东北地区克服疫情等不利条件影响，4—5 月春季播种基本在适播期，6 月份华北黄淮地区夏玉米种植进展顺利。从玉米播种情况来看，农民种植玉米意愿仍然较强，但受扩种大豆油料，推广大豆玉米带状复合种植等内部种植结构调整

影响，玉米播种面积稳中略降。据国家统计局公布数据，2022 年全国玉米播种面积 4307 万公顷，比上年减少 25 万公顷，减幅 0.6%。今年玉米丰收基础较好，主产区气温偏高，积温总体偏多，光照接近常年好于上年；降水偏多，墒情适宜。区域性干旱、暴雨洪涝灾害发生范围小，而且政府抗灾减灾成效显著。全国玉米单产 6436 公斤/公顷，比上年增加 146 公斤/公顷，增幅 2.3%；全国玉米产量 27720 万吨，比上年增加 465 万吨，增幅 1.7%，再创历史新高。

2. 进口玉米下降

2022 年国内玉米进口量有所下降，但仍为历史较高水平。据海关统计，2022 年我国

进口玉米 2062 万吨，同比减少 773 万吨，减幅 27.3%。其中从美国、乌克兰进口玉米数量分别为 1486 万吨、526 万吨，占比分别为 72.1%、25.5%。乌克兰危机改变了全球粮食贸易格局，减少了乌克兰作为玉米主要来源国的供应，驱动我国从其他主产国寻找玉米供应，扩大进口来源。2022 年 5 月份，中国海关总署与巴西农业部签署《巴西玉米输华植物检疫要求议定书》，进一步促进两国农产品贸易发展，2023 年 1 季度进口巴西玉米陆续到港，同时国内外玉米价差回归，进口玉米预期增加。

3. 国内玉米需求增加

2022 年度国内玉米年度总消费 27713 万吨，同比增加 210 万吨，增幅 0.8%。其中玉米饲料消费 18000 万吨，同比增加 200 万吨，增幅 1.1%。2022 年上半年国内生猪价格低迷，尤其 2 月下旬至 4 月下旬，国内猪粮比价降至 5∶1 以下，抑制生猪补栏积极性，也降低生猪出栏体重，整体饲料需求下降。下半年，随着新一轮猪周期到来，生猪价格大幅上涨，生猪养殖回暖，养殖利润扭亏为盈并持续好转，刺激养殖场户积极补栏。国家统计局数据显示，2022 年末生猪存栏 45256 万头，环比增长 2%，同比增长 0.7%。进口高粱、大麦等用于饲料替代减少，加之国产小麦价格处于高位，小麦用于饲料数量明显下降，玉米饲料消费结构性增长。估计 2022 年玉米工业消费 7700 万吨，同比持平。2022 年部分大型玉米深加工企业持续扩大规模，行业加工能力继续扩张。受酒精中稻谷、小麦用量大幅下降影响，玉米酒精消费结构性增长，增长幅度估计达 300 万吨，抵消淀粉类需求的下降。

（二）玉米市场价格走势分析

2021 年国内玉米价格先涨后跌，走势分化。2021 年底，东北地区玉米收购价 2320—2470 元 / 吨，同比下降 50—160 元 / 吨，降幅 2%—7%。华北地区玉米收购价 2640—2800 元 / 吨，同比上涨 30—160 元 / 吨，涨幅 3%—9%。

1. 第一阶段：震荡上涨

2022 年上半年玉米价格震荡上涨。2021 年玉米产量形势较好，年初市场供应充足，但用粮企业库存偏低，多元主体收购积极，而且雨雪天气影响物流运输，玉米价格持续走高。春节前基层农户售粮进入高峰期，玉米价格小幅走低。春节后，农民手中余粮减少，粮源向贸易商及企业手中转移，价格反弹上行。2 月下旬乌克兰危机爆发，对全球小麦、玉米生产和贸易格局均带来较大影响，国际小麦、玉米价格大幅走高，此外，4 月份美玉米春播以来，受天气扰动及种植成本增加影响，农户玉米种植意向偏低，种植进度偏慢，加剧全球对玉米市场供应担忧，带动国际玉米期价走强。受国际粮价上涨情绪带动，2—4 月国内玉米期货价格持续上涨，4 月 29 日大连商品交易所玉米期货主力合约最高达到 3046 元 / 吨，创历史新高，比年初上涨 371 元 / 吨，涨幅 14%；6 月底，华北、东北玉米现货平均收购价格分别为 2902 元 / 吨、2703 元 / 吨，比年初上涨 158 元 / 吨、256 元 / 吨，涨幅 5.8%、10.5%。

2. 第二阶段：快速下跌

2022 年 7—8 月，因美国玉米产区天气改善、黑海地区粮食出口协议签订、宏观经济衰退预期等因素叠加国际玉米期货价格大幅下跌，另外国内玉米播种顺利，新麦陆续上市以及存储稻谷持续投放，市场供应压力阶段性增加，且饲料企业采购多倾向于进口玉米、糙米等替代物，压制国内玉米需求，国内玉米期货价格高位回落，现货价格也持续下降。7 月 25 日国内玉米期货主力合约最低达到 2548 元/吨，比 4 月底高点下跌 498 元/吨，跌幅 16.3%；2022 年 8 月底，华北、东北玉米平均收购价格 2727 元/吨、2645 元/吨，分别比 6 月底下跌 176 元/吨、58 元/吨，跌幅 6.1%、2.1%。

3. 第三阶段：冲高回落

2022 年 8—12 月，供应减少预期再度成为助推国际玉米价格攀升的驱动力，一方面美国中西部及欧洲产区玉米、小麦等谷物生长关键期面临极端干旱和高温天气影响，作物生长前景堪忧导致美国农业部连续三个月下调美国、欧洲玉米单产，以法国为代表的欧盟产区减产幅度屡超预期；另一方面黑海谷物出口反复出现变数，再度引发市场对玉米供应担忧。10 月中旬 COBT 玉米主力合约收盘价最高 691.8 美分/蒲式耳，自 7 月低点反弹 127.3 美分/蒲式耳，但价格并未突破新高，总体维持高位盘整。10 月份国内新产玉米上市，深加工和养殖利润较好情况下，玉米消费需求带动收购价格高开。11 月份国内部分玉米产区新冠疫情散发多发，部分地区采取较为严格的措施来防止疫情扩散蔓延，对基层农民售粮和物流运输造成一定影响，企业到货数量减少。同时由于 2023 年春节提前十天，企业补库需求与上游有效供给不足碰头，供需错配推动国内玉米价格快速上涨，产区玉米价格创历史同期最高。11 月 30 日，东北、华北玉米平均收购价格 2792 元/吨、3019 元/吨，分别较 8 月底上涨 147 元/吨、292 元/吨，涨幅 5.6%、10.7%。12 月份，农户进入传统的售粮高峰，并且随着疫情防控措施优化调整，物流逐步恢复，贸易流通趋于好转，玉米价格开始回落。12 月底，东北、华北玉米平均收购价格 2730 元/吨、2901 元/吨，分别较 11 月底下跌 62 元/吨、118 元/吨，跌幅 2.2%、3.9%。

撰稿单位：国家粮油信息中心
撰稿人：刘石磊
审稿人：刘冬竹、李喜贵

五　大豆市场供求形势分析

（一）我国大豆产量创历史最高纪录，进口连续第二年下滑

1. 大豆进口连续第二年下降，来源国依然集中

2022 年国家大力实施大豆和油料产能提升工程，东北地区生产者补贴向大豆倾斜，继续实施大豆玉米轮作补贴政策，鼓励农民改种。另外，农业部门在全国 16 个省区推广大豆玉米带状复合种植技术，增加大豆播种面积，为增产奠定良好基础。国产大豆种植效益好，2022 年大豆播种面积增加 183 万公顷，大豆生长期天气状况良好，单产好于上年，也是增产的重要因素。国家统计局数据显示，2022 年我国大豆总产量 2028 万吨，同比增加 388 万吨，增幅 23.7%，创历史最高纪录。2022 年我国进口大豆 9108 万吨，同比减少 5.7%，国际大豆供应紧张价格高位运行、国内生猪养殖利润下滑，玉米大豆减量替代方案推行，均抑制大豆进口需求。其中自美国进口大豆 2955 万吨，同比减少 8.6%，占进口总量的 32.4%，比上年减少 1.1 个百分点；自巴西进口 5440 万吨，同比减少 6.5%，占比 59.7%，比上年减少 0.5 个百分点，2018 年该比例最高达 75.1%；自阿根廷进口 365 万吨，同比减少 2.6%，占比 4%；自乌拉圭进口 179 万吨，同比增加 106.5%，成为主要进口国来源中增幅最大的国家。

2. 豆粕价格高企抑制需求，消费同比减少

2022 年我国饲料总产量同比增长 3%，带动饲料原料消费需求，但豆粕消费同比减少。一方面，1—5 月份生猪养殖持续亏损，加上豆粕价格高企，饲料企业纷纷减少用量，下半年尽管养殖利润好转，但豆粕价格居高不下，饲料中豆粕添加比例一度下滑；另一方面，国家有关部门持续推广玉米大豆减量替代方案，饲料企业逐渐将配方结构由"玉米豆粕型"转为"氨基酸平衡型"，节约了蛋白粕消费量。2022 年末全国能繁母猪存栏 4390 万头，同比增长 1.4%，比正常保有量（4100 万头）高 7.1%，且 2022 年母猪生产能力提高，2023 年上半年国内生猪存栏量还将维持高位。预计 2022/2023 年我国蛋白粕饲用消费将达到 9560 万吨，同比增长 2.9%，其中豆粕消费 7360 万吨，同比增长 3.7%。

（二）大豆市场价格走势及成因分析

2022 年全球大豆市场受供应偏紧、地缘冲突加剧、美联储加息等因素影响，价格先涨后跌，年中触及近 10 年高点。前三季度国产大豆价格高位运行，新季大豆收获上市后，因产量创历史新高，消费需求低迷，价格持续走低。

1. 国际市场大豆价格走势

第一阶段（2022 年 1 月至 6 月上旬）：美

国大豆期货价格大幅上涨，触及近 10 年来高点。一是天气因素导致主产国减产。拉尼娜天气导致南美大豆产区遭遇严重干旱，全球大豆由预期增产变为大幅减产。二是乌克兰危机、印尼限制棕榈油出口等地缘政治因素导致替代性作物供给下降。6 月 9 日，CBOT7 月大豆期货合约盘中达到 1784 美分 / 蒲式耳，略低于 2012 年的历史最高点 1789 美分 / 蒲式耳，较 1 月初上涨 31.4%。

第二阶段（2022 年 6 月中旬到 7 月中旬）：美国大豆期货价格快速下跌。随着印尼取消棕榈油出口禁令，叠加众多国家通胀加剧、美联储大幅加息，市场对全球经济增长放缓预期增强，国际市场植物油、能源等大宗商品价格大幅下跌，带动大豆价格下跌。7 月 22 日，CBOT 大豆期货主力合约最低价 1288.75 美分 / 蒲式耳，比 6 月上旬的年内高点下降 27.8%。

第三阶段（2022 年 7 月下旬至 12 月）：美国大豆期货价格震荡上涨。因上半年南美大豆减产，下半年市场对美国大豆的需求依赖度上升，但新季美豆单产不及预期，大豆产量同比由增转降，支撑国际大豆价格。加上连续第三年拉尼娜天气导致阿根廷持续干旱，影响大豆播种和生长，天气炒作也推升美国大豆价格。

2022 年 12 月 30 日 CBOT 大豆收盘于 1524.25 美分 / 蒲式耳，比 7 月中旬低点上涨 18.3%，比年初上涨 12.4%。

2. 国产大豆市场价格走势

第一阶段（2022 年 1 月至 9 月底）：国内大豆价格高位运行。受 2021 年国产大豆大幅减产影响，2022 年上半年，尽管国产大豆需求受疫情冲击影响较大，但销区市场到货减少及库存成本上升，对现货价格形成支持，大豆价格维持高位运行。黑龙江地区收购价格集中在 6000—6300 元 / 吨。3 季度国产大豆进入季节性消费淡季，但基层豆源偏少，支撑现货价格维持高位运行，黑龙江地区大豆收购价格仍在 6000 元 / 吨上方运行。

第二阶段（2022 年 10 月至 12 月底）：国产大豆价格持续下行。4 季度新季国产大豆收获上市，因产量大幅增加、蛋白含量下降以及消费需求低迷，豆价持续下行。12 月 30 日，黑龙江地区食用大豆收购价格集中在 5400—5600 元 / 吨，比年初下降 600—700 元 / 吨。

撰稿单位：国家粮油信息中心
撰稿人：王辽卫、丁艳明
审稿人：刘冬竹、李喜贵

六 食用油市场供求形势分析

（一）食用油市场供给和需求分析

1. 油料油籽产量继续增长

2022 年我国油料（不含大豆和棉籽）产量 3653 万吨，同比增加 40 万吨，增幅 1.1%。其中，花生产量 1790 万吨，同比下降 2.2%；油菜籽产量 1553 万吨，增长 5.5%。其他小品种油籽大多呈减产态势，葵花籽、芝麻和胡麻籽产量分别为 214 万吨、45 万吨和 26 万吨。全国棉花种植面积 300 万公顷，比上年减少 2.7 万公顷，减幅 0.9%；单产 1992 公斤 / 公顷，同比增长 5.2%，再创历史新高；产量 598 万吨，比上年增加 25 万吨，增幅 4.3%。国家粮油信息中心测算，2022 年全国棉籽总产量 1076 万吨，比上年增加 4.3%。2022 年我国油籽（含大豆和棉籽）总产量 6758 万吨，比上年增加 473 万吨，增幅 7.5%。

2. 油籽和食用植物油进口回落

2022 年我国进口食用油籽（含大豆和棉籽）9607 万吨，比上年减少 598 万吨，减幅 5.9%。其中，进口大豆 9108 万吨，同比减少 546 万吨，减幅 5.7%；进口油菜籽 196 万吨，同比减少 68 万吨，减幅 25.7%；进口其他食用油籽 301 万吨，比上年增加 18 万吨。其中，芝麻 107 万吨，花生 67 万吨，亚麻籽 61 万吨，葵花籽 21 万吨，棉籽 45 万吨。食用植物油进口 648 万吨，比上年减少 37.6%。分品种看，进口棕榈油（不含棕榈油硬脂）341 万吨，

同比减少 121 万吨，减幅 26.2%；进口豆油 34 万吨，同比减少 78 万吨，减幅 69.3%；进口菜籽油 106 万吨，同比减少 109 万吨，减幅 50.7%；进口葵花油 61 万吨，同比减少 68 万吨，减幅 52.9%。

3. 油脂油料消费需求明显下降

国家粮油信息中心测算，2022 年我国食用油消费量 3758 万吨，同比减少 522 万吨，减幅 12.2%。其中食用消费 3425 万吨，同比减少 308 万吨，减幅 8.3%；工业消费 333 万吨，同比减少 214 万吨，减幅 39.1%。分品种看，豆油消费 1730 万吨，同比减少 140 万吨，减幅 7.5%；菜油 765 万吨，同比减少 70 万吨，减幅 8.4%；棕榈油 433 万吨，同比减少 247 万吨，减幅 36.3%；其他油脂 388 万吨，同比减少 71 万吨，减幅 15.4%。随着新冠疫情防控政策优化和居民消费转型升级，我国食用油消费将恢复性增长。在国内食用油产量增长，进口维持高位的情况下，预计 2023 年我国食用油市场供应充裕，保供稳价具有坚实的物质基础。

（二）国内食用油价格走势回顾及成因分析

1. 第一阶段（2022 年 1 月初至 6 月上旬）：食用油价格大幅上涨

受乌克兰危机爆发、南美大豆减产、印尼

限制棕榈油出口等因素影响，全球植物油供应紧张，带动国内植物油价格大幅上涨，国内棕榈油价格创历史新高。6月上旬，华东地区一级豆油价格 12800—13000 元/吨，比年初上涨约 3150 元/吨；沿海地区三级菜油价格 14500—15000 元/吨，上涨约 3100 元/吨；华南地区 24 度棕榈油价格 16150—16250 元/吨，上涨约 6300 元/吨。

2. 第二阶段（2022 年 6 月中旬至 7 月中旬）：食用油价格快速下跌

印尼重新放开棕榈油出口，产区积压库存供应全球；全球大豆产量预期大幅增加，油脂油料产需形势明显好转；美联储加息加剧全球经济衰退预期，国际大宗商品价格由强转弱，国内植物油价格快速下跌。7月中旬，华东地区一级豆油价格 9800—10000 元/吨，比 6 月上旬下跌约 3000 元/吨；沿海地区三级菜油价格 11500—11700 元/吨，下跌约 3000 元/吨；华南地区 24 度棕榈油价格 9200—9300 元/吨，下跌约 7000 元/吨。

3. 第三阶段（2022 年 7 月下旬至 12 月底）：食用油价格区间震荡

国内植物油供应趋于宽松，疫情防控政策优化提振油脂消费，植物油价格维持区间震荡走势。12月底，华东地区一级豆油价格 9550—9650 元/吨，比 7 月中旬下跌 250 元/吨；沿海地区三级菜油价格 12750—12850 元/吨，上涨约 1200 元/吨；华南地区 24 度棕榈油价格 8150—8250 元/吨，下跌约 1000 元/吨。

撰稿单位：国家粮油信息中心
撰稿人：王辽卫、孙恒
审稿人：刘冬竹、李喜贵

此图为吉林省玉米收购场景。（来源：国家粮食和物资储备局宣传教育中心）

第三部分
粮食宏观调控

一 政策性粮食收购

国家粮食和物资储备局高度重视粮食收购工作，会同有关部门单位及时印发收购通知，召开工作会议，加强督导调度，指导各地和有关企业以夏粮、秋粮旺季收购为重点，强化仓容、资金、人员、运力等保障，统筹抓好市场化收购和政策性收购。全年累计收购粮食 4 亿吨左右，牢牢守住农民"种粮卖得出"的底线。

2022 年，国家继续在部分主产区实施小麦和稻谷最低收购价政策。小麦、早籼稻、中晚籼稻、粳稻最低收购价分别为 1.15 元 / 斤、1.24 元 / 斤、1.29 元 / 斤、1.31 元 / 斤，与上年相比，小麦、早籼稻每斤上调 0.02 元，中晚籼稻、粳稻每斤上调 0.01 元。先后批复江苏、安徽、河南、湖北、黑龙江等 5 省启动中晚稻最低收购价执行预案，督促中储粮集团公司切实履行政策执行主体责任，累计收购最低收购价稻谷 1200 万吨，有效发挥了政策托底作用。同时，为方便农民售粮，将 2022 年早籼稻最低收购价预案执行起始时间从原定的 8 月 1 日起予以适当提前。在收购工作中，切实增强为农服务意识，优化售粮流程，提升服务水平，明确要求政策性粮食购销更多采用订单收购、预约收购等方式，让农民少排队、快售粮。充分发挥粮食产后服务中心作用，积极开展清理、干燥、储存、加工、销售等服务，加强农户科学储粮指导，避免出现霉粮坏粮，帮助农民减损增收。

撰稿单位：国家粮食和物资储备局粮食储备司

撰稿人：董祥、王聪、孟凡璠、毕一卓、毕毅琛

审稿人：秦玉云、唐成

二 粮食储备及轮换

2022 年，国家粮食和物资储备局认真贯彻党中央、国务院决策部署，持续健全体制机制，着力规范操作运行，储备管理制度化、规范化水平进一步提升。一方面，从严实施中央储备粮计划管理，及时下达购销轮换计划，指导有关企业认真执行，确保数量质量和储存安全。另一方面，加强地方储备粮管理的指导协调，指导各地结合实际适时优化储备规模结构布局，有序建立企业社会责任储备，切实增强区域粮食安全保障能力。同时，积极推动两级储备协同运作，不断提高储备在保障供给、稳定市场等方面的效率效能。

撰稿单位：国家粮食和物资储备局粮食储备司

撰稿人：向玉旭、温江波、高明

审稿人：秦玉云、唐成

三 粮情监测预警

国家粮食和物资储备局不断完善监测预警体系，健全监测预警会商工作机制，多次召开粮食监测预警专题会议，分析研判市场形势，适时提出政策建议。加强与地方各省级粮食监测预警委员会的沟通协调，督促指导地方密切跟踪粮油品种市场走势和供求形势，建立定期联络机制，实现信息互通和资源共享。进一步调整优化监测网点布局，及时调整监测品种和价格类型，加大对重点时段、重点地区、重点品种的监测力度。及时形成简报、信息、专题研究报告等监测预警成果，适时发布粮食市场价格、收购进度等信息，有效提高服务决策、服务行业、服务社会的水平。

撰稿单位：国家粮食和物资储备局粮食储备司

撰稿人：李洵、赵泽林、耿晓顿、沈洁

审稿人：秦玉云、唐成

四　粮食产销合作

2022 年，国家粮食和物资储备局指导各地进一步深化产销合作，有效发挥粮食流通对生产的引导作用，强化工作组织协调，推动线上线下融合，促使粮食生产和消费有序衔接、顺畅流通，切实提高粮食安全保障能力。一方面，克服疫情严重影响，创新方式举办第四届中国粮食交易大会。大会以"畅通产销大循环 共享粮食大市场"为主题，采用线上方式进行，开设粮油产品云展馆，开通优质成品粮油展示交易、原粮专场交易，并同步举办网上粮食科技成果展览、专题系列讲座等活动，为促进国内外粮食企业沟通交流、产销合作提供了平台，为推动粮食产业高质量发展发挥了积极作用。另一方面，加强上下联动和横向沟通，积极搭建粮食产销合作平台，畅通粮食购销渠道。多次协调有关部门和企业，对涉疫涉灾地区粮食运输给予运力保障，有效化解局部地区因疫情灾情导致的粮食专线运力受限等问题；6 月份，福建等 12 省（区）在福州举办了第十八届粮食产销协作洽谈会；10 月份，黑龙江省举行首届中国（黑龙江）国际绿色食品产业博览会和黑龙江大米节，配套举办"2022·哈尔滨粮食产销对接会"。

撰稿单位：国家粮食和物资储备局粮食储备司

撰稿人：袁海波、纪展、孙哲、杨璐、陈晓雅

审稿人：秦玉云、唐成

五 粮食市场交易

2022 年，受乌克兰危机和全球疫情等因素影响，国际粮价高位震荡，国内粮食市场价格波动加剧，国家粮食和物资储备局会同有关部门密切关注市场形势变化，加快推进政府储备粮轮换第三方交易制度落地实施，合理把握政策性粮食投放力度和节奏，综合施策、多措并举，确保国内市场供应充足、运行平稳。国家粮食交易平台聚焦主责主业，扎实做好国家政策性粮食交易组织实施，进一步完善业务功能，增强平台综合服务能力，更好服务粮食宏观调控。

（一）全年国家政策性粮食销售成交 4090 万吨

一是精心组织国家政策性粮食交易履约。2022 年共组织政策性粮食竞价销售交易 108 场，成交国家政策性粮食 4090 万吨。其中，小麦成交 800 万吨左右，稻谷成交 2900 万吨左右，进口大豆成交 400 万吨左右。针对国际粮价高位震荡、国内玉米和小麦价格逐步上涨情况，国家有关部门通过及时调整小麦销售规则、提前启动最低收购价稻谷交易、适时投放进口大豆等多项举措，同时督促有关企业加快履约出库进度，截至年底政策性粮食履约出库率达 99.2%，着力增加有效供给，有力保障粮食市场供应。二是用心服务乡村振兴。全力支持阜南县推进乡村振兴，组织"阜南优质粮食帮扶交易专场"，有效增加种粮农民收入，促进当地优质粮食产销衔接。

（二）积极推进第三方平台建设，引导储备粮进场交易

一是积极推进第三方平台建设。出台中立公正的第三方竞价交易制度，印发了《关于加快推进政府储备粮轮换第三方交易的实施意见》并细化相关规则。二是持续推动各级储备粮进场交易。积极引导各级储备粮通过国家粮食交易平台进行轮换，扩大交易规模，提升轮换效率和收益，全年累计成交储备粮 3694 万吨，较上年增加 661 万吨。

（三）线上成功举办第四届中国粮食交易大会

根据疫情防控形势变化，及时调整筹备方案，2022 年 12 月 12 日至 20 日，线上成功举办第四届中国粮食交易大会。大会以"畅通产销大循环共享粮食大市场"为主题，包括开幕、VR 云展馆、优质成品粮油网上展销、原粮网上专场交易会、网上粮油科技成果展及同期活动等内容。大会举办期间成品粮油交易资金电子结算功能上线运行，共组织各省成交原粮 413 万吨，成交金额 132.5 亿元。

撰稿单位：国家粮食和物资储备局粮食交易协调中心

撰稿人：姜青志、李杨

审稿人：许策

专栏 1 全力做好粮食保供稳市

一是指导各地和有关企业加强粮源调度，深化产销衔接，增加绿色优质产品供给，有效保障日常供应特别是"两节""两会"等重要节点供应稳定。认真落实国务院批复同意的粮食库存销售安排，根据市场形势变化和调控需要，灵活把握政策性粮食投放的时机、节奏和力度，较好满足了用粮企业需求。密切关注市场形势变化，定期发布粮食收购、价格等市场信息，多次召开新闻通气会，主动回应社会关切，引导稳定市场预期。

二是进一步健全粮油应急保供机制，扎实做好粮食应急保供任务。召集例会定期研究。按照国务院联防联控机制生活物资保障组有关工作要求，结合国内疫情形势，召开局应急保供工作例会 16 次，研究分析疫情防控重点地区应急保供形势。及时高效安排部署。印发《关于切实做好近期疫情防控期间粮油应急保供工作的通知》，对各地做好粮油应急保供工作作出安排部署。总结推广典型经验。总结北京等地疫情期间粮油应急保供经验做法及天津、山东等地应急保障能力建设有益尝试，定期编发工作简报供全系统学习借鉴，提升全系统粮食应急保障能力。2022 年，国内粮食市场始终保持供应较为充足、运行总体平稳良好态势。

撰稿单位：国家粮食和物资储备局粮食储备司、应急物资储备司

撰稿人：董祥、王聪、孟凡璠、毕一卓、毕毅琛、李燕博、姚继伟、张飞

审稿人：秦玉云、王宏、唐成、陈林

此图为黑龙江省牡丹江农垦前卫粮食仓储有限公司电子化监管粮食仓储库场景。（来源：国家粮食和物资储备局宣传教育中心）

第四部分

粮食安全监管

一 粮食仓储管理

（一）加强政策宣贯和业务指导，促进系统交流互鉴

发挥行业交流平台作用，创新政策宣贯和业务指导方式，回复"局长信箱"、政策性业务咨询等工作，整理形成系列"仓储管理常见问题解答"，分批更新并主动发布。组织各垂直管理局、地方粮食和储备部门及中储粮集团公司开展《政府储备粮食仓储管理办法》相关知识线上测查，54000余人次参加测查，合格率78%。丰富"储粮专家说"系列微课，打造全天候学习交流可视化平台，利用粮食公益性科研专项成果"友粮人"APP等新媒体投放仓储管理和技术应用信息，促进学习交流互鉴。探索构建政策性粮食仓储管理常态化、长效化工作机制，研究完善承储企业仓储管理规范化评价体系。废止《中央储备粮代储资格管理办法》。

（二）绿色仓储初见成效，提升行动持续深化

深入开展绿色优储、保温隔热、综合防治等课题研究。建立粮食绿色仓储提升行动调度工作机制，督促指导各地和相关中央企业围绕行动重点任务，致力于"控温控湿保鲜储藏、有害生物综合防治、仓储作业环境友好"，着力推进高标准粮仓建设、仓储性能提升和绿色储粮技术推广应用。各地绿色仓储提升行动起势良好、成效初步显现。截至2022年12月底，粮食绿色仓储提升行动筹措吸引资金逾300亿元，涉及仓容4283万吨，改造提升储备粮仓气密、隔热等关键性能，有力强化了绿色储粮功效和品质保障能力。

"十四五"时期，粮食仓储管理工作将聚力"绿色优储"导向，以粮食绿色仓储提升行动和政策性粮食仓储管理规范化为抓手，一手抓技术、一手抓管理，聚焦更高水平、更为安全、更可持续，推动分储粮生态区技术创新集成示范和绿色储粮标准化，促进粮食仓储提档升级、提质增效，实现高质量发展。

撰稿单位：国家粮食和物资储备局安全仓储与科技司

撰稿人：李丹清、包亚妮

审稿人：周冠华、彭扬

二 粮食流通秩序规范

（一）扎实组织开展 2022 年全国政策性粮油库存检查

2022 年，国家粮食和物资储备局联合国家发展和改革委员会、财政部、中国农业发展银行组织开展 2022 年全国政策性粮油库存检查，将库存检查作为粮食购销领域腐败问题专项整治的重要抓手，督促指导各地严肃开展实地检查，全面提升检查效能。从检查结果看，被检查企业库存粮油账实基本相符，库贷总体挂钩，质量总体良好，储存较为安全，发现问题数量明显下降，反映出粮食购销领域腐败问题专项整治成效明显，违规违纪违法现象得到有效遏制，承储企业遵规守法意识普遍提高。针对库存检查发现问题，国家粮食和物资储备局狠抓整改督导，专门印发通知逐项提出行政处罚处理建议，并明确整改时限，要求各地各单位对照清单严格整改，确保问题整改到位、行政处罚到位、追责问责到位。同时，国家粮食和物资储备局进一步强化制度建设，结合 2019 年全国政策性粮食库存数量和质量大清查和年度库存检查工作经验做法，以及新修订的《粮食流通管理条例》等法律法规，对 2006 年印发的《粮食库存检查暂行办法》进行修改完善，并会同国家发展和改革委员会、财政部、中国农业发展银行联合印发新修订的《粮食库存检查办法》，实现了粮食库存检查方式方法基本定型。

（二）创新方式方法强化粮食储备监管

一是认真组织开展新入库粮食跨省交叉检查。组织河北等 6 个小麦主产省首次对 2022 年新入库政策性小麦开展跨省交叉检查。省际间跨省互查打破原有属地监管界限，大规模全覆盖检查新入库粮食，进一步把好新粮入库关，为粮食流通后续各环节监管打下坚实基础，有效杜绝增量问题发生。二是创新方式开展视频随机抽查。采用在线视频方式对河北等 5 个小麦主产省 2022 年新入库夏粮开展"四不两直"随机抽查，实现了国家局、省局和垂管局、基层库点同步检查。同时，建立常态化视频抽查机制，对主产省份开展秋粮收购视频督导工作，监管形式创新再造，监管压力直达基层。

（三）充分发挥 12325 热线"民心线"作用

12325 全国粮食和物资储备监管热线（以下简称"12325 热线"）始终坚持以打造群众反映涉粮涉储问题的贴心热线为出发点，持续畅通举报渠道，把高效处理举报线索、提高线索查办质量、严肃处置发现的问题放在突出位置。2022 年，12325 热线经各级粮食和储备部门、各垂直管理局和相关单位积极查办，全年共帮助农户兑现了拖欠售粮款 3500 多万元，避免了 5.4 万吨不合格粮食流入口粮市场，真正守护了老百姓的"钱袋子"和人民群众"舌尖上"的安全。

通过健全完善制度建设和持续优化业务操作流程，实现对群众合理诉求的快速响应、高效办理，切实解决存在的问题。一是坚持法治思想，不断完善制度建设。根据 12325 热线开通以来的工作实践，持续加强制度建设，2022 年修订了《12325 全国粮食和物资储备监管热线工作规则》和《12325 全国粮食和物资储备监管热线线索核查情况报告基本规范》，对举报线索接收、受理、转办、督办、结案、反馈等全链条管理措施进一步加以规范，热线已经构建了"上下贯通、衔接高效、扎实有力"的办理体系，不断提高热线线索办理效率效能。二是坚持问题导向，严厉打击违规违法行为。严格督促各承办单位在事实调查清楚、准确的基础上，形成正确的核查结论并据此依规依法做出严肃处置。经仔细审核和严格把关，2022 年全年退回并要求整改的核查报告 536 件，其中 38 件举报线索在退回整改后依规依法进行了行政处罚，切实增强了 12325 热线转办案件查处的震慑力。三是坚持系统思维，打造线索办理闭环。持续优化热线处理流程，在"首"、"尾"两端精准发力。在接收环节，采取线上与线下相结合的方式，坚持不懈做好热线宣传推广，精准打好热线宣传"组合拳"，结合夏粮收购等主要时期，通过新华网向全社会广泛宣传热线，扩大了群众知晓 12325 热线的社会覆盖面。在结案环节，针对承办单位的查办举报线索后续处置工作尚未完成、拖欠的售粮款未全部兑现等问题紧盯不放，向承办单位下达督办函，及时跟踪并严格督办，确保发现的问题处置到位，切实维护群众利益，高质量做好线索办理"后半篇文章"。

撰稿单位：国家粮食和物资储备局执法督查局

撰稿人：温朝晖、李昭、杨栋、李阳、吕冰

审稿人：钟海涛、朱之光、杨卫辰

中央储备粮棉管理和中央事权粮食政策执行情况年度考核

中央储备粮棉管理和中央事权粮食政策执行情况年度考核(以下简称"中储粮年度考核")始终坚持深入贯彻落实习近平总书记关于加强粮食储备安全监管的系列重要指示批示精神，全面压实"两个责任"，不断优化工作方式，推动中央储备粮棉和其他中央事权粮食更好发挥"压舱石"作用。

（一）深入总结工作经验，建立健全考核结果运用机制

2022 年初，国家粮食和物资储备局制定印发关于健全完善中储粮年度考核结果运用的通知。明确以"切实提升中储粮年度考核成效，确保对考核发现问题整改到位、对违法违规行为处罚到位、对失职失责人员追责问责到位"为目标，建立评价报告审核机制、考核结果回溯机制，全面加强考核过程管理，及时纠正敷衍了事、避重就轻等问题情形，确保有问题必揪、有问题必查、有问题必改。要求各垂管局切实严格履行法定职权，对违反《粮食流通管理条例》《中央储备粮管理条例》和相关法律规章制度的行为，坚决做到"零容忍"，依法依规实施行政处罚；要求中储粮集团公司及各分（子）公司切实扛起承储主体责任，充分吸纳国家有关

部门追责问责建议，对相关管理人员和直接责任人员依规依纪依法予以追责问责，确保追责问责到位。

（二）持续释放强监管信号，从严从实开展 2021 年度考核

国家粮食和物资储备局强化年度考核工作组职责，继续推行"考核办法＋年度重点"的考评机制，部署开展 2021 年度中储粮考核。2021 年底，制定印发通知，明确各垂管局实地考核直属库和检查中央事权粮食租赁、委托承储库点数量、扦样检验数量底线要求，将全面从严考核提升到更高水平。企业自评、垂管局实地考核、中储粮集团公司总体情况考核等工作压茬推进并按计划顺利完成。考核工作组坚持问题导向、结果导向，系统梳理前期各阶段成果，形成了考核结果报告，呈报国务院领导同志审阅后，于 2022 年 9 月正式发文通报中储粮集团公司，并抄送相关部门单位。10 月，国家粮食和物资储备局再度发文调度各垂管局对年度考核监管发现问题进行再梳理、再分析，加大督促整改力度，及时组织开展问题整改"回头看"，逐项销号整改，明确要求各垂管局充分运用法治手段处置考核发现问题。

（三）积极破除形式主义倾向，全力推进中储粮考核体制改革

为深入贯彻习近平新时代中国特色社会主义思想和党的二十大精神，认真贯彻落实党中央、国务院新时代下关于保障国家粮食和储备安全的新部署、新要求，2022年下半年，国家粮食和物资储备局全力推动中储粮考核机制改革工作。此次改革以建立年度考核与日常监管深度融合的新型监管方式为出发点，深入总结4个年度考核工作经验，通过广泛深入的调研，决定采用"量化评分＋定性总结"新方式，坚持定性定量相结合，聚焦储备粮棉安全和政策执行等重点工作，根据集团公司、分（子）公司、直属库三级管理架构工作重点，分级开展考核评价工作。为此，积极修订新的考核办法和评分细则，为开展改革后的中储粮年度考核提供依据。

从2018年度首考到2022年体制改革，中储粮年度考核边摸索边总结边完善，考核体制机制逐步建立健全。经过连续4个年度的考核，中储粮集团公司及分(子)公司主体责任、各垂管局在地监管责任不断夯实，年度考核与日常监管的新格局逐步建立。实践证明，组织开展中储粮年度考核已经成为守住管好"天下粮仓"的有效手段。

撰稿单位：国家粮食和物资储备局执法督查局

撰稿人：邓立、杨乔伟、郭坚、段岫

审稿人：钟海涛、朱之光

三　粮食质量安全检验监测管理

（一）粮食质量安全监管制度建设取得新进展

一是持续强化粮食质量安全制度建设，制定发布《粮食质量安全风险监测管理暂行办法》，通过新闻通气会等方式广泛进行宣传解读。二是进一步规范政府储备粮油质量检查扞样检验技术方法，修订《中央储备粮油质量检查扞样检验管理办法》，加强粮食质量安全管理。三是扎实推进《粮食质量安全监管办法》修订工作，主要内容包括：粮食质量安全风险监测、粮食质量安全管理、粮食质量安全检验、粮食质量安全事故处置、监督管理和法律责任等。

（二）指导推进粮食质量安全检验监测体系建设

不断加强粮食质量安全检验监测体系建设，着力构建以国家和省级为龙头、市级为骨干、县级为基础的粮食质量安全检验监测体系。截至2022年底，全国隶属于粮食和储备部门的粮食质量安全检验机构731个，其中国家级1个、省级26个、市级211个、县级493个。粮食质量安全检验监测体系积极发挥技术支撑作用，服务粮油标准制修订；开展粮食检验检测技术研究、咨询和培训；开展粮食质量安全风险监测，原粮及成品粮油质量安全检验监测，完成有关部门以及粮食企业委托的检验业务等。2022年累计检验样品近40万份，为确保人民群众"舌尖上的安全"提供了强有力的技术支撑。

（三）创新粮食质量安全风险监测方式

一是强化新收获粮食质量安全风险监测，提升监测效能。印发《关于做好2022年粮食质量安全风险监测有关工作的通知》，沟通协调各有关省级粮食和储备部门，指导并督促各地加大监测工作力度、适当增加监测频次，2022年完成监测样品近7万份，获得检验数据达90万个，为相关政策的制定提供了有力保障。二是针对气候等异常变化，及时开展应急监测。针对2022年初东北地区雪后气温升高，玉米真菌毒素污染较重，第一时间组织相关省份开展应急监测，及时摸清粮食质量安全实际状况，为粮食收储企业加强入库质量管理提供技术支撑和服务。针对长江流域干旱天气可能造成部分省份秋粮质量有所下降、食品安全风险上升的情况，及时跟踪监测，掌握2022年部分主产省份新收获中晚稻和玉米质量安全早期监测情况。三是创新方式方法，开展库存环节跨省异地监测。针对近几年粮食质量安全风险较高或检验力量相对薄弱的5省份，重点对2022年新收储的小麦和稻谷的质量安全情况进行监测，对监测中发现的问题按照有关规定督促有关单位进行整改，不断提升粮食质量安全管理水平和能力。

（四）开展 2022 年全国政策性粮油库存质量检查

在 2022 年全国政策性粮油库存数量和质量检查工作中，组织各地共采集检验库存粮食质量安全样品约 9400 份，覆盖 3100 多个库点，代表数量 1780 余万吨，获得数据 9 万余个。从检查结果来看，政策性粮油库存整体质量安全情况处于较高水平。

（五）履行国务院食安委成员单位职责

一是落实国务院食安委要求，督促指导各地粮食和储备部门按照《2022 年食品安全重点工作安排》，开展粮食质量安全相关工作。二是配合国务院食安办完成 2022 年食品安全工作评议考核等相关工作。

撰稿单位：国家粮食和物资储备局标准质量中心

撰稿人：刘卓、窦幽璇

审稿人：王耀鹏、孙长坡

此图为粮食品质和安全检测仪器。（来源：北京东孚久恒仪器技术有限公司）

第五部分

粮食质量与标准

一 总体状况

2022 年，国家粮食和物资储备局组织各地粮食和储备部门开展新收获粮食质量安全风险监测工作。从监测结果来看，全国新收获油菜籽整体质量属于近年来最好水平；小麦整体质量好于上年；早籼稻整体质量为近 5 年来平均水平；中晚籼稻整体质量较上年有所下降；粳稻整体质量为近年来正常水平；玉米整体质量好于上年；大豆、花生整体质量正常。

撰稿单位：国家粮食和物资储备局标准质量中心
撰稿人：徐广超、张艳、袁强、魏铭
审稿人：王耀鹏、孙长坡

二 主要粮食品种收获质量分析

2022 年，相关省份粮食和储备部门共采集质量调查样品近 7 万份，主要检验国家标准规定的质量指标，获得检验数据 90 万个，全面反映 2022 年新收获粮食质量总体情况。

（一）早籼稻

浙江、安徽、江西、湖北、湖南、广东、广西、海南等 8 个省份采集检验样品 3299 份，覆盖 84 个地市的 389 个县（区），结果表明，新收获早稻整体质量为近 5 年来平均水平，平均等级为二等，中等（三等）以上比例超过九成。出糙率平均值 77.7%（二等），与前 4 年平均值基本持平；一等至五等的比例分别为 27.7%、41.6%、24.8%、3.9%、1.1%，等外品为 0.9%；中等以上的占 94.1%，较前 4 年平均值有所提升，一等比例下降 3.2 个百分点。整精米率平均值 51.7%，较前 4 年平均值下降 1.5 个百分点，其中整精米率不低于 44% 的比例为 84.9%，不低于 50% 的比例为 62.6%，较前 4 年平均值分别下降 2.8 个、2.4 个百分点。不完善粒平均值 4.3%，较前 4 年平均值减少 0.2 个百分点，主要是未熟粒、病斑粒。

（二）中晚籼稻

江苏、浙江、安徽、江西、河南、湖北、湖南、广东、广西、重庆、四川、贵州等 12 个省份采集检验样品 11902 份，覆盖 128 个地市的 843 个县（区）。从监测结果看，中晚籼稻整体质量较上年有所下降，出糙率平均值、等级比例、整精米率平均值等各项指标都处于近年来较低水平。全部样品检验结果为：出糙率平均值77.3%，一等至五等的比例分别为17.7%、43.4%、29.1%、7.0%、1.7%，等外品为1.1%；中等（三等，出糙率不低于75%）以上的占90.2%；整精米率平均值54.1%，不低于44%（对应三等以上）的比例为85.9%；不完善粒平均值2.8%。

（三）粳稻

辽宁、吉林、黑龙江、江苏、安徽、宁夏等6个省份共采集检验样品6161份，覆盖58个地市的274个县（区）。从监测结果看，各项指标均与上年基本持平，整体质量为近年来正常水平。全部样品检验结果为：出糙率平均值80.2%（二等），中等（即三等，出糙率不低于77%）以上的占94.2%；整精米率平均值65.0%，不低于55%（对应三等以上）的比例为96.8%，不完善粒平均值3.8%，较上年有所减少。

（四）小麦

河北、山西、江苏、浙江、安徽、山东、河南、湖北、四川、陕西、甘肃、宁夏、新疆等13个省份共采集检验样品14032份，覆盖149个地市的888个县（区）。监测结果表明，新收获小麦整体质量好于上年，中等（三等）以上比例为96.2%，一等比例达到63.1%。全部样品检验结果为：容重平均值794g/L（一等），一等至五等比例分别为63.1%、24.4%、8.7%、2.2%、1.2%，等外品为0.4%；中等以上占96.2%，各项指标均好于上年。千粒重

平均值45.9，较上年增加0.6个百分点。不完善粒率平均值3.1%，较上年减少2.3个百分点，其中符合最低收购价要求（≤10%）的比例为98.9%。

（五）玉米

河北、山西、内蒙古、辽宁、吉林、黑龙江、安徽、山东、河南、湖北、广西、重庆、四川、贵州、云南、陕西、甘肃、宁夏、新疆等19个省份共采集检验样品27172份，覆盖227个地市的1451个县（区）。从监测结果看，玉米整体质量好于上年，平均容重和一等比例提高，为近年来正常水平。全部样品容重平均值723g/L（一等），较上年有所提高，一等至五等玉米比例分别为60.0%、24.3%、12.6%、2.7%、0.3%，等外品为0.1%；中等以上比例为96.9%，较上年提高了1个百分点，一等比例较上年提高近10个百分点。不完善粒含量平均值3.4%，较上年下降0.4个百分点；不超过8%（对应三等以上）的比例为94.6%，较上年提高2个百分点。霉变粒含量平均值0.2%，达标（不超过2.0%）比例99.4%。

（六）大豆

内蒙古、辽宁、吉林、黑龙江、安徽、山东、河南、四川等8个省份共采集检验样品1386份，覆盖86个地市。从监测结果来看，整体质量基本正常。全部样品检验结果为：完整粒率平均值90.3%（二等），较上年略有提高，国标中等以上的占89.8%。损伤粒率平均值3.8%，符合等内品（不高于8%）的比

例为 92.2%，较上年下降 2.2 个百分点。粗脂肪含量平均值 20.2%，达到高油大豆的比例为 55.1%，属于近年来平均水平；粗蛋白含量平均值 38.6%，达到高蛋白大豆的比例为 29.5%，为近年来最低水平。

（七）油菜籽

江苏、安徽、江西、河南、湖北、湖南、重庆、四川、贵州等 9 个省份共采集检验样品 2420 份，覆盖 95 个地市的 419 个县（区）。从监测结果看，新收获油菜籽整体质量属于近年来最好水平。全部样品检验结果为：平均含油量（标准水计，下同）41.0%（二等），一等比例为 39.3%，中等以上比例为 84.2%，均为近年来最好，其中一等比例较上年提高 9.1 个百分点。不完善粒方面，未熟粒较上年有所增加，其他基本正常。未熟粒平均值 1.7%，符合中等以上要求（≤6.0%）的比例为 94.3%，较上年减少 1.6 个百分点。热损伤粒平均值 0.1%，符合中等以上要求（≤1.0%）

的比例为 98.1%。生芽粒平均值 0.4%，符合标准要求（≤2.0%，以下简称达标）比例为 98.8%。生霉粒平均值 0.2%，达标比例为 98.8%。芥酸含量平均值 14.7%，符合低芥酸油菜籽标准（≤3.0%）的比例为 36.2%，较上年提高 2.9 个百分点。

（八）花生

河北、辽宁、吉林、安徽、江西、山东、河南、湖北、广东、广西、四川 11 个省份共采集检验样品 1658 份，覆盖 118 个地市。从调查结果看，整体质量良好。全部样品检验结果为：纯仁率平均值 69.3%，中等以上比例为 77.0%；含油率平均值 48.5%，含油率超过 50% 的比例为 36.6%，不完善粒平均值 4.6%。

撰稿单位：国家粮食和物资储备局标准质量中心

撰稿人：徐广超、张艳、袁强、魏铭

审稿人：王耀鹏、孙长坡

三　优质和专用粮食品种质量分析

2022 年，24 个省（区、市）粮食和储备部门组织开展了品质测报工作，共采集样品近万份，获得检验数据 10 万余个；按要求发布粮食品质信息，推动当地粮食种植结构优化，服务粮食产业高质量发展。

（一）早籼稻

相关省份采集的优质品种样品份数和整精米率、食味品质评分、直链淀粉、垩白度四项指标符合国家优质稻谷标准的样品比例（以下简称"达标率"）分别为：江西采集样品 128 份，达标率 21.1%；湖北采集样品 49 份，达标率

6.1%；广东采集样品 261 份，达标率 45.6%；广西采集样品 210 份，达标率 83.3%。

（二）中晚籼稻

相关省份采集的优质品种样品份数和整精米率、食味品质评分、直链淀粉、垩白度四项指标符合国家优质稻谷标准的样品比例（以下简称"达标率"）分别为：江苏采集样品 36 份，达标率 63.9%；浙江采集样品 239 份，达标率 69.0%；安徽采集样品 195 份，达标率 35.4%；福建采集样品 204 份，达标率 77.0%；广东采集样品 289 份，达标率 84.1%；广西采集样品 176 份，达标率 85.2%；贵州采集样品 68 份，达标率 97.0%；云南采集样品 50 份，达标率 64.0%。

（三）粳稻

相关省份采集的优质品种样品份数和整精米率、食味品质评分、直链淀粉、垩白度四项指标符合国家优质稻谷标准的样品比例（以下简称"达标率"）分别为：天津采集样品 10 份，达标率 80.0%；辽宁采集样品 300 份，达标率 67.3%；吉林采集样品 180 份，达标率 98.0%；黑龙江采集样品 438 份，达标率 83.3%；江苏采集样品 278 份，达标率 40.6%；安徽采集样品 30 份，达标率 26.7%；云南采集样品 33 份，达标率 30.3%；宁夏采集样品 308 份，达标率 40.3%。

（四）小麦

相关省份采集检验小麦样品份数和符合优质强筋小麦国家标准的比例（以下简称"强筋比例"）分别为：河北采集样品 278 份，强筋比例 1.4%；江苏采集样品 218 份，强筋比例 4.1%；安徽采集样品 267 份，强筋比例 4.9%；山东采集样品 432 份，强筋比例 3.0%；河南采集样品 571 份，强筋比例 2.1%；湖北采集样品 98 份，强筋比例 4.1%。

（五）玉米

北京、天津、河北、山西、内蒙古、辽宁、吉林、黑龙江、江苏、安徽、山东、河南、湖北、四川、贵州、云南、陕西、甘肃、宁夏 19 个省份玉米内在品质指标整体属于正常水平。其中，淀粉含量平均值 72.2%，粗蛋白含量平均值 9.1%，粗脂肪含量平均值 4.1%，各项指标与上年基本持平。

（六）大豆

内蒙古、辽宁、吉林、黑龙江、安徽、山东、河南、四川 8 个省份大豆粗蛋白质含量平均值 38.6%，符合高蛋白质大豆标准（粗蛋白质含量不低于 40%）的比例为 29.5%。粗脂肪含量平均值 20.2%，符合高油大豆标准（粗脂肪含量不低于 20%）的比例为 55.1%。

撰稿单位：国家粮食和物资储备局标准质量中心

撰稿人：徐广超、张艳、袁强、魏铭

审稿人：王耀鹏、孙长坡

专栏 3 2022 年"全国食品安全周·粮食质量安全宣传日"主场活动

按照国务院食品安全办统一部署，2022年 9 月 6 日，在北京以线上方式举办了以"节粮减损营养健康守护'舌尖上的安全'"为主题的 2022 年"全国食品安全宣传周·粮食质量安全宣传日"主场活动，国家发展和改革委员会党组成员，国家粮食和物资储备局党组书记、局长丛亮出席活动并讲话，国家粮食和物资储备局党组成员、副局长黄炜主持活动。

主场活动重点宣传了习近平总书记"四个最严"重要指示和关于标准质量工作的重要论述，以及国家粮食和物资储备局近年来在粮食标准制修订、粮食质量安全监管和粮食质量安全检验监测体系建设等方面取得的成效。结合标准质量工作实际和居民普遍关心的粮油消费常识，编印了主题为"标准促进节粮减损质量保障健康消费"的科普宣传手册，在全国发放。在活动启动仪式上，播放了宣传片《保障粮食质量安全我们在行动》；发布了粮食标准质量最新政策文件、标准和宣传手册内容，宣读

了首批粮油国际标准研究中心名单；3 名粮食标准质量工作从业者代表进行了事迹分享；辽宁、吉林、陕西进行了粮食标准质量工作经验交流发言。主场活动情况及标准质量工作成效在当天的新闻直播间、财经频道和三农频道播出，央视新闻、经济日报、工人日报等众多媒体集中进行了宣传报道。

各地广泛开展粮食质量安全宣传，通过举办主题宣传、发放科普宣传材料、开展科普讲座、开放粮食质量安全检验机构实验室、展示特色粮油产品等系列活动，向广大消费者积极宣传"尚俭崇信"的食品安全理念，普及粮食标准和质量安全相关知识，取得良好效果。

撰稿单位：国家粮食和物资储备局标准质量中心

撰稿人：徐广超、张艳、袁强、魏铭

审稿人：王耀鹏、孙长坡

四 粮食标准化

2022 年，国家粮食和物资储备局认真落实国家粮食安全战略、《国家标准化发展纲要》、《反食品浪费法》、《粮食节约行动方案》，坚持营养均衡、绿色优质、节粮减损，扎实推进粮食标准化工作。截至 2022 年底，国家粮食和物资储备局负责归口管理的粮食标准共 662 项。其中，国家标准 379 项，行业标准 283 项，基本建立了覆盖粮食收购、储存、运输、加工等环节的粮食全产业链标准体系。

（一）健全粮食标准化管理制度

2022 年 4 月制定印发了《国家粮油标准研究验证测试机构管理暂行办法》，进一步加强国家粮油标准研究验证测试机构管理，明确了国家粮油标准研究验证测试机构申报、审核、命名、研究验证测试、监督和管理等工作，确保粮油标准的科学性、规范性、时效性，促进标准有效实施。加强技术委员会管理，按程序组织完成全国粮油标准化技术委员会原粮及制品、油料及油脂、粮食储藏及流通、粮油机械 4 个分技术委员会的换届工作，进一步优化技术委员会委员构成。

（二）持续推进粮食标准制修订工作

一是扎实做好粮食标准制修订计划立项工作。创新粮食标准计划立项征集方式，按照控增量、减存量、抓重点的原则，突出节粮减损、适度加工、绿色储藏等重点领域，提出面向社会公开征集承担单位的粮食标准制修订计划项目。经组织申报、专家评审、局政府网站公示等程序，共下达 31 项粮食行业标准制修订和标准样品计划。同时，积极推进国家标准制修订计划项目立项，向国家标准委申报了《粮油检验样品信息采集技术规范》等 55 项国家标准制修订计划，推动完成《糙米》等 23 项国家标准制修订计划立项。

二是强化节粮减损、适度加工、营养均衡有关标准制修订。完成发布《粮食和国家物资储备标准制定、修订程序和要求》《二氧化碳气调储粮技术规程》《红米》《留胚米》等 41 项粮食国家和行业标准，发布《挂面》等 6 项粮食行业标准废止公告，进一步完善粮食标准体系。加快推进相关标准制修订进程，面向社会公开征求《粮食安全储存水分》《粮食、油料检验扦样、分样法》等 78 项粮食标准的意见，向国家标准化管理委员会报批《小麦麸》等 10 项国家标准。

三是加强对在研粮食标准制修订计划项目管理。印发《关于清理粮食标准制修订计划项目的通知》，组织原粮及制品、油料及油脂、粮食储藏及流通、粮油机械 4 个分技术委员会清理优化在研粮食标准制修订计划项目，提出有关标准计划项目终止计划、申请延期、调整负责起草单位和主要起草人的建议。按照国家标准化管理委员会相关要求，组织完成 36 项粮食国家标准的复审工作。

（三）开展绿色储粮标准化试点工作

公布中央储备粮秦皇岛直属库有限公司、北京市京粮潞河粮食收储有限公司大杜社粮库等 59 家粮食储备企业为绿色储粮标准化试点单位，北京市粮食和物资储备局等 28 家单位为指导单位，助力科学储粮、优粮优储和"粮食绿色仓储提升行动"实施，促进节粮减损。编制《绿色储粮和高标准粮仓建设主要标准汇编》，方便绿色储粮地方粮食和储备管理部门、高标准粮仓建设单位和绿色储粮试点单位查询使用。

（四）扎实开展节粮减损等标准宣贯工作

突出"营养均衡有利于消费者、适度加工有利于企业、节粮减损有利于国家粮食安全"的理念，通过多种方式、多种渠道深入开展粮食标准化工作宣贯。一是举办粮食标准编写培训和营养均衡、节粮减损、绿色储粮重点标准解读线上系列讲座培训，深入解读涉粮标准化相关政策和标准化文件起草规则，重点解读《小麦粉》《菜籽油》《二氧化碳气调储粮技术规程》等 12 项与营养均衡、适度加工、节粮减损相关的标准，培训超过 3 万人次。相关培训视频同步发布在国家粮食和物资储备局政府网站上，供公众深入学习。二是在 2022 年全国食品安全宣传周·粮食质量安全宣传日、世界粮食日活动中，通过中央广播电视总台、央广新闻等中央媒体宣传报道，宣传新发布节粮减损标准和标准化制度建设方面取得的成效。三是在《中国粮食经济》杂志发布《强化标准引领促进节粮减损》宣传文章，强化节粮减损标准化工作重要性；发布《小麦粉》《菜籽油》等节粮减损标准解读文章，不断推动节粮减损标准落地见效。

（五）全力推进国家农业标准化示范区项目工作

组织省级粮食和储备部门、中粮集团等单位申报，向国家标准化管理委员会推荐《国家现代农业一二三产融合发展标准化示范区》《国家虾稻米产业链生产标准化示范区》《国家小麦产业链融合标准化示范区》等 5 个项目参评第十一批国家农业标准化示范区，全部获得批准。加强对已下达国家农业标准化示范区项目指导和管理，按照国家标准化管理委员会要求，组织完成对第九批国家农业标准化示范区项目的目标考核和第十批国家农业标准化示范区项目的绩效考核。

（六）提升粮油标准国际化水平

一是持续推进谷物和豆类国际标准制修订。作为国际标准化组织谷物与豆类分委员会（ISO/TC34/SC4）秘书处，围绕服务粮食贸易和保障粮食质量安全，推进《谷物和豆类简化扦样》等 11 项标准制修订项目，成立全谷物国际标准工作组。召开分委员会第 42 次会议，来自 14 个国家成员体和 ISO 中央秘书处的 56 位代表参会，研究解决小麦粉灰分测定、大米加工精度定义等争议较大的技术问题，同意启动 7 项国际标准制修订工作，其中 4 项由中国专家牵头。二是推动中国粮油标准转化为国际标准。我国牵头提出的《谷物及制品中 17 种真菌毒素的测定》国际标准提案获 ISO 批准立项，《油茶籽油》法典标准提案获国际食品法典委员会批准立项。向国家标准委提交《谷物和豆类散存粮食温度测定指南》等 2 项国际标准制修订提案。三是开展粮油标准外文版翻译。围绕促进优质粮油产品进口和服务粮机出口，推动国家标准委发布《大米》《粮油机械斗式提升机》等 18 项粮油领域国家标准外文版，下达《菜籽油》等 21 项国家标准外文版计划。四是开展中俄粮油标准交流合作，推动《动植物油脂试样的制备》等 5 项标准互认。

撰稿单位：国家粮食和物资储备局标准质量中心

撰稿人：徐广超、张艳、袁强、魏铭

审稿人：王耀鹏、孙长坡

专栏 4 2022 年粮油产品企业标准"领跑者"活动

2022 年，国家粮食和物资储备局标准质量中心（标准质量管理办公室）按程序组织开展了粮油产品企业标准"领跑者"活动，范围包括大米、糙米、面粉、植物油、杂粮、米面制品、玉米加工产品等与老百姓日常消费密切相关的粮油产品。在企业标准自我声明公开基础上，经评估机构严格评审，检测机构认真检验复核，并在局政府网站公示，确定中粮福临门食品营销有限公司等 42 家企业 69 项产品标准为 2022 年粮油产品企业标准"领跑者"。同时，为营造"生产看领跑、消费选领跑"的市场氛围，有关粮油产品企业标准"领跑者"在"2022 年世界粮食日和全国粮食安全宣传周"活动中进行了宣传报道。另外，为引导更多粮油企业声明公开企业标准，自愿参与粮油产品企业标准"领跑者"活动，加强评估工作科学性、时效性，评选出更多优质粮油产品，满足人民群众日益增长的美好生活需要，国家粮食和物资储备局标准质量管理办公室组织编制了《粮油产品企业标准"领跑者"活动指引》，供自愿参加粮油产品企业标准"领跑者"活动的粮油企业、评估机构、复核机构参考。

撰稿单位：国家粮食和物资储备局标准质量中心

撰稿人：徐广超、张艳、袁强、魏铭

审稿人：王耀鹏、孙长坡

五　团体标准

根据国家粮食和物资储备局推进粮食节约和反食品浪费工作的相关要求，中国粮油学会积极推动团体标准的研制和发布工作。2022年度共征集团体标准55项，正式立项29项。在学会团体标准信息平台开辟节粮减损专栏，结合学术活动开展标准宣贯和应用推广，加快节粮减损团体标准制修订工作。作为第三方评估机构，中国粮油学会开展"菜籽油、葵花籽油、芝麻油、亚麻籽油、油菜籽油、米糠油"六类食用植物油企业标准"领跑者"评估工作，是粮油领域承担产品类别最多的评估机构之一。学会评估的7家企业13项标准入选2022年粮油产品企业标准"领跑者"名单。作为中国科协特色创新学会建设单位，学会梳理总结形成的"强化团体标准引领服务国家粮食安全"案例入选中国科协特色创新学会社会公信力方向典型案例。

撰稿单位：中国粮油学会
撰稿人：张成志、魏然、左巍
审稿人：张成志

此图为广东省现代化码头粮库群俯瞰图。（来源：广东
省粮食和物资储备局）

第六部分
粮食流通体系建设

一 粮食仓储物流体系

2022 年，各级粮食和物资储备部门深入贯彻党的二十大精神和习近平总书记关于粮食安全重要论述精神，按照"十四五"规划和 2035 年远景目标纲要、《乡村振兴战略规划（2018—2022 年）》等安排部署，加强粮食储备、流通能力建设，加快补齐粮食仓储物流设施短板，提升粮食收储能力，为维护粮食产业链供应链安全稳定奠定坚实基础。

2022 年，通过"粮食等重要农产品仓储设施中央预算内投资专项"支持中央企业和地方建设一大批粮食仓储物流设施项目，为保障粮食和重要农产品稳定安全供给提供了物质支撑。一是加强粮食储备能力建设，加快补齐粮食储备仓容缺口。各省（区、市）积极开展承担政策性粮食储备任务的粮食仓储设施项目建设。依托粮食物流重点通道，对接国家综合交通运输骨干网络及枢纽，打造一批具有综合基础设施支撑、多样化物流服务能力和较强辐射带动作用的核心枢纽，着力发展集仓储、配送、加工、贸易、质检等服务等为一体的粮食物流（产业）园区。二是加快推进高标准粮仓建设。2022 年 1 月 21 日，国家粮食和物资储备局印发《高标准粮仓建设技术要点（试行）》，并启动编制高标准粮仓建设标准，鼓励地方和中央企业推进高标准粮仓建设，开展粮食绿色仓储提升行动，采用新技术新材料新工艺，提升粮食仓房防水、保温隔热、气密等性能和设施及装备智能化、信息化水平，推动粮食仓储设施建设和仓储管理高质量发展，确保粮食数量、质量和储存安全。

撰稿单位：国家粮食和物资储备局规划建设司
撰稿人：展圣洁
审稿人：钱毅、张保国、晁铭波

二 粮食应急保障体系

2022 年，我国粮食应急保障体系进一步完善，粮食应急保障能力持续增强。一是加强粮食应急保障中心构建。联合国家发展和改革委员会印发《关于建立健全粮食应急保障中心的指导意见》，科学指导各层级粮食应急保障中心构建。二是粮食应急预案体系不断健全。加快粮食应急预案修订，不断构建完备有效的国家、省、市、县四级粮食应急预案体系。三是选定第二批国家级粮食应急保障企业。在首批 68 家国家级粮食应急保障企业基础上，择优增补一批大型涉粮（油）企业。经过有关程序，选定中国邮政集团等 51 家企业为第二批国家级应急保障企业，国家级应急保障企业数量增加至 119 家，国家级粮食应急保障力量持续壮大。印发《关于支持粮食应急保障企业积极发挥粮油应急保供作用的政策措施指南（试行）》，指导各地支持粮食应急保障企业积极发挥应急保供作用。四是加强县级粮食应急保障

能力建设。印发通知指导各地不断充实网点数量、优化网点布局，增强县级粮食应急保障能力。经集中整改，全国粮食应急薄弱县数量显著减少，县级应急保障能力明显提升。

撰稿单位：国家粮食和物资储备局应急物资储备司
撰稿人：李燕博、姚继伟、张飞
审稿人：王宏、陈林

三　扎实推进优质粮食工程

2021 年，国家粮食和物资储备局会同财政部联合印发《关于深入推进优质粮食工程的意见》，并配套印发"六大提升行动"方案。《意见》印发以来，国家粮食和物资储备局多次召开全国优质粮食工程调度会，宣传推广好的经验做法，指导各地选准路子、因地制宜，以"六大提升行动"为抓手，在省级层面进行整体谋划推进，编制"十四五"时期优质粮食工程实施方案，全力争取财政资金支持，做实粮食绿色仓储、品种品质品牌、质量追溯、机械装备、应急保障能力、节约减损健康消费等"六大提升行动"，取得阶段性成效。

备仓房，提升仓房的气密和保温隔热等性能；按照《高标准粮仓建设技术要点（试行）》，结合仓储设施布局和结构优化，加快推进高标准粮仓建设，配备先进适用技术条件，完善绿色储粮功能；优化仓储作业流程，减少库区扬尘、噪音。2022 年，全国各地粮食仓储企业积极筹集资金，围绕提升行动重点任务，聚焦"控温控湿保鲜储藏、有害生物综合防治、仓储作业环境友好"，在高标准粮仓建设、仓房改造提升和绿色储粮技术应用等方面起势推进、成效显现，筹措资金逾 300 亿元，涉及仓容 4283 万吨。

（一）着力推进粮食绿色仓储提升行动

各地和有关中央企业积极升级改造现有储

（二）深入实施粮食品种品质品牌提升行动

各地聚焦增加优质粮食产品供给，开展

优质粮食订单种植，推广土地适度规模经营，着力优化粮食供给结构，促进粮食品质提升，积极打造优质粮食区域品牌，加快粮食产业发展。

一是粮食品种结构更加合理，优质粮食供给更加丰富。各地通过引导优选优质品种和示范种植，支持推广优质品种集中连片种植，调整优化粮食品种结构，促进优质品种和特色品种向优势产区集聚。吉林建设优质粮源种植基地，改造提升全程质量追溯体系，维护"吉林大米"白金名片。江西积极引导优质粮食种植，优质粮食种植面积增加 80 万亩以上，产量增加 40 万吨以上。河南鼓励订单收购，支持企业通过市场化方式收购优质原粮或其他原料，提高农民优质粮食种植积极性。湖南在春耕春播前发布了 2022 年早稻、中稻、晚稻主推品种 24 个，引导农民"种好粮、卖好粮"，与种粮农民结成利益共同体，推进优势品种的适度规模化种植，实现"优粮优产"的全覆盖。

二是粮食品质提升措施逐步改进，标准引领作用日趋凸显。各地立足自然禀赋，聚焦解决产购储加销各环节品质提升的难点，因地制宜完善粮食质量标准体系，优化加工工艺，改造加工设备，加强产品研发，提升粮食品质，丰富优质粮食供给。山西支持 46 个企业原粮库、成品库仓储条件提升，完善冷链物流和运输体系，改造加工车间和提升设备技术等，打造主食糕品产业集群，主食糕品产品供应水平有效提升。安徽省支持企业优化加工工艺流程，实施适度加工技术改造，研发绿色优质营养健康的粮油产品，粮油加工实力持续增强，

13 项企业标准入围 2022 年粮油产品企业标准"领跑者"名单。江西省参与制修订并发布了国家级团体标准 1 项、好粮油产品地方标准 1 项、省级好粮油团体标准 2 项、其他好粮油团体标准 4 项，引领粮油加工企业健康发展。

三是优质粮食品牌不断涌现，知名度和影响力日益扩大。各地持续发力，培育优质粮食区域公用品牌，推动线上线下融合，完善营销网络，多渠道推介和营销优质粮油产品，促进产销深度融合，不断提升优质粮油产品消费体验。北京抓住培育建设国际消费中心城市契机，打造"北京好粮油"公共品牌和"服贸会粮食现代供应链发展及投资国际论坛" 2 块金字招牌。山东持续打造产业互联网平台"好粮有网"，推进粮食行业数字化转型，实现"品牌+销售"的精准触达。湖北重新设计"荆楚粮油" LOGO 和广告语，创新开展"荆楚粮油+"双品牌宣传，组织开展"荆楚粮油消费季"促销活动，集中展销，全方位打响了"荆楚粮油"公用品牌，扩大了产品销售。湖南重点打造了"洞庭香米""湖南菜籽油""湖湘杂粮""湖南米粉"四个公用品牌，明确经费支持，着力开展各级媒体宣传推介、品牌展示展销等活动，提升了湖南粮油的知名度和美誉度。陕西大力培育推介"延安小米"等区域公共品牌，支持特色粮食企业实施全链条品质提升和多业态融合发展。甘肃举办产销区粮食安全合作保障暨"陇上好粮油"区域公用品牌战略发布电商平台上线仪式，展示了企业形象，扩大了粮油产品的美誉度和影响力。

（三）持续推进粮食质量追溯提升行动

衔接首轮优质粮食工程粮食质量安全检验监测体系建设，各地完善粮食质量安全检测平台功能和检验监测体系，加强粮油标准体系建设，全面谋划粮食质量追溯提升行动，加快推进优质粮油产品全链条质量安全全程可追溯。印发《关于请报送优质粮食工程粮食质量追溯提升行动实施情况及典型经验做法的函》，掌握各省实施进展情况，梳理总结典型省份先进经验做法供各地参考借鉴。

（四）有序开展粮食机械装备提升行动

围绕粮食机械装备技术研发及推广应用，完善粮机装备创新体系，加快推进粮机装备基础研究和应用研究；进一步优化工艺水平，提升粮机装备制造业水平；推广应用粮食机械装备自主创新成果，升级配置粮食清理、干燥、仓储、装卸、运输、加工等环节的粮食装备，提高行业节粮减损技术，提升国产化加工设备使用率。

（五）稳步推动粮食应急保障能力提升行动

各地加快提升粮食应急生产、加工、物流和储存能力，拓展"好粮油"门店应急功能，优化粮食应急保障网点布局，建设粮食应急保障中心，持续增强粮食应急保障能力，健全地方粮食应急保障网络，加强粮情监测预警和应急指挥。

（六）大力推进粮食节约减损健康消费提升行动

加强粮食产后节约减损顶层设计，印发《国家粮食和物资储备局关于粮食节约减损的指导意见》，推进粮食流通领域减损工作。夯实仓储设施减损硬件基础，发布7项绿色储粮行业标准和5项团体标准，引导储存环节节粮减损。全面倡导营养、均衡、健康消费理念，开展全社会爱粮节粮宣传教育，营造良好氛围。积极推进粮食产后减损技术应用，强化各环节节粮减损，推进农户科学储粮项目，运用粮油适度加工技术成果，大力推进粮食节约减损健康消费提升行动。依托世界粮食日和全国粮食安全宣传周、全国粮食和物资储备科技活动周、食品安全宣传周等重要活动大力宣传节粮知识。

撰稿单位：国家粮食和物资储备局规划建设司、安全仓储与科技司、标准质量中心、科学研究院

撰稿人：展圣洁，李丹清、包亚妮、夏丹萍、管伟举、姚磊、张庆娥、尹诗文，周明慧、欧阳姝虹、刘洁、张竹

审稿人：颜波、钱毅、周冠华、王耀鹏、张保国、晁铭波、张永奕、彭扬

此图为吉林省辉良储备粮有限公司粮食烘干塔。(来源：吉林省粮食和物资储备局)

第七部分
粮食流通体制改革

一 粮食流通体制改革概述

（一）扎实开展粮食收购

各地统筹抓好市场化收购和政策性收购，引导多元主体积极入市，扩大市场化购销。严格执行最低收购价执行预案规定，合理布设网点，切实发挥好政策托底作用。统筹疫情防控和粮食收购，创新方式方法，积极推广"互联网＋收购"，优化收购流程，切实提升收购服务水平。加强粮食产后服务和科学储粮指导，促进农民减损增收。夏粮和早籼稻旺季收购圆满收官，秋粮旺季收购平稳有序，牢牢守住了农民"种粮卖得出"的底线。

（二）全力保障市场平稳

强化市场监测预警，密切跟踪市场变化，加强形势分析研判，及时发布收购进度、价格等信息。加强政策宣传解读，主动回应社会关切，引导市场主体有效购销。加强中央和地方储备粮轮换安排衔接，督促指导企业合理安排储备轮换时机和节奏，有效发挥储备吞吐调节作用，以国内稳产保供的确定性应对外部环境的不确定性。统筹做好粮源组织调度，稳步推进政策性粮食公开竞价销售，精准落实调控措施，有力保障了市场供应。

（三）加快推进立法改革和"两项考核"

配合做好粮食安全保障法相关工作，推进粮食储备安全管理条例修改工作。深化粮食储备安全管理体制机制改革，各项改革举措和重点任务全面推进，粮食储备管理体制和运行机制逐步完善，改革取得积极进展，粮食储备安全管理能力进一步提升。各地认真落实粮食安全党政同责，会同有关部门研究起草考核办法及评分细则。探索建立"量化评分＋定性评价"方式，完成中储粮年度考核工作，推动做到应改必改、应罚必罚，考核"指挥棒"作用进一步放大。

（四）创新强化执法监管

全力配合粮食购销领域腐败问题专项整治，会同有关部门制定出台强化粮食购销领域监管的系列制度文件，集中发现、查处、整改一批典型案件，形成惩治腐败的有力震慑。监管信息化建设和应用提速加力，动态监管系统已覆盖全部中央储备、省级储备，穿透式监管格局初步形成。会同有关部门制定出台粮食流通行政执法办法、粮食购销定期巡查工作制度等文件，持续开展"亮剑"专项执法行动。扎实开展政策性粮食库存检查、新入库粮食跨省交叉检查，创新利用"云端指挥、直插库点"方式开展随机视频抽查。

（五）提高粮食应急保障能力

建成安全数据中心、应急指挥中心，优化

监测预警和统计制度体系，主动回应社会关切，持续释放积极信号。选定第二批国家级应急保障企业51家，应急保障队伍进一步壮大，保障能力进一步提升。健全政策制度体系，科学指导地方制修订省市县三级粮食应急预案，推动各地粮食应急保障企业积极发挥应急保供作用。持续加大政策和资金支持力度，充实网点数量，优化网点布局，不断增强粮食应急保障能力，全国粮食应急保障网点数量达到历史最高水平。

（六）推进优质粮食工程

督促指导优质粮食工程项目落地，全国30个省（区、市）及新疆生产建设兵团完成"十四五"时期深入推进优质粮食工程实施方案制定工作。各地加大财政资金支持力度，"六大提升行动"项目建设加快推进。全方位开展粮食质量安全风险监测，保障国家粮食质量安全。印发粮食节约减损指导意见，加强节粮减损技术研究和标准推广应用，依托产后服务中心助农减损增收。

撰稿单位：国家粮食和物资储备局法规体改司

撰稿人：张亚奇、王镭、彭双五

审核人：韩继志、肖玲

二 耕地保护和粮食安全责任制考核

习近平总书记始终心系粮食安全"国之大者"，多次就耕地保护和粮食安全实行党政同责作出重要指示，特别强调"要采取'长牙齿'的硬措施，全面压实各级地方党委和政府耕地保护责任，中央要和各地签订耕地保护'军令状'，严格考核、终身追责，确保18亿亩耕地实至名归""保证粮食安全，大家都有责任，党政同责要真正见效""要严格考核，督促各地真正把保障粮食安全的责任扛起来"。党的二十大提出"全方位夯实粮食安全根基，全面落实粮食安全党政同责""确保中国人的饭碗牢牢端在自己手中"等科学论断。习近平总书记的重要指示批示和党的二十大报告，为做好粮食安全工作、保障国家粮食安全指明了方向，提供了根本遵循。

2022年，为深入贯彻落实耕地保护和粮食安全党政同责，国家发展和改革委员会、国家粮食和物资储备局会同有关部门抓紧研究制定落实耕地保护和粮食安全责任制考核办法及评分细则。考核紧扣保障粮食安全的要害，加大耕地保护、粮食产量、播种面积等考核权重，对重点事项明确"红线"，守住底线，持续释放从严考核信号。下步，将按照有关部署和要求，从严从实组织开展对省级党委和政府落实耕地保护和粮食安全责任制情况的考核，切实夯实粮食安全根基，保障国家粮食安全。

撰稿单位：国家粮食和物资储备局执法督查局

撰稿人：游泳、张军杰、闫飞

审稿人：钟海涛、唐茂

三　粮食收储制度改革

国家有关部门认真落实党中央、国务院决策部署，坚持市场化改革取向和保护农民利益并重，进一步推进粮食收储制度改革。经国务院批准，适度提高 2022 年最低收购价格水平，小麦、早籼稻、中晚籼稻、粳稻最低收购价分别为每斤 1.15 元、1.24 元、1.29 元、1.31 元，较上年分别提高 0.02 元、0.02 元、0.01 元和 0.01 元。

撰稿单位：国家粮食和物资储备局粮食储备司

撰稿人：董祥、王聪、孟凡璠、毕一卓、毕毅琛

审稿人：秦玉云、唐成

四 国有粮食企业经营与管理

（一）基本情况

一是企业户数和从业人数减少，结构继续优化。2022 年末，纳入汇总范围的国有粮食企业 1.03 万户，从业人员 31.1 万人。随着国有粮食企业改革发展不断推进，企业结构持续优化，改革发展质量效率不断提升。二是职工收入继续增加，切身利益得到保障。2022 年，国有粮食企业职工年人均工资收入小幅增加，绝大多数职工参加了基本养老保险、基本医疗保险等。

（二）资产情况

一是资产总额和净资产双增长，企业实力不断增强。2022 年末，全国国有粮食企业净资产 4337.95 亿元，同比增加 589.72 亿元。二是固定资产和土地资产"双增长"，企业有效资产继续增加。2022 年末，国有粮食企业固定资产净额和在建工程合计达到 3333 亿元；土地、房屋及构筑物等固定资产 2770.24 亿元。各地不断加大投资建设力度，持续推进优质粮食工程、粮食等重要农产品仓储设施建设，企业有效资产明显增加。

（三）经营情况

2022 年，全国国有粮食企业营业总收入 12007.50 亿元，实现利润总额 217.86 亿元，连续十六年统算盈利。分地区看，19 个省（区、市）实现统算盈利，其中重庆、广东、黑龙江、北京、上海、天津、浙江、江苏、陕西、辽宁、新疆等 11 省（区、市）盈利超亿元。

撰稿单位：国家粮食和物资储备局财务审计司

撰稿人：徐彻、杨梦雯

审稿人：刘翔宜、郭建

此图为新疆维吾尔自治区昌吉回族自治州呼图壁县大丰镇高桥村采收棉花场景。（来源：新疆维吾尔自治区粮食和物资储备局）

第八部分

棉花和食糖储备

一 棉花和食糖市场运行情况分析

（一）棉花市场运行情况分析

一是棉花产量回升。根据国家统计局数据，2022 年全国棉花播种面积 4500.4 万亩，比上年下降 0.9%。其中，新疆地区种植面积 3745.4 万亩，下降 0.4%，占全国棉花种植面积的比重上升至 83.2%；受种植效益和种植结构调整等因素影响，其他地区棉花播种面积 755 万亩，下降 3.6%。全国棉花产量 597.7 万吨，增长 4.3%。其中，新疆棉花产量 539.1 万吨，增长 5.1%，占全国总产量的比重升至 90.2%；其他地区棉花产量 58.6 万吨，下降 2.7%。

二是棉花消费量下降。受疫情反复冲击国内棉纺产品消费、美国打压新疆棉升级、我海外订单流向周边国家等因素影响，国内棉花消费量大幅下降。据国家棉花市场监测系统预计，2021/2022 年度（2021 年 9 月—2022 年 8 月）全国棉花消费量为 730 万吨，同比减少 131 万吨；2022/2023 年度全国棉花消费量 755 万吨，同比增加 25 万吨。

三是棉花价格大幅下跌。受新疆棉成本高企等因素支撑，上半年国内棉价高位运行，现货价格指数处于 21000 元 / 吨以上，郑州商品交易所棉花期货主力合约价格总体高于 20000 元 / 吨。随着国际棉价大幅下行、美国涉疆法案实施、下游需求不足等因素叠加冲击，6 月棉花价格开始快速下跌，7 月中旬逐步企稳，

下半年现货价格指数主要在 15000—16000 元 / 吨区间震荡。从内外价差看，虽然 2022 年国内外棉价均出现下滑，但国内棉价跌幅远高于外棉，国内外棉花价差从"国内高国外低"转变成"国内低国外高"。据监测，2022 年 12 月 30 日国外进口棉完税成本（配额内进口）比国内高 2105 元 / 吨，2022 年年初为国外比国内低 2094 元 / 吨。

四是中央储备棉适时轮入。为应对国内棉价快速下跌、市场恐慌情绪加剧等，中央储备于 2022 年 7 月至 11 月启动轮入，面向棉花加工企业收储新疆棉，累计挂牌 50.3 万吨，实际成交 8.7 万吨，成交率 17.2%，竞买成交均价 15896 元 / 吨，较好稳定了棉花市场预期和信心，促使棉花价格止跌企稳。

（二）食糖市场运行情况分析

一是糖料种植面积下滑、收购价格提高。根据中国糖业协会数据，2021/2022 年度（2021 年 10 月—2022 年 9 月）全国糖料种植面积 1895 万亩，比上年度下降 6.9%。其中甘蔗种植面积 1684 万亩，同比下降 0.5%；甜菜 212 万亩，同比下降 38.4%。糖料收购价格较上年度明显提升，其中甘蔗平均收购价 506 元 / 吨、甜菜 541 元 / 吨，分别较上年度提高 8 元 / 吨和 32 元 / 吨，糖农收入基本稳定。

二是食糖产量和消费量下降。根据中国

糖业协会数据，2021/2022 年度全国食糖产量 956 万吨，同比下降 10.4%。其中，甘蔗糖 870 万吨、下降 4.7%，甜菜糖 86 万吨、下降 43.8%。全国食糖消费量 1550 万吨，同比下降 1.9%。消费结构持续调整，民用消费比例上升至 46.6%，工业消费比例下降至 53.4%。

三是食糖价格先涨后降。2022 年上半年，糖价总体上涨。根据中国糖业协会数据，2021/2022 年度全国制糖工业企业成品白砂糖累计平均售价 5754 元/吨，较上年度上涨 375 元/吨，涨幅 7%。6 月，广西南宁一级白糖站台价格从年初的 5650 元/吨上涨至 6020 元/吨。2022 年下半年糖价以回落为主。2022 年 6 月巴西国会通过议案降低燃料税，叠加国际油价回落，乙醇价格随之下降，糖厂将部分甘蔗从乙醇生产转向制糖，糖产量前景乐观。同时美联储大幅加息，带动大宗商品价格下降，糖价重心开始下移。国内疫情管控下需求疲弱，糖厂库存偏高，均使得食糖价格下滑。2022 年 12 月 30 日，广西南宁一级白糖站台价 5730 元/吨，比 6 月高点下降 290 元/吨。受益于食糖副产品收入增加，制糖企业基本能保本微利，全国制糖行业销售收入（含综合利用产品销售收入）718 亿元，盈利 10.5 亿元。

撰稿单位：国家粮油信息中心

撰稿人：周惠、胡文忠

审稿人：刘冬竹

二 棉花和食糖储备管理

一是建制度，促规范。制定印发《中央储备糖仓储管理办法》《中央储备棉仓储管理办法》，对相关部门和企业职责、基本要求、储存堆码、保管养护、出入库管理、监督检查等作出明确规定。认真履行中央储备棉糖管理职责，从严实施计划管理，进一步规范运行操作，精心组织收储轮换，同时着力压实运营机构主体责任，督促其依法依规加强内控管理、严格计划执行，确保中央储备棉糖数量真实、质量良好、储存安全、管理规范。

二是建机制，稳市场。深入企业开展实地调研，听取运营机构和承储库点有关意见建议，摸实情、抓重点，研究提出仓储信息需求；会商中储棉公司、华商中心，明确信息报送内容、形式和机制等要求；将仓储信息报告制度纳入相关办法管理。通过建立健全中央储备棉糖仓储信息报告制度，及时掌握棉糖储备仓储能力、设施条件和技术水平等情况及相关需求。根据市场形势变化和调控需要，适时启动中央储备棉轮入工作。2022 年 7 月 13 日至 11 月 11 日通过公开竞价交易方式，共竞买成交近 8.7 万吨，对稳定国内棉花价格、保障市场平稳运行起到了积极作用。

三是解难题，促发展。针对棉糖储备仓库缺乏专门设计规范，与通用仓库难以区分，制约专业化发展等情况，协调推动相关标准规范制修订工作，促进棉糖储备仓储设施设备与保管要求相衔接。针对直属企业仓容不足、自储率较低等问题，积极向有关方面反映争取扩大仓储能力，进一步提高设施现代化和养护科技化水平。

撰稿单位：国家粮食和物资储备局粮食储备司、安全仓储与科技司

撰稿人：邢文煦、李萌，施季辉

审稿人：秦玉云、周冠华、唐成、彭扬

此图为国家粮食和物资储备局山东局三三四处库区俯瞰图。（来源：国家粮食和物资储备局山东局）

第九部分

物资储备

一 战略物资储备管理

（一）加强战略性矿产品市场研判分析

密切跟踪战略性矿产品市场价格和供需形势，及时监测重要战略物资供应风险变化，持续关注伦镍逼仓等市场重大事件，积极研提政策建议。组织开展构建重要战略物资供应安全预警监测体系课题研究，深入研判分析在日趋复杂多变的国际国内环境下，影响重要战略物资持续安全稳定供应的重要因素，进一步提升重要战略物资供应安全的监测预警能力。

（二）加快推进完善国家储备调节机制

组织开展《完善国家储备市场调节机制》课题研究，总结前期战略物资投放经验，配合有关部门，加强政策研究和政策储备。坚持有效市场和有为政府有机结合，加快推进完善国家储备调节机制，充分运用储备吞吐，配合实施跨周期和逆周期政策来稳定经济运行。

（三）加快推动构建多层次多元化储备体系

按照政府主导、社会共建、多元互补原则，组织开展建立完善企业社会责任储备制度课题研究，进一步明确政府、企业、个人承担的储备责任和义务，探索充分发挥龙头企业示范带头作用，引导企业合理增加储备规模，有效增强产业链供应链韧性。

（四）进一步夯实物资管理工作基础

稳妥落实储备仓库安全治理提升三年行动实施方案，集中力量修订战略物资储备作业规程以及现场管理规范等，全力防范化解储备全过程安全领域风险隐患，提升仓库管理规范化、作业标准化。拟订储备物资年度库存检查方案，有针对性地指导垂管局、基层仓库开展库存检查工作，做好部分战略物资库存存储质量检测工作，确保战略物资"储得好、调得出、用得上"。

撰稿单位：国家粮食和物资储备局物资储备司

撰稿人：潘瑶、夏保强、王敏、王爽

审核人：周海扬、邱永峰

<table>
<tr><td>**专栏 5**</td><td># 大宗商品市场回顾与展望</td></tr>
</table>

（一）2022 年部分重要大宗商品市场运行情况回顾

2022 年，国际大宗商品价格总体呈先升后降走势。在全球流动性泛滥、疫后经济复苏提升商品需求的前景下，俄乌冲突爆发冲击国际产业链供应链，并导致全球贸易保护主义加剧，上半年国际大宗商品特别是油气能源价格一路攀升，达到近十多年来的峰值。

为遏制不断攀高的通胀压力，美联储年内多次激进加息，其他经济体被迫纷纷跟进，受此影响，大宗商品价格自 6 月中旬以来出现掉头回落。能源类商品全年平均价格比上年上涨，其中，原油均价上涨约 40%，国际煤炭、欧洲天然气价格分别暴涨 166%、133%；部分矿产品价格受下半年跌幅较大影响，全年平均水平低于上年，如铜、铁矿石均价分别下降4.6%、24%。

（二）2023 年影响市场走势的主要因素

市场普遍认为我国经济复苏、欧元区经济温和衰退、美国经济走势和货币政策存在较大不确定性、资源民族主义和地缘政治风险的持续影响等，将是影响 2023 年大宗商品市场走势的重要因素。

一是我国经济复苏是大宗商品需求的重要支撑因素。据对多家国际机构和智库最新公开预测数据的统计，2023 年我国经济增速预测平均值为 5.2%，预测区间为 4.3% 至 6.5%，其中多个机构的增长预测在近两个月内上调。受我国经济复苏预期等因素拉动，大宗商品需求可能出现抬升，一定程度上抵消世界其他地区的疲软。

二是年内美国经济衰退预期提升。被视作经济衰退的预警指标美国长短期国债收益率自 2022 年 10 月起出现倒挂，其制造业 PMI 持续低于荣枯线，发出经济增长放缓信号。但从年初消费者信心指数升至一年来最高、失业率维持在历史超低区间、企业盈利水平仍呈上升态势、服务业 PMI 重回荣枯线等指标看，美国经济依然展现出较强韧性。

三是欧元区经济"软着陆"的可能性增强。欧元区经济增长持续回落，2022 年四季度 GDP 增长 1.9%，降至 2021 年一季度以来最低；欧元区制造业 PMI 自 2022 年 7 月以来持续处于衰退区间。但随着能源紧张问题的缓解，欧元区经济衰退或将比预期更短更温和。

四是美联储货币政策存在较大不确定性。近期美联储议息会议纪要仍传达出将继续加息、在通胀明显回落前维持紧缩货币政策的态度。但持续加息将导致美国经济出现衰退，届时美联储可能放松货币政策。目前来看，美联储货币政策走向仍有较大不确定性。

五是资源民族主义和地缘政治风险影响值得关注。尽管俄乌冲突对全球大宗商品供需结构性影响逐步消减，但全球地缘政治风险指数仍显著高于 2008 年国际金融危机以来的平均水平。近年来，西方国家开始重建关键矿产战略储备并建立战略联盟，资源国希望延长产业链获取"工业主权"，资源能源供应安全风险明显加大。

（三）2023 年分品类市场走势展望

1. 能源产品价格走势预测

一是原油市场供需两弱，价格将呈下行趋势。预计 2023 年国际油价相较于 2022 年平均 101 美元 / 桶的价格，将回落 10—15 美元 / 桶，但仍高于近五年平均水平。二是煤炭需求增加，价格前低后高。煤炭作为欧洲天然气短缺的重要替代能源，需求明显上涨，2023 年煤炭价格将维持高位。三是天然气供给紧张，价格将维持高位。2023 年全球天然气市场仍将处于新增产能不足的失衡状态，预计价格较 2022 年有所回落，但仍远高于 2017—2021 年的平均水平。

2. 金属价格走势预测

一是贵金属铂价格坚挺，钯价格下滑。由于俄乌冲突导致俄罗斯钯供给中断，加速应用端铂钯替换，铂金价格重心上行概率较大，钯金价格因需求弱化而出现下滑的风险增加。二是有色金属供给相对充足，价格涨跌互现。铜

价随着 2023 年非洲、亚洲铜矿项目逐步落地，将小幅回落，投行机构预测 2023 年全年平均价格 8315 美元 / 吨，较 2022 年回落约 5%。铝锌价格将震荡下行，随着新增产能投产和海外产能恢复，铝全球供应有望过剩，锌供需逐渐宽松，投行机构对于铝、锌预测全年平均价格分别为 2574 美元 / 吨和 3059 美元 / 吨。镍将扭转结构性短缺出现小幅过剩，投行机构对于镍价格的全年预测平均值为 22935 美元 / 吨。铅锡价格中枢上移，2023 年铅市场将整体维持供需平衡或小幅短缺，锡供需存在较大缺口，预计价格重心将上移。锂价格呈下行趋势，2023 年锂资源供给将呈现逐步宽松局面，并可能于下半年开始逐步进入下行周期，机构预测 2023 年碳酸锂价格将跌至 30—35 万元 / 吨。钴价格持续回落，预计 2023 年全球钴供给量为 23.6 万金属吨，整体钴需求量为 22.3 万金属吨，市场整体维持宽松，电解钴价格呈现下行态势。三是黑色金属价格重心或下移。受我国经济复苏回暖、国内基建投资增长带动，预计铁矿石现货市场第二季度将出现供应缺口，价格可能出现上涨，涨势将在 2023 年下半年消失，不会延续到长期牛市。

撰稿单位：国家粮食和物资储备局物资储备司、中国粮食研究培训中心

撰稿人：潘瑶、夏保强、周竹君、唐安娜

审稿人：周海扬、邱永峰

二　应急物资储备管理

2022 年，中央应急抢险救灾物资储备管理取得明显成效。一是储备规模、布局和品种结构不断优化。储备总价值是机构改革前的 3 倍，储备仓库 90 座，实现全国 31 个省（自治区、直辖市）全覆盖，储备品种增加到 108 个，更好满足抢险救灾救助需求。二是管理制度体系不断健全。形成"四个一"制度体系，会同应急管理部、财政部印发《中央应急抢险救灾物资储备管理暂行办法》，填补应急物资储备领域制度空白；相继印发《中央应急救灾物资储备管理规范（试行）》《中央应急抢险救灾物资储备监管评估暂行办法》《中央应急抢险救灾物资储备库设施设备升级配置指引》，应急物资储备管理更趋规范化、标准化，为构建"大国储备"打下了良好的制度基础。三是应急物资保障能力不断夯实。着力完善应急物资保障联动机制，积极推进应急物资储备信息化管理，做到科学管理、快速调运；积极推进一体化投放保障试点、产能储备等重大改革任务，全力提升应急物资保障能力。2022 年，累计调运 24 批次中央应急抢险救灾物资，为应对四川泸定 6.8 级地震、珠江流域和辽河地区洪涝灾害、西南地区旱灾以及疫情防控和援外工作提供了坚实的物资保障。

撰稿单位：国家粮食和物资储备局应急物资储备司

撰稿人：李国强、杨林、丁祎、郭建达、蔡军胜

审稿人：王宏

三　安全管理

（一）安全发展理念牢固树立

深刻领悟"两个确立"的决定性意义，增强"四个意识"、坚定"四个自信"、做到"两个维护"，认真学习贯彻习近平总书记关于安全生产重要论述，将筑牢守好"天下粮仓"和"大国储备"安全底线作为"国之大者"，坚决扛稳确保粮食和战略物资储备安全的重大政治责任。通过印发通知部署、开展安全生产在线培训、在行业主要媒体开设安全生产专栏等措施，推动学习贯彻向全系统各级各单位延伸。

（二）安全责任体系持续健全

一是切实夯实主体责任。垂管系统，针对安全生产面临的新形势新任务新要求，细化实化责任目标，逐级签订安全稳定责任书。粮食行业，以落实"一规定两守则"为抓手，推动健全落实全员安全生产责任制。二是严格履行监管责任。综合运用督导检查、隐患整改督办、通报曝光、警示约谈等多种手段，严格履行安全生产监管责任。以"四不两直""明查暗访"等形式，常态化开展检查，及时下达隐患整改督办通知。三是落实"三个必须"要求。充分发挥局安全生产领导小组办公室协调作用，各成员单位按照明确的职责分工，紧密结合业务工作实际，在粮食收购、战略物资收储轮换、项目建设、政策性粮食执法督查等重点任务中，将业务工作和安全生产工作同步安排部署、同步组织实施、同步督导检查，形成齐抓共管、共保安全的合力。

（三）标准制度规范不断完善

坚持条块结合，在强化"顶层设计"的同时，着重完善基层基础管理制度规范，做到安全管理有章可循、生产作业有规可依。结合贯彻实施新修改的安全生产法，制修订一批配套安全生产监管办法和制度性文件，如《国家储备仓库安全生产监督管理办法》《生产安全事故隐患排查治理暂行办法》《安全生产约谈实施办法》《重大生产安全事故隐患判定标准》以及"一规定两守则""四不两直"安全监督管理办法和垂管系统安全生产工作考核办法等。

（四）安全风险隐患有效治理

一是开展粮食行业安全风险整治。针对粮堆埋人事故易发、多发的现状，制定专项整治方案。推动建立健全安全风险分级管控和隐患排查治理双重预防工作机制。梳理近十年典型事故案例，起草粮食行业重大危险源和重大隐患判断标准，指导行业进一步健全监管体制、完善工作机制、强化依法治理。二是深化国家石油储备库安全风险评估。对所属国家石油储备库开展全覆盖安全风险评估，建立完善常态化评估机制。针对发现的问题，下达督办通知，督促落实问题整改。三是强化重要时点安全生产动态管理。建党 100 周年、党的二十大召开前后以及重大节日等重要时点，组建督导检查组，赴相关地方和垂管局开展检查。根据季节性特点，印发通知部署季节性火灾防范、防汛和自然灾害预防等工作，维护安全稳定形势。

（五）安全保障措施更加有力

一是保障安全生产投入。积极争取支持，设立安全生产专项，用于支持储备仓库开展安全评价评估、治理安全隐患、应急演练以及安全生产信息化建设。二是强化安全教育培训。组织学习宣传和贯彻实施新修改的安全生产法。扎实开展"安全生产月"活动。持续做好危险化学品仓库负责人及相关岗位人员学历提升培训。开发安全生产在线培训 APP，制作学习贯彻习近平总书记关于安全生产重要论述、安全生产法律法规及相关标准、安全管理基础知识、线上考试四个模块 12 门 42 学时课程。全系统超过 12 万人注册并参加，累计学习 180 余万学时。三是提升应急管理水平。印发《关于加强生产安全事故应急管理的指导意见》，指导全系统加强生产安全事故应急工作。每年选取 1 座危化品仓库，联合地方政府及有关部门召开应急演练现场会，强化储地警三方联防联动、协同配合的能力，取得良好效果和示范效应。四是加强安全生产信息化建设。开发安全生产预警监测平台，通过信息化、智能化手段，加大监管力度，提升监管水平。开发事故隐患在线监管系统 APP，实现"两个清单"动态更新和隐患治理的全过程监管。

　　撰稿单位：国家粮食和物资储备局应急物资储备司
　　撰稿人：葛宁、王苾磊、皇甫志鹏、杨碧程
　　审稿人：王宏

四　物资储备标准化

　　发布《国家物资储备通用术语》（GC/T 1201—2022）、《国家物资储备通用安全标志及使用规范》（GC/T 1402—2022）、《国家物资储备标志及使用规范》（GC/T 1401—2022）3 项基础通用型物资储备行业标准，为物资储备管理工作提供了规范、统一的术语，为国家物资储备标志的制作及使用提供规范性指引，更好服务保障国家物资储备安全，提高物资储备效能。

　　撰稿单位：国家粮食和物资储备局标准质量中心
　　撰稿人：付伟铮、颜婷婷
　　审稿人：王耀鹏、孙长坡

此图为中国石油化工集团有限公司加油站。（来源：中国粮食研究培训中心）

第十部分

能源储备

一 能源储备管理

（一）能源储备实力进一步增强

国家原油储备年度收储任务圆满完成，国家成品油储备年度收储轮换计划稳步实施，增储建库工作扎实推进，国家原油、成品油储备规模和储备能力得到进一步提升。建立煤炭储备有关工作有序推进，煤炭正作为一个全新品类纳入政府能源储备体系，将为更好地防范供给风险和维护国家能源安全发挥重要作用。

（二）储备管理制度进一步完善

制定印发国家原油储备运行管理制度，推动出台国家成品油储备相关管理办法，修订国家储备油库成品油管理有关规定，进一步健全国家储备原油、成品油管理制度体系。广泛开展调查研究，起草并修改完善煤炭储备相关管理制度，为煤炭储备制度化管理打下良好基础。

（三）规范管理水平进一步提高

印发落实国家石油储备基地管理相关办法工作方案，推动各方依责齐抓共管形成合力。组织开展全系统能源储备相关业务线上培训，弥补专业短板，提升依规管储、专业管储水平。配合开展企业代储库存清算，召开专题调度会，要求垂管局按照属地管理原则下沉督导，进一步强化代储管理。组织开展安全督查抽查，完成年度油料损耗溢余处理工作，持续推进成品油储备日常管理信息化建设，进一步夯实储备管理基础。

撰稿单位：国家粮食和物资储备局能源储备司

撰稿人：葛连昆、李庭辉、董唯扬、王家唯

审稿人：车英

二　石油储备能力建设与发展

（一）树牢底线思维，进一步加强国家能源安全保障能力

服从国家能源安全战略，石油储备基础设施建设按照"地址稳定、安全可靠，布局源头、辐射最广，靠近设施、进出便利，集约发展、适度集中"的原则选址并建设，随着项目建设不断推进，战略石油储备规模结构和布局进一步优化。目前，我国石油储备基础设施能够应对周期性或突发性的市场波动、保障我国石油安全，在应对供应中断、稳定市场方面的重要作用得到发挥，"压舱石"和"市场调节器"的作用进一步体现，为提升我国石油企业和石油市场的弹性和灵活性，提升我国石油市场控制力、影响力、抗风险能力打下了坚实基础。

（二）促进政企协同，多措并举推动项目取得实质性进展

受托企业项目建设管理责任进一步压实，建设过程中的项目法人责任制、合同管理制、工程监理制全面落实，施工过程坚持质量为先、安全第一、预防为主，深入聚焦质量、HSE 管理工作，切实提高项目建设质量。强化预算管理，严格把关，切实加强资金管理。确保储备设施完好率保持稳定，提高安全治理能力，提升安全监管效率，实施专项整治，努力消除安全隐患。

（三）强化科技支撑作用，为项目建设高质量发展提供强大动能

通过完善标准规范，开展科技攻关，开展专业技术人才培训，全面推进技术研发和运用，强化技术创新、装备创新、管理创新紧密结合，提高自主知识产权数量和质量等措施，构建科技创新体系。我国石油储备项目建设工程实现了关键材料、设备的国产化，建立了标准规范，掌握了技术，培育了队伍，项目建设向环保、节能、自动化、信息化、智能化发展完善，带动我国石油储备相关行业取得长足发展。

撰稿单位：国家石油储备中心

撰稿人：隋守鑫、李尔博王

审稿人：李丹

此图为山东省举办的"技能兴鲁"职业技能大赛——
第六届全省粮食行业职业技能竞赛场景。（来源：山东
省粮食和物资储备局）

第十一部分
科技、人才与创新发展

一 科研发展

（一）粮食科技创新

1. 加强顶层设计，引导科技创新发展

国家粮食和物资储备局与相关部门联合印发《"十四五"粮食和物资储备科技和人才发展规划》，明确"十四五"发展思路，布局粮食和物资储备科技创新任务和人才培养工程。通过规划解读、专题宣讲等方式加强规划宣贯工作，取得良好成效。研究提出分工方案，推动科技兴储工作。制订《粮食运输技术指南(试行)》，统筹指导粮食运输减损。

2. 突出规划引领，推进科技和人才兴粮兴储

2022 年全国粮食和物资储备科技活动周期间，在线召开科技和人才兴粮兴储工作经验交流会，8 家单位分别作典型发言。会议深入贯彻落实习近平总书记关于创新发展和人才强国的重要论述精神，提高政治站位，强化规划引领，突出重点举措，大力推动科技和人才兴粮兴储，为管好"天下粮仓"和"大国储备"提供强大动力。会议要求，要从战略高度充分认识科技和人才兴粮兴储的重要意义，在深化改革中推进科技和人才兴粮兴储协同发展，大力营造科技创新、人才辈出的浓厚氛围。

3. 强化科研攻关，科技项目支撑兴粮兴储

一是加强科技创新管理，推进粮油科技攻关。国家粮食和物资储备局推荐的"十四五"国家重点研发计划"全谷物营养健康食品创

制""优质粳稻提质减损关键技术研究与示范""太阳能—热泵双核低碳智耦互补的粮食烘储关键技术及装备合作研究"等项目成功立项。开展"科技助力经济 2020"项目综合绩效评价，完成粮食公益性行业科研专项全部项目验收，通过政府网站和成果汇编等，宣传粮油科技创新成效。推荐 2022 年度国家科技创新领军人才、青年拔尖人才、青年女科学家奖、中国专利奖候选对象，引导系统人才培养和科技创新。指导粮食机械装备技术创新，推进粮机装备提升行动。积极开展"科技助力经济 2020"专项粮机项目绩效评价工作，发挥了科技成果服务粮食产业升级的重要作用。二是加强创新平台建设，完善粮食科技创新体系。批复组建"国家粮食产业（药用功能资源开发）技术创新中心""国家粮食产业（人工智能仓储装备与服务）技术创新中心""国家粮食产业（减损干燥）技术创新中心"，在科技活动周期间授牌。指导完善中心建设申报材料，启动到期创新中心绩效评价工作。凝炼国家工程研究中心、局创新中心和工程技术研究中心等建设成效，汇编成册面向全系统交流。加强粮食产后领域国家工程研究中心建设管理，增加两家共建单位，及时调度粮食产后服务中心建设进展情况，指导粮食产业联盟建设。

4. 广泛宣传引导，科学普及服务兴粮兴储

2022 年 5 月 23 日，成功举办以"科技兴粮兴储，创新有你有我"为主题的全国粮食和物资储备科技活动周主会场活动。活动围绕落实国家粮食安全战略和物资储备重点工作，聚焦科技和人才服务优质粮食工程、促进节粮减损等重点任务，充分展示重大成果和人才建设成效，突出科技和人才在促进粮食产业高质量发展、增强国家粮食和物资储备安全保障能力的重要支撑作用。启动仪式上，向粮食储运国家工程研究中心和粮食技术创新中心授牌，举办院士科普讲座。面向各级粮食和储备部门，编发《粮油加工篇》《农户科学储粮减损篇》《粮食节约减损篇》《营养健康篇》《国家科学技术相关法律法规》等 5 种粮食和储备科普宣传手册，围绕科技法律法规、科技成果、营养健康知识、节粮减损技术等方面，开展形式多样的科普宣传活动，取得良好成效。推荐科学研究院、河南工业大学、北京东方孚德技术发展有限公司 3 位候选人参加第九届全国科普讲解大赛，均获优秀奖。

5. 推荐奖励候选项目，引导粮食产业发展

推荐"一种百草枯单克隆抗体杂交瘤细胞株及其应用"（专利号 ZL201810299598.7）、"一种从谷物中快速温和提取重金属的方法"（专利号 ZL201310595297.6）、"一种全谷物挂面的加工方法"（专利号 ZL201110274659.2）等 3 项发明专利为第二十四届中国专利奖参评项目。积极推荐行业科技创新高层次人才，助力扩大高校和科研院所科研相关自主权改革。

撰稿单位：国家粮食和物资储备局安全仓储与科技司

撰稿人：姚磊、王旸、夏丹萍、管伟举、杨道兵、赵亚茹

审稿人：周冠华

（二）重点课题调研

2022 年，认真落实党中央、国务院决策部署，准确把握调查研究服务科学决策、指导实际工作的定位，扎实开展重点课题调研。更加注重服务中心工作，围绕贯彻落实习近平总书记关于粮食和物资储备工作的重要指示批示精神，自觉对标看齐，心怀"国之大者"，着眼保障国家粮食安全、能源安全、产业链供应链安全大局，精心组织、深入研究，形成全局性重点调研课题 30 余篇。更加注重成果转化运用，各单位坚持问题导向、底线思维，把着力点放在解决问题、推动工作、指导实践上，通过深入扎实的调查研究，提出务实管用的对策建议，有关调研成果转化形成多篇专报、信息上报党中央、国务院和国家发展和改革委员会，还有的已转化为政策储备和可行措施印发实施，在立法修规、政策制定、重要文件出台、做实重要举措等方面发挥了服务决策、指导实践、推动工作的支撑作用。更加注重营造氛围转变作风，扎实开展优秀调研成果评选活动，2022 年评选出国家粮食和物资储备局机关优秀调研成果 15 篇、系统优秀调研成果 20 篇，并予以通报表彰，为进一步树立重视调研、创新创优的导向，发挥了示范带动作用。

撰稿单位：国家粮食和物资储备局办公室（外事司）

撰稿人：张亚龙

审稿人：方进

（三）战略性课题研究

2022 年国家粮食和物资储备局战略性课题研究项目共 3 项，由中国粮食研究培训中心负责组织完成，取得了较高价值的研究成果。

1.《新时代保障国家粮食安全重要制度政策研究》

课题在分析新时代我国保障粮食安全面临的国内外新形势、新挑战和新要求的基础上，全面梳理保障国家粮食安全关于粮食综合生产、粮食储备、粮食流通、粮食节约减损以及利用国际粮食资源等方面制度政策建设取得的成效及存在的短板，从促进粮食综合生产能力、粮食储备效能、粮食流通效率、粮食全产业链条节约减损能力、国际粮食资源能力"五大能力"巩固提升入手，进行全面规划和系统建设，研究提出健全完善保障国家粮食安全制度政策的建议。

2.《新阶段粮食产业高质量发展模式研究》

课题系统梳理了推动粮食产业高质量发展的"滨州模式""湖州模式""阜南样板""南阳经验"等典型模式的成就、问题和不足，通过借鉴美国、日本和丹麦等国的农业有益经验，以及北大荒集团、青岛西海岸新区等相关做法，研究提出我国粮食产业高质量发展总体思路、示范模式和推广实施措施，同时建议加强顶层设计，构建粮食产业高质量发展制度环

境，大力发展多元粮食市场主体，优化产业发展环境。

3.《俄乌冲突对我国粮食安全的影响及应对策略研究》

课题从总量、结构、区域和价格等方面对全球粮食市场形势进行了综合分析，从贸易、成本和预期等方面剖析了俄乌冲突给我国粮食安全带来的影响；从供求基本面、库存、品种结构、粮食政策、能源、资本等方面探讨了国内粮食市场波动规律，研究提出对策建议。

撰稿单位：中国粮食研究培训中心

撰稿人：胡文国、李慧强，姜明伦、曾伟

审稿人：颜波、李福君、赵广美

（四）软科学课题研究

2022 年，国家粮食和物资储备局软课学课题聚焦粮食和物资储备安全核心职能，以及粮食和物资储备改革发展面临的重点难点问题和突出现实问题，组织各有关单位深入开展研究，完成了 70 项软科学课题，形成了一批具有针对性、实效性和创新性的软科学研究成果，通过咨政建议、政务信息、公开发表等方式加强转化运用，为政策决策和实际工作提供了有力支撑。

一是聚焦核心职能，强化问题导向。围绕深入贯彻落实习近平总书记关于粮食安全重要论述、扎实推进粮食安全和物资储备安全法制建设、加快推动粮食安全和物资储备安全管理体制机制改革、全面落实粮食安全党政同责、持续强化粮食购销领域监管、大力推动粮食产

业高质量发展、全面提升国家粮食安全保障能力等 7 个研究方向，组织各课题单位全面深入开展研究，研究成果更加注重推进重点工作的针对性、解决当前热点问题的实效性、化解行业难题问题的可操作性。

二是集聚研究力量，强化质量导向。广泛汇集系统内外研究力量"为我所用"，组织各省级粮食和物资储备局（粮食局），国家粮食和物资储备局各司局、直属单位、联系单位，各垂直管理局，有关中央企业、院校及科研机构，以及"特约调研员"团队等，集思广益、开展合作研究，以理论创新推动实践创新，切实为加快推进粮食和物资储备系统深化改革、转型发展服务。

三是服务政策决策，强化成果运用。70 项软科学课题全部顺利结题，22 项研究成果摘报获得批示或者转化为专报信息，对制定政策、科学决策起到重要参考作用，评为具有较高学术水平和实用价值等次；48 项研究成果评为具有一定学术水平和实用价值等次。研究成果摘要已通过《国家粮食安全研究》和《国家储备安全要情》刊发，报送有关领导和单位借鉴参考，发挥了咨政辅政的积极作用。

撰稿单位：中国粮食研究培训中心
撰稿人：王娟、崔菲菲、胡耀芳、张慧杰
审稿人：颜波、李福君、赵广美、刘珊珊

（五）自然科学研究

发挥科技社团及智库优势，聚焦粮食节约和反食品浪费，深入推进行业科技兴粮兴储。

一是搭建行业学术交流平台。举办科技创新峰会、青年论坛等品牌活动，交流科技前沿理念和研究成果，分享典型做法和宝贵经验；围绕食品、油脂、储藏、饲料等专业方向，举办参与专题性学术会议，组织 2022 年《中国粮油学报》优秀论文遴选，其中 1 篇论文入选中国科协第七届优秀科技论文遴选计划，增设"节粮减损专栏"，积极追踪报道节粮减损科研成果，《中国粮油学报》在中国科协主管期刊 2021 年度社会效益复核中被评为"优秀"。

二是多渠道助力科技创新。推进科技创新成果有效转化，在全国粮食和物资储备科技活动周期间，完成科技"三对接"活动，通过网站和虚拟展厅，以图文、视频等表现形式，向社会展示我国粮油领域的创新成果，累计点击播放达 4 万余人次；组织专家为 30 家单位完成科技成果评价，评选出 2022 年度中国粮油学会科学技术奖获奖项目 40 项；组织开展粮食行业重大科学问题和工程技术难题征集遴选工作，推荐 1 项重大科学问题和 4 项工程技术难题，其中"新型植物基肉制品加工精准调控技术与颠覆性产品创制"入选科创中国 100 项先导技术榜单；积极开展智库建设，作为中国科协决策咨询专家团队建设试点单位，有 2 个专家团队提供决策咨询报告。

三是积极促进人才成长。开展了首批全国粮食和物资储备领军人才、全国粮食和物资储备青年拔尖人才评选工作；举办专业技术转移转化高级研修班，培训多维度测评满意度 100%；开展中国科协第七、八届青年人才托举工程，共获批 9 个资助名额，举荐行业优秀人才参与第十七届青年科技奖、第十八届中国青年女科学家奖、"2021 年度未来女科学家计划"、最美科技工作者评选，面向粮食行业评选出 2022 年"最美粮油科技工作者"。

四是持续推进粮油科普。利用 9 个科学传播专家团队、11 个科普教育基地开展 15 场"爱粮节粮从我做起"系列特色科普活动和 10 场科普沙龙，向公众普及粮油食品安全和营养健康知识，线上线下总受众达 29.24 万人次，公众满意度超过 92%。被中国科协科普部评为"2022 年度全国学会科普工作优秀单位"，"爱粮节粮从我做起"品牌科普活动荣获"2022 年全国科普日优秀活动"；7 家科普教育基地成功入选第一批中国科协"2021—2025 年度全国科普教育基地"；联合科普教育基地入驻"科普中国"网，开通 5 个科普号，注册科普员 55 名，发布各类科普系列活动信息 30 余条，总浏览量超过 4.5 万人次。

五是加强国际交流合作。举办有 300 余名国内外代表参加的"第一届国际饲料加工厂在线监测与智能控制技术（视频）研讨会"，学会花生食品分会会长当选国际食品科学院院士。

撰稿单位：中国粮油学会

撰稿人：张成志、魏然、左巍

审稿人：张成志

专栏 6 "科技兴粮兴储"

2018 年以来，国家粮食和物资储备局先后联合有关部门印发科技和人才兴粮兴储 4 个实施意见，并会同国家发展和改革委员会、教育部、科技部、人力资源和社会保障部联合印发《"十四五"粮食和物资储备科技和人才发展规划》，将科技创新和人才培养放在同一维度布局，明确科技兴粮兴储技术攻关任务，突出人才培养对事业长期发展的重要意义，健全完善科技和人才融合机制，让科技创新发挥积极作用。《"十四五"粮食和物资储备科技和人才发展规划》从突破制约科技和人才协同发展的体制机制问题入手，以建立健全粮食和物资储备科技和人才融合发展为重点，构建融合式创新驱动体制机制，更好推动知识积累、技术进步和劳动力素质提升，提高体系化创新能力，增强应变能力，塑造发展新优势，助力产业高质量发展。同时统筹粮食产业发展和国家储备安全，调动各类主体积极性，推动产业链、创新链与人才链融合发展，提高创新体系整体效能，更好发挥科技和人才支撑作用。围绕科技创新布局 8 个技术研发领域，围绕人才培养设置 8 项重点工程，提出 3 项科技成果转化重点任务，系统推进科技和人才兴粮兴储。

撰稿单位：国家粮食和物资储备局安全仓储与科技司

撰稿人：姚磊、管伟举

审稿人：周冠华

二 决策咨询

2022 年，国家粮食安全政策专家咨询委员会专家委员通过线上线下相结合、走访通讯相结合等方式，积极开展课题研究，组织专题咨询、权威解读、报告会等工作，为国家粮食安全重大制度政策建言献策、把关论证、解疑释惑，有力推动了实际工作。在深入分析论证基础上，认真研究起草相关意见建议报告，报送 3 篇专报均获得重要批示，报送 17 篇信息均被采纳；编印《专家咨询动态》《国家粮食安全研究》42 期；组织召开报告会 1 场，国家粮食安全政策专家咨询委员会微信公众号编辑发布信息 70 余条；邀请专家配合撰写宣贯文章，扩大舆论宣传，充分发挥专家委员咨政建言作用。

（一）重点课题研究

一是开展我国粮食安全面临的突出矛盾和问题研究。深入分析我国粮食安全面临的客观矛盾和焦点问题，研提防范风险隐患、进一步加强我国粮食安全的政策建议。相关研究成果获得国务院领导同志肯定性批示。二是开展玉米大豆带状复合种植推进举措建议研究。对2022 年开展玉米大豆带状复合种植的 16 个省份开展书面调研，全面了解示范推广情况，总结成效经验，剖析制约短板，研究提出加快推进玉米大豆带状复合种植的举措建议。三是承担国家粮食和物资储备局《成品粮产能储备制度机制研究》软科学课题研究，获得较高水平评价。

（二）重大决策咨询

一是深入贯彻落实习近平总书记在山东东营调研的重要指示精神，认真落实 2022 年中央一号文件明确提出"大力实施大豆和油料产能提升工程""开展盐碱地种植大豆示范"的精神，组织召开两次"关于我国耐盐碱大豆种植示范的调查研究"专家咨询会。根据会议情况，认真梳理了专家意见建议，为充分挖掘盐碱地种植大豆的潜力，保障我国粮食安全提供了重要参考。二是认真评估论证国家粮食和物资储备局起草的粮食安全责任制考核办法等重要制度文件，为国务院提交材料提供第三方论证咨询发挥重要作用。三是开展国内外粮食市场动态监测，吕军委员、温铁军委员、欧阳平委员积极提供相关研究成果，研究提出《小麦市场形势分析和明年工作建议》《青贮小麦动态做好主副食品监测》报告。

（三）重要活动

一是为深入学习宣传贯彻党的二十大精神，深刻认识确保粮食、能源资源、重要产业链供应链安全的使命任务，邀请国家粮食安全政策专家咨询委员会顾问陈锡文以"落实党的二十大精神，全方位夯实粮食安全根基"为题，为全系统广大党员干部作辅导报告。国家发展和改革委员会党组成员，国家粮食和物资储备局党组书记、局长丛亮主持报告会，国家粮食和物资储备局党组成员、副局长黄炜、贾骞、刘小南，督查专员颜波、李成毅出席。二是做好《中国粮食经济》"节粮减损"增刊"专家论坛"栏目专家约稿工作，邀请姚惠源委员、中国农业大学武拉平教授和韩一军教授撰写

《积极倡导粮食适度加工大力推动粮食加工副产物高效利用》、《节粮减损的国际视野》、《我国粮食全产业链减损对策》等宣贯文稿，营造节约粮食的良好氛围。

撰稿单位：中国粮食研究培训中心
撰稿人：袁舟航、亢霞
审稿人：颜波、李福君、赵广美

三 人才发展

（一）粮食行业机构总数 5.3 万个

2022 年末，全国各类粮食行业机构共 5.3 万个。其中，各级粮食行政管理部门 2977 个，事业单位 1724 个。各类涉粮企业 48518 个，其中：国有及国有控股企业 13024 个，占 27%；非国有企业 35494 个（港澳台商及外商企业 776 个），占 73%。

（二）粮食行业从业人员 192.4 万人

2022 年末，粮食行业从业人员 192.4 万人。从单位性质看，行政机关 3.1 万人，事业单位 2.7 万人；各类涉粮企业 186.6 万人（其中国有及国有控股企业 46.8 万人，非国有企业 139.9 万人）。

1. 粮食产销区从业人员数量保持稳定

粮食主产区从业人员 131.7 万人，占总人数 68.5%；主销区从业人员 30.6 万人，占 15.9%。河南省从业人员超过 20 万人，山东、安徽、黑龙江、四川等 4 个省份从业人员超过 10 万人。河南、山东、安徽 3 省继续保持在前三位，从业人员数量分别达 20.6 万人、16.7 万人、16.6 万人。青海从业人数仍为最少，仅 2716 人。

2. 长期职工队伍年龄结构保持稳定

从业人员中，在岗职工 189.9 万人，其中长期职工 172.2 万人，占 90.7%；临时职工 17.8 万人，占 9.4%。长期职工占比较往年同期略有上升。在长期职工中，35 岁及以下人员 57.9 万人，占长期职工总数 33.6%。从所属地看，贵州、宁夏、新疆、西藏、天津等 5 省 35 岁及以下长期职工占比较高，分别位于前五位；江西、吉林、江苏、浙江等 4 省 46 岁以上长期职工占比较大。从单位性质看，行政机关 46 至 54 岁人员占比最高，为 32.2%，涉粮企业 35 岁及以下人员占比最高，为 34%。

3. 行业从业人员学历结构持续改善

从长期职工学历结构看，大学专科及以上人员 62.7 万人，占 36.4%；高中及以下人员 83 万人，占 48.2%。从单位性质看，行政机关和事业单位学历结构明显好于涉粮企业。行政机关和事业单位大学本科及以上人员 3.5 万人，占 20.1%；涉粮企业高中及以下学历人员占 49.6%，较往年呈下降趋势。从所属地看，北京、贵州、上海、天津、海南、宁夏、青海 7 省份本科及以上人员占比较高。

4. 技术技能人才队伍保持稳定

长期职工中，国家公务员 1.8 万人，事业单位管理人员 1.6 万人，企业经营管理人员 26.3 万人。专业技术人员 22.1 万人，工人 120.4 万人。在专业技术人员中，高级职称 1.4 万人，占 6.3%（其中正高职称 3889 人，占 27.7%），较往年基本持平；中级职称 5.6 万人，占 25.1%。在工人中，技术工人 37.9 万人，占 31.5%，其中，高级技师 9014 人、技师 20177 人、高级工 50637 人。

（三）粮食行业培训 220.5 万人次

全国粮食行业共举办各类培训班 10.8 万期，培训班次同比减少 3990 期；累计培训 220.5 万人次，受疫情影响，培训班次和参训人数较上一年度有所减少。

撰稿单位：国家粮食和物资储备局机关党委（人事司）

撰稿人：程鹏、曲贵强、王奇

审稿人：廖小平、李寅铨

"人才兴粮兴储"

（一）优化完善人才兴粮兴储顶层设计

国家粮食和物资储备局与有关部门联合印发《"十四五"粮食和物资储备科技和人才发展规划》。首次将科技创新和人才发展的指导思想、主要目标、基本原则纳入统一规划，统筹谋划、融通发展、协同推进。规划紧紧围绕"十四五"时期国家粮食和物资储备高质量发展需要，坚持问题导向、目标导向，科学谋篇布局，着力深化 8 个方面体制机制改革创新、理清 8 个重点科研攻关领域、明确 8 项重大人才工程项目，统筹推动实施科技和人才兴粮兴储，为推动粮食和物资储备高质量发展、提高保障国家粮食安全和战略应急物资储备安全能力提供有力支撑。

（二）着力提升干部专业素质能力

聚焦粮食和物资储备深化改革、转型发展需要，面向各省（区、市）粮食和物资储备局（粮食局）、各垂直管理局干部人才举办 14 期培训班。探索完善"线上＋线下"多种培训方式，组织 15.5 万人次参加安全生产、行政执法、标准化管理等专门业务培训，切实提升干部人才专业素养、专业能力。各级粮食和物资储备行政管理部门和有关中央企业紧盯本地区本单位工作需要，组织各类专门业务培训11 期，切实提升干部职工履职尽责能力。组织全局全系统新入职干部 723 人次集中线上培训，举办 3 期司局长讲坛，处长讲业务、青年干部政策建议直通车等落地见效。

（三）加大专业技术人才知识更新力度

深入落实全国粮食和物资储备工作会议部署要求，加大专业技术人才知识更新力度，以推动粮食和物资储备高质量发展为主题，申请 1 期高级研修项目，并入选人社部国家级专业技术人才知识更新工程。成功组织 82 名从事粮食和物资储备科技工作或科研管理工作的人才，围绕学习贯彻党的二十大精神，以实施《"十四五"粮食和物资储备科技和人才发展规划》为引领，聚焦国内外粮食和能源安全形势分析、粮食科技前沿、信息化应用、储能技术进展等课程内容开展研修。

（四）大力选拔培育高水平人才

组织开展首批全国粮食和物资储备领军人才、青年拔尖人才推荐选拔工作，产生 1 名全国粮食和物资储备领军人才、6 名全国粮食和物资储备青年拔尖人才。大力资助入选人员聚焦粮食和物资储备关键领域、紧缺技术，自主选题开展科学研究。周密组织参加第十六届全国高技能人才评选表彰活动，1 人荣获全国技术能手荣誉称号、1 家单位荣获国家高技能人才培育突出贡献奖。指导推进国家职业技能等级认定工作，有序加强行业高技能人才队伍建设。

（五）积极深化产教融合

参与修订 2022 版《中华人民共和国职业分类大典》，完善粮食等相关职业内容。落实推进人才兴粮兴储有关要求，继续在粮食和物资储备科技活动周期间举办全国粮食和物资储备人才供需对接活动，在线集中发布 40 余所院校和 800 余家企事业单位的人才培养、需求信息，行业影响力进一步提升。召开全国科技和人才兴粮兴储工作经验交流会，总结成果经验，分析形势任务，部署统筹兴粮兴储，一体推进科技和人才有关工作。

撰稿单位：国家粮食和物资储备局机关党委（人事司）

撰稿人：韩思文、程鹏、曲贵强、王奇、强馨元、郑凯闻

审稿人：廖小平、林明亮、李寅铨

四

粮食行业技能人才队伍建设

（一）扎实有序推进粮食行业技能人才评价改革

2022 年，经人社部中国就业培训技术指导中心评估，同意中国粮食行业协会、中国信息协会、中国农产品流通经纪人协会备案为职业技能等级评价机构，等级认定职业（工种）范围包括仓储管理员、农产品食品检验员、制米工、制粉工、制油工，有效期 3 年（2022 年 7 月 19 日至 2025 年 7 月 18 日）。3 家社会培训评价组织在黑龙江、广东等省份设有 12 家分支机构，开展粮食行业 5 个职业（工种）职业技能等级认定工作。

中国储备粮管理集团有限公司开展企业自主等级认定评价；安徽商贸工程技师学院（安徽粮食工程职业学院）、安徽粮食经济技师学院（安徽科技贸易学校）、新疆经济贸易技师学院（新疆工业经济学院）等技工院校，以及海南省粮油科学研究所等社会培训评价组织获地方人社部门备案，组织开展省内等级认定评价工作。

（二）扎实推进行业职业教育相关工作

1. 积极组织优秀典型申报评选，不断提升粮食行业职业教育影响力

一是组织开展粮食专业职业院校国家级教学成果奖遴选工作，向教育部报送山东商务职业学院等 3 所职业院校参评。二是动员行业企业参与全国职业教育教师企业实践基地评选，山东金胜粮油食品有限公司被评为第二批全国职业教育教师企业实践基地。三是深入挖掘涉粮院校职业教育数字化教学资源，参与教育部国家在线精品课程评审，河南工业贸易职业学院专业课程《制粉工艺与设备》被评为职业教育国家在线精品课程。

2. 组织完成技能培训教材出版工作，切实服务行业人才发展需要

为适应粮食行业技术进步和产业发展需求，进一步提升技能人才培养水平，组织编写出版《（粮油）仓储管理员（技师/高级技师）》《农产品食品检验员（技师/高级技师）》《全国粮食行业职业技能竞赛指南》（含竞赛项目操作演示视频）3 本培训教材。

3. 多措并举创新校企合作方式，深入推进产教融合走深走实

一是组织召开校企合作座谈会，促成先正达集团中国与河南工业大学、山东商务职业学院、黑龙江交通职业技术学院等院校签订校企合作协议，开设"订单班"。二是为职业教学紧贴企业生产实际搭建平台，组织不同层次涉粮院校 8 名专业教师开展为期两月实践锻炼活动。

撰稿单位：中国粮食研究培训中心

撰稿人：杨婷婷、沈红、王小可

审稿人：李福君、赵广美

专栏 8　全国粮食职业教育教学指导委员会成立

2022 年 3 月 29 日，全国粮食职业教育教学指导委员会（2021—2025 年）召开成立大会。国家粮食和物资储备局党组成员、副局长黄炜出席会议并讲话，局督查专员、粮食行指委主任委员颜波出席会议并作工作报告。会议明确，新一届粮食行指委要坚持以习近平总书记关于加快发展现代职业教育的重要指示精神为指导，突出明确职责定位，在促进人才供需、提高人才质量、完善培养体系、规范运行管理上下功夫，高质量做好政策咨询，高起点指导加快标准体系建设，高水平指导促进产教融合，高效能指导促进师资队伍建设，推进新时代粮食职业教育取得更好成效。经教育部核准，粮食行指委下设粮油储检、粮食工程、粮油购销与物流专业委员会和集团化办学专门委员会，秘书处分别设在安徽科技贸易学校、江西工业贸易职业技术学院、广西工商职业技术学院和山东商务职业学院，负责开展日常工作。

撰稿单位：中国粮食研究培训中心
撰稿人：詹丽丽、沈红、王小可
审稿人：李福君、赵广美

五 信息化建设

（一）有序推进"十四五"信息化建设

1. 拼图式推动信息化重点任务

以"十四五"粮食和物资储备信息化发展规划为总抓手，加大数据资源整合、开发和应用，健全"一中心六平台"功能，提升基层储备库信息化基础设施功能，推动粮食全产业链数字化协同发展，实现各类物资储备业务数据统一汇集。通过粮食购销领域监管信息化建设、公共安全保障工程、储备仓库的基础设施建设等多种途径，拼图式推进"十四五"时期信息化建设。

2. 对接公共安全保障工程推动项目实施

统筹"十四五"信息化建设内容和公共安全保障工程，协同业务司局细化平台建设方案，促进局平台基础设施提升，优化完善安全数据中心功能。编制能源、粮食和应急救灾物资储备、粮食质量安全追溯数据交换标准，支撑不同层级和不同部门间数据互联互通。通过垂管系统"数据通"、"视频通"，加强对能源、战略物资、应急救灾物资等安全风险的动态监测预警，打造综合性一体化应急指挥调度平台，建立粮食质量安全溯源体系，加强粮食全产业链数据采集、传输、存储和共享。

3. 夯实安全数据中心基础，推动"数字粮储"建设

持续完善粮食储备布局地理信息系统，实现省级粮食业务平台数据和视频实时展示，加速物资储备基层仓库信息化应用，不断汇集各类储备核心业务数据，进一步提升数据质量，扩大对接范围，为建立储备"一张图""一张表"奠定基础。优化完善安全数据中心数据资源标准，健全数据资源目录体系，围绕关键业务完善数据生成机制，构建粮食产购储加销全产业链、全流程业务数据采集体系和数据外部共享体系。提高粮食和物资储备数字化、智能化水平，提升国家储备应对突发事件能力，促进粮食产业高质量发展。

（二）加紧推动粮食购销监管信息化建设

1. 如期完成阶段性目标

持续推进粮食购销信息化监管，统筹整合资源，挖掘数据潜力，补齐监管短板，落实各方责任和政策保障。不断完善平台功能，提升省级平台数据对接质量，中央储备粮信息化实现全覆盖，省级平台完成接口升级，提升业务应用，国家平台基本实现中央储备动态监管和省级储备实时查看，较好实现中央和省级储备粮监管信息化全覆盖、全程动态实时监控的阶段性目标，监管信息化体系基本形成。

2. 加快推动粮库信息化全覆盖

强化通过信息化系统开展业务工作的硬性要求，全面提升省级储备粮承储库点上传国家

平台数据和视频监控质量，确保业务数据全面、准确、及时上传至国家平台，进一步规范粮库业务流程。在"夏粮收购"、"秋粮收购"视频督导中不断强化使用信息化手段直插现场的调研方式，强化业务系统应用和信息化监管手段。压茬推进市县级储备信息化全覆盖，不断提升粮食购销领域智能化监管水平和穿透式监管能力，形成健全的监管信息化建设和运行长效机制。

（三）持续巩固信息化资源整合优化和应用成效

1. 着力推动"网络通""数据通""视频通"

整合形成统一的粮储专网三级网络环境，各司局、直属单位、省级粮食和物资储备局、垂直管理局和基层储备单位基本实现全覆盖，业务信息系统整合至国家粮食和物资储备管理平台，进一步优化扩充互联网云平台，在全局系统内实现云资源共享。搭建形成统一的网络安全防护和运行环境，为进一步接入电子政务内网提供基础。开展垂管系统"数据通""视频通"，集成基层储备单位专网视频会商、视频监控，为业务司局开展远程调度和抽查检查提供支撑。在新办公区主会场集中部署专网、互联网等各类视频会议系统，分会场参会范围实现各省级粮食和物资储备部门、垂管局及基层储备单位"一网覆盖"。

2. 优化完善应急指挥中心功能

应急指挥中心整合系统，实时掌握储备品种、规模、布局、数量、质量等信息，立足应急指挥调度需要，丰富完善应急指挥调度平台

应用场景，进一步完善应急信息整合协同、应急资源集中显示、应急预案管理、调度实时跟踪等功能，实现跨区域跨部门跨层级数据集成、信息合成、现场研判和指挥调度，确保应急状态调用更加高效。

3. 构建储备管理平台

加快推进各类储备数字化、一体化管理，建立各级各类储备台账，完善储备库存、布局、品类等数据资源，各类储备数据汇集至安全数据中心，进一步建强"数据底座"。通过与甘肃局试点远程调度，深入挖掘应急指挥、安全预警、动态监管等业务工作场景，构建储备系统信息资源共享，实现跨层级、跨系统、跨业务的协同管理和服务，有效发挥中央储备作用，提升国家储备应对突发事件的能力。

4. 进一步完善和推广网上办公

OA办公系统、门户系统、政务邮箱是办公最基础的信息化应用。OA办公系统提供网上办文功能，通过流程控制和权限控制，实现收文、发文、签报等公文网上流转；门户系统提供信息共享和应用整合功能；政务邮箱实现司局单位之间、国家局与垂管局之间的电子邮件收发。以OA办公系统广泛应用为标志，线上办公已成为全系统新办公形态。结合用户新需求新期待，下步将持续加强运维服务，保障系统稳定可靠，持续推广网上应用，扩大网上办公使用范围，持续拓展系统功能，进一步提升办公效能。

（四）不断提升运维服务保障水平

制定印发《国家粮食和物资储备局信息化

运维管理办法》，修订印发《国家粮食和物资储备局视频会议使用管理办法》，进一步规范运维服务流程，加强专业化运维力量，形成国家粮食和物资储备局办公区"10 分钟响应、一般问题 1 小时内解决、重大问题倒排工期按时清零"运维服务保障机制，不断提升运维服务质量，进一步增强干部职工信息化获得感和满意度。

撰稿单位：国家粮食和物资储备局信息化推进办公室

撰稿人：修阳、邝琼、袁鸿珊、史策、尚静、杨龙龙、刘欣欣、马伯骏、赵文博、夏志成、李谦

审稿人：卜轶彪、于英威

专栏 9　2022 年世界粮食日和全国粮食安全宣传周

2022 年 10 月 16 日是世界粮食日，主题是"不让任何人掉队。更好生产、更好营养、更好环境、更好生活"。所在周为全国粮食安全宣传周，主题是："保障粮食供给端牢中国饭碗"。国家粮食和物资储备局、农业农村部、教育部、科技部、国家国际发展合作署、全国妇联，以及联合国粮农组织，在全国范围内组织开展了"保障粮食供给端牢中国饭碗"系列活动。全国粮食安全宣传周期间，各级粮食和物资储备部门会同农业农村、教育、科技、妇联等部门单位，统筹协调、周密部署，广泛开展粮食安全宣传，着力挖掘推广保障粮食安全典型案例，创新组织开展粮食安全主题宣教活动。

（一）科学设置主题，创新组织开展系列线上活动

结合新冠疫情形势，创新组织方式、丰富活动载体，首次组织开展云启动、发布主题视频、话题互动等系列线上活动，积极扩大活动覆盖面和传播力。10 月 10 日，国家粮食和物资储备局会同农业农村部、教育部、科技部、国家国际发展合作署、全国妇联以及联合国粮农组织，以"保障粮食供给端牢中国饭碗"为主题，通过网络形式开启全国粮食安全宣传周系列活动；联合国粮农组织驻中国和朝鲜代表文康农、联合国世界粮食计划署驻华代表屈四

喜分别发表视频致辞，祝贺宣传周系列活动顺利开展，交流分享加强粮食国际合作的积极成效和未来展望。全国粮食安全宣传周期间，国家有关部门陆续发布系列主题视频短片，宣传展示我国全产业链保障粮食安全、科技创新守护"大国粮仓"、标准引领促进节粮减损等方面典型经验。各地结合实际，灵活采取"线上＋线下"相结合方式，开展主题征文、微课堂直播、"光盘行动"志愿服务、公益广告、知识竞答等各类主题宣教活动，倡导引领爱粮节粮良好社会风尚。安徽、上海、黑龙江、浙江等地创新开展探寻农耕文化亲子研学、粮库开放日、粮食安全知识竞答等，得到社会公众广泛好评。

（二）发挥带动作用，挖掘推广保障粮食安全典型案例

按照"重在基层、优中选优"的原则，国家和各地有关部门立足实际，在全国范围内挖掘推介保障粮食安全典型案例，进一步总结先进经验、传播典型事迹、发挥示范作用。典型案例面向粮食生产、流通、消费等领域，聚焦惠农强农、科技支撑、国民教育、爱粮节粮等维度，主体涵盖粮食企业、农民合作社、大专院校等，体现较强的示范性、代表性和可推广复制性。全国粮食安全宣传周期间，挖掘推介了标准引领促进节粮减损、全产业链保供护航

中国饭碗、应急保供筑牢首都民生线、仓储科技保供为大国粮仓提供新"粮"策、以高标准引领助力优质粮油供给等一批保障国家粮食安全典型案例，通过播发视频、媒体报道、讲座宣讲、新媒体推介等多样化方式进行全方位宣传，为持续开展粮食安全宣传教育活动夯实了平台抓手。

（三）聚焦中心工作，广泛深入开展粮食安全宣传

宣传周期间，中央和各地主流媒体，聚焦宣传党的十八大以来国家粮食安全事业取得的历史性成就、发生的历史性变革，积极参与粮食安全国际发展合作及全球治理、展现保障粮食安全大国担当等主题，开展广泛深入的宣传报道，增强人民群众对粮食安全保障的信心。一是通过人民日报、新华社、中央广播电视总台、经济日报等中央媒体重点栏目、重点时段，及时发布活动相关报道40余篇（条），正面引导社会预期。二是局政府网站、政务微博微信，以及中国粮食经济、粮油市场报等行业媒体，及时联动发布粮食日倒计时海报、主题视频及各方致辞；通过局政务微博设置"全国粮食安全宣传周"话题，进一步提升活动的参与度和覆盖面，相关话题阅读量285万次，讨论1100余次。三是积极协调全国妇联、国家国际发展合作署以及联合国粮农组织、联合国世界粮食计划署等部门组织，及时发布转载活动有关情况，通过开展线上话题互动、及时回复网民留言等，取得了良好的传播效果。

撰稿单位：国家粮食和物资储备局办公室（外事司）

撰稿人：王辉、孔晶晶

审稿人：方进、李涛

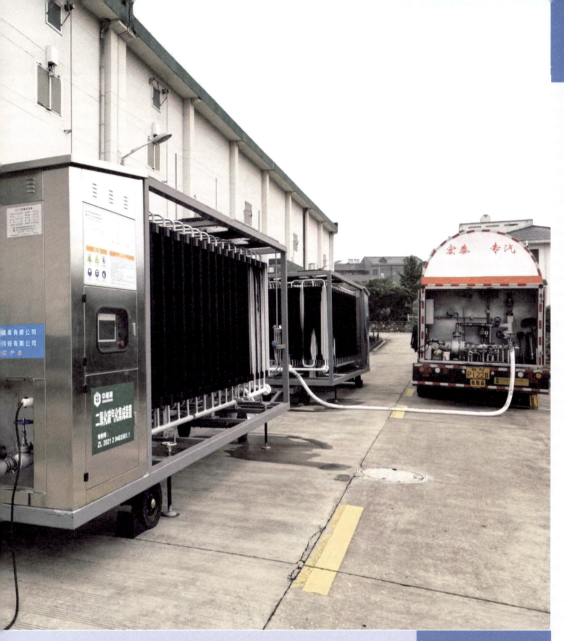

此图为中央储备粮安徽铜陵直属库科学储粮技术应用现场。（来源：中国粮食研究培训中心）

第十二部分

节粮减损与帮扶支援

一 节粮减损

一是推进实施《粮食节约减损健康消费提升行动方案（试行）》。加强粮食产后节约减损顶层设计，印发《粮食节约减损的指导意见》，细化农户储粮、绿色仓储、粮食物流、适度加工、综合利用等环节减损任务，明确创新体系建设、标准制修订、宣传教育等方面工作举措，推进粮食产后节约减损工作。

二是贯彻落实中办、国办《粮食节约行动方案》，按照国家发展和改革委员会等部门"粮食节约和反食品浪费专项工作机制"会议要求，研究制定调查方案、组织专家论证、开展业务培训，指导各级粮食和储备部门及中储粮集团各分（子）公司，组织完成全国粮食储存环节损失损耗调查工作。调查显示，全国农户储粮损失大幅降低，国有粮库储粮损失基本消除，损耗控制在合理范围。

三是对各地和有关企业开展粮食节约行动进展情况进行调度，赴新疆、浙江开展实地调研，梳理总结亮点经验做法。

四是出版《中国粮食经济》"节粮减损"增刊，全面宣介粮食行业节约减损成效。

五是在夏粮、秋粮收购中，发挥 5500 多家粮食产后服务中心作用，为种粮农民提供清理、干燥、收储、加工、销售等服务，促进粮食质量提档升级，助农减损增收。

六是夯实仓储设施减损硬件基础，发布 7 项绿色储粮行业标准和 5 项团体标准，加强粮食仓储管理业务指导，促进储存环节粮食节约减损。发布粮油适度加工相关标准，引导粮油企业适度加工。加强减损技术攻关，促进节粮减损国际合作。

七是依托世界粮食日和全国粮食安全宣传周、全国粮食和物资储备科技活动、食品安全宣传周等重要活动大力宣传节粮知识。

撰稿单位：国家粮食和物资储备局安全仓储与科技司

撰稿人：姚磊、夏丹萍、李鹏飞、胡兵、胡浩、张莉君、吴光玥

审稿人：周冠华

二　定点帮扶、对口支援与援藏援疆

2022 年，国家粮食和物资储备局深入贯彻落实习近平总书记关于巩固拓展脱贫攻坚成果、全面推进乡村振兴和深化定点帮扶工作的重要指示精神，落实国家粮食安全战略和乡村振兴战略，坚决落实"四个不摘"和"三个转向"要求，持续扎实做好安徽省阜南县定点帮扶工作，取得明显成效。抓好"十四五"时期对口援藏和对口援疆工作两个实施意见落实，推动国家粮食和物资储备系统新一轮对口援藏援疆工作取得阶段性进展。

（一）定点帮扶

1. 坚决扛牢政治责任，高位谋划落实帮扶任务

把做好定点帮扶工作作为政治任务，自我加压、持续用力、提质增效，2022 年完成的定点帮扶主要指标均超过 2021 年。其中，投入帮扶资金 582 万元、增长 16%，引进帮扶资金 3.35 亿元、增长 256%，引进帮扶项目或企业 8 个，引进企业到位资金 2.3 亿元、增长178%，培训人员 7177 人次、增长 323%，购买脱贫地区农产品 849 万元、增长 45%，帮助销售 779 万元、增长 39%。集中连片种植的 60 万亩优质小麦，带动当地 20 多万小农户增收 2.5 亿元。定点帮扶相关经验做法被国家发展和改革委员会和人民网分别评为全国消费

帮扶助力乡村振兴优秀典型案例和乡村振兴创新案例；引入的示范企业中国中化实施粮食产业助力乡村振兴"阜南样板"经验做法，被评为第三届全球减贫最佳案例、全国保障粮食安全典型案例。

2. 加快推动粮食产业发展，夯实乡村产业基础

依托中国中化农业科技优势，指导农民科学种田。2022 年夏收，60 万亩优质小麦平均亩产达 1040 斤，比普通小麦高 80 多斤，均价同比增长近 0.3 元 / 斤，高于全省均价 0.05 元 / 斤以上，带动当地 20 多万小农户增收 2.5 亿元，亩均收益达 800 元。畅通中端促进粮食购销。建立国家局、省局、市、县粮食和储备部门和企业五级联动机制，及时协调解决收粮资金、仓容、人员、车辆等粮食购销难点堵点，降低农民卖粮成本，确保优粮优价、应收尽收。在国家粮食交易平台设专场销售 3.81 万吨优质小麦，销售额 1.22 亿元，实现好粮卖好价。发力后端补齐加工短板。投资 3.9 亿元的 30 万吨面粉加工项目建成，年产值将达 15亿元，实现县域粮食加工企业零的突破。坚持延链补链强链，总投资近 17 亿元的小麦精深加工、主食厨房、仓储物流、乳果糖研发加工等 4 个粮食产业项目相继引进签约，全产业链发展态势加快形成。2022 年 60 万亩优质小麦

再获丰收并完成 63 万亩冬播，形成规模化的优质粮源基地核心区，其中整建制推广的乡镇 3 个、万亩示范片 32 个，辐射带动全县 120 万亩小麦稳产增产提质。

3. 坚持协同发力，助力全面推进乡村振兴

立足优质小麦规模化种植及全产业链发展需要，发挥科技小院等创新平台和全国粮食安全宣传教育基地作用，运用田间课堂、新媒体等工具，重点围绕农业技术、粮食产业发展培训 5118 人次。邀请人民日报、新华社和中央广播电视总台等中央主流媒体记者走进阜南，在《中国粮食经济》设立乡村振兴专栏，讲述阜南乡村振兴故事，宣传"舍小家为大家"的王家坝精神。协调国家广电总局捐赠价值 20 万元的电视节目和电视剧，丰富群众精神文化生活。

4. 深化"三大行动"，推进消费帮扶

持续开展直采帮扶行动，国家粮食和物资储备局及垂管系统有食堂的 160 家预算单位通过 832 平台采购食堂食材时，按不少于 11.5% 比例采购阜南县等脱贫地区农副产品，比 2021 年提高 1.5 个百分点。号召各级工会福利、慰问老干部时优先采购阜南县及脱贫地区农副产品，组织开展对口支援的于都县等脱贫县特色农产品团购活动。持续开展线上帮扶行动，与全国供销合作总社深入合作，推动"中国好粮油"品牌品质优势与 832 平台渠道优势强强联合，上线 832 平台"中国好粮油"产品专场，着力提升脱贫地区优质粮油产品美誉度。持续开展消费帮扶新春行动，利用春节、元宵节等消费旺季，在全系统组织开展"消费

帮扶新春行动"，累计采购脱贫地区农副产品 152.4 万元，促进脱贫地区粮油产品市场销售。

（二）对口支援与援藏援疆

1. 对口支援江西省于都县

以加快推动富硒大米特色产业发展为抓手，助力于都县全面推进乡村振兴。一是指导当地出台富硒产业发展实施意见、高质量发展三年行动方案，开展富硒种植养殖试验示范和标准编制研究，明确于都县富硒产业发展路径。二是协调科研院所及高等院校提供技术支持，高标准建成富硒水稻示范基地 3 万亩，辐射带动 10 余万亩。于都县成功申报国家优质水稻种植与加工标准示范区、江西省富硒农业先行示范区、江西省功能农业重点县等荣誉，县富硒产业发展中心获评第三批全国粮食安全宣传教育基地。三是将"于都硒"作为公用品牌，富硒大米纳入区域公用品牌统一管理，开展富硒大米进餐厅、进学校、进运动员营养餐、进京展示展销等活动，成功登陆央视、亮相全国。四是加强与京东等知名电商，以及 832 平台、老区直供等线上平台的合作，推动于都硒优选系列产品营销，累计销售额达 1000 余万元，推动消费帮扶向"优品优质优价"转变。五是国家粮食和物资储备局支援建设的段屋乡粮食产业综合体(一期)项目投产，完成早稻烘干 1360 吨、晚稻烘干 630 吨，机械化育秧 6400 亩，累计完成销售 1960 吨，依托该项目顺利承办 2022 年赣州市水稻机械化种植推广演示培训现场会。

2. 援藏援疆

一是深入推进优质粮食工程。指导西藏、新疆编制优质粮食工程实施方案，利用 832 平台开展品牌产品推介，引导采购两地优质粮油产品，助力扩大"青稞挂面""新疆面粉"区域品牌影响力。二是协调落实对口支援项目。积极推动两地与对口支援省市相关部门协调沟通，12 个援藏项目、18 个援疆项目列入相关省份对口支援计划，其中 10 个援藏项目、12 个援疆项目已开工或启动。三是积极推进重点项目建设。指导两地做好 2022 年粮食等重要农产品仓储设施专项中央预算内投资项目申报工作，积极推进乌鲁木齐中央级救灾物资储备库喀什分库项目建设。四是深化推动科技人才支援。组织专业技术人员到西藏、新疆，参与粮油质检课题，培训指导实验室检测能力资质认定，助力提升粮食质量安全检验监测能力。指导两地做好青稞、鹰嘴豆等区域特色粮油产品标准制修订工作，支持西藏开展《青稞储存品质判定规则》《中国好粮油：青稞及其制品》等标准研究等工作，积极推进西藏青稞及其制品标准体系建设。

撰稿单位：国家粮食和物资储备局规划建设司

撰稿人：刘晨

审稿人：钱毅、张保国、晁铭波

此图为中粮集团旗下中粮国际阿根廷提布斯（Timbues）
码头。（来源：中粮集团）

第十三部分
对外开放与国际合作

一 粮油棉糖进出口形势分析

（一）粮食

据海关总署统计，2022 年我国粮食进口 14687 万吨，比上年减少 11%。

1. 大豆

2022 年我国大豆进口 9108 万吨，比上年减少 6%。其中，巴西大豆 5439 万吨，占比 60%；美国大豆 2953 万吨，占比 32%；阿根廷大豆 365 万吨，占比 4%。

2. 小麦

2022 年我国小麦进口 996 万吨，比上年增加 2%。其中，自澳大利亚、加拿大、法国、美国和俄罗斯进口分别为 572 万吨、179 万吨、170 万吨、63 万吨、4 万吨，占比 58%、18%、17%、6%、0.4%。

3. 玉米

2022 年我国玉米进口 2062 万吨，比上年减少 27%。其中，自美国、乌克兰、缅甸和保加利亚进口分别为 1486 万吨、526 万吨、19 万吨、15 万吨，占比为 72%、26%、1%、1%。

4. 稻米

2022 年我国稻米进口 619 万吨，比上年增加 25%。其中，自印度、巴基斯坦、越南、泰国、缅甸、柬埔寨进口分别为 218 万吨、120 万吨、86 万吨、80 万吨、80 万吨、29 万吨，占比为 35%、19%、14%、13%、13%、5%。

2022 年我国粮食出口 322 万吨，比上年减少 3%。其中，稻米 219 万吨，减少 10%；

小麦 15 万吨，增加 74%；大豆 12 万吨，增加 62%。

（二）食用油

2022 年我国食用植物油进口明显下降，全年进口 648 万吨，较上年减少 38%。其中，棕榈油 341 万吨，减少 27%；豆油 34 万吨，减少 69%；菜籽油及芥籽油 106 万吨，减少 51%。

我国食用植物油出口较少。2022 年出口 18 万吨，较上年增加 45%。其中，豆油 11 万吨，增加 52%；棕榈油 2 万吨，增加 8%。

（三）棉花

据海关统计，2022 年全国累计进口棉花 193.6 万吨，同比下降 9.8%。从进口来源国看，自美国进口占比接近六成，进口量 113.2 万吨（占 58%），增加 19%；其他主要来源国依次为巴西（57.7 万吨，占 30%）、印度（3.9 万吨，占 2%）、贝宁（2.9 万吨，占 1.5%）、苏丹（2.2 万吨，占 1.2%）。

（四）食糖

据海关统计，2022 年全国累计进口食糖 527 万吨，同比下降 7%。从进口来源国看，自巴西进口占比接近八成，进口量 417 万吨（占 79%），其他主要来源国依次为印度（27.5

万吨，占 5.2%）、泰国（26.8 万吨，占 5%）、韩国（15 万吨，占 2.8%）、萨尔瓦多（13.5

万吨，占 2.6%）。

二　对外交流与合作

（一）成功举办"杂交水稻援外与世界粮食安全"国际论坛

为深入落实习近平主席提出率先落实全球发展倡议的 32 项举措，动员各方力量，因应全球粮食安全问题，2022 年 11 月 12 日，国家国际发展合作署、农业农村部、国家粮食和物资储备局在北京共同举办了"杂交水稻援外与世界粮食安全"国际论坛。习近平主席发表书面致辞强调，当前，全球粮食安全形势严峻复杂，中方愿继续同世界各国一道，坚持命运与共、和衷共济，推进全球发展倡议，加强粮食安全和减贫领域合作，为加快落实联合国 2030 年可持续发展议程、建设没有饥饿贫困的世界作出更大贡献。老挝国家主席，布隆迪、津巴布韦总统，斯里兰卡、古巴、所罗门群岛总理，联合国常务副秘书长、联合国粮农组织总干事等多国领导人和国际组织代表分别向论坛视频致贺。来自约 60 多个国家的驻华使节、中国援外相关部门负责人、有关企业和科研机构代表共约 170 人出席论坛，并参观"杂交水稻援外与世界粮食安全"国际论坛主题图片展。论坛宣介了我国维护世界粮食安全的理念和贡献，展示了我国坚定支持世界粮食安全事业的生动实例和精彩故事。

（二）深化粮食领域南南合作，推动落实 2030 年可持续发展目标

为贯彻落实习近平主席在中非合作论坛第八届部长级会议上的讲话精神和达喀尔行动计划，进一步落实与联合国世界粮食计划署（WFP）签署的南南合作谅解备忘录，2022 年 9 月，国家粮食和物资储备局与 WFP 农村发展卓越中心等单位在浙江省嘉兴市共同举办了中非稻米价值链合作研讨会。会议以线上线下相结合的形式举行，通过开展政策对话，为支持中非合作伙伴加强稻米价值链建设提供解决方案，分享和交流在稻米加工、仓储和质量管理方面的知识、技术和经验。来自政府部门、国际组织、驻华使馆、科研机构、企业及社会团体和媒体等近 200 位代表参会。会议展示了我国粮食产后管理经验和技术，贡献了稻米价值链产业链发展的中国方案，助力中国与非洲国家在粮食领域进一步构建高质量伙伴关系。

同时，选派专家参加南南合作相关技术研讨会议，进入南南合作知识分享平台专家库，与发展中家分享中国粮食产后领域的实践经

验和解决方案，推动联合国 2030 年可持续发展目标的落实。

（三）着力提升亚太经合组织（APEC）等多边机制下粮食安全合作成效

国家粮食和物资储备局积极履行 APEC 粮食安全政策伙伴关系机制（PPFS）中国政府代表单位职责，推动多边机制下粮食安全合作成效显著。继 2021 年与 PPFS 成员经济体共同制定《APEC 面向 2030 粮食安全路线图》后，2022 年共同制定了《APEC 面向 2030 粮食安全路线图实施计划》。代表中国政府牵头承担其中关于中小微企业投资和创新、粮食储藏和物流能力现代化、粮食贸易标准的研究交流等 3 项计划的具体制修订工作。

2022 年 8 月，在北京举办 APEC 粮食储运设施与能力现代化网络研讨会，共 200 余位 APEC 经济体粮食行业代表参加。来自政府部门、科研院校及企业界专家就现代化仓储物流技术进行了深入交流，有效推动了 APEC 区域粮食储运技术合作。

（四）持续推动双多边粮食、物资储备和能源储备安全合作

持续加强与"一带一路"相关国家在粮食、物资储备、能源储备领域的交流合作。与乌拉圭牧农渔业部就签署双方合作谅解备忘录等保持沟通，召开线上工作会议；与阿联酋驻华大使举行双边视频会谈，交流粮食和能源安全合作意愿；线上会见澳大利亚新任公使衔农业参

赞，就加强粮食标准、科技合作及信息分享进行交流；与俄罗斯驻华使馆就中俄粮食质量标准相关内容进行交流；线上会见嘉吉公司中国区副总裁，交流粮油国际贸易及供需状况。

不断为区域粮食安全合作贡献力量。为上海合作组织撒马尔罕峰会提供粮食全产业链减损相关成果建议；推动与湄公河国家合作开展绿色生态安全储粮技术培训，推动在澜湄区域开展绿色生态储粮综合性示范工作；贯彻落实中非合作论坛北京峰会及第八届部长级会议精神，持续推动中非粮食安全合作进程。

（五）扎实开展粮食行业科技对外交流

稳步开展粮食行业科技国际交流，不断扩大粮油加工、储藏、运输、标准领域对外合作。举办中日稻米科技线上研讨会、APEC 粮食储运设施与能力现代化网络研讨会；在线举办国际标准化组织食品技术委员会谷物与豆类分委员会第 42 次会议，在线参加国际食品法典委员会第 45 届会议等国际科技性学术性会议，掌握相关领域最新动态，提升我国粮食领域科研合作水平。

组织粮食行业高校、科研机构申报官员研修、技术人员培训、在职学历教育等粮食领域援外培训项目，帮助广大发展中国家开展粮食安全能力建设。2022 年度共向国家国际发展合作署推荐申报 25 个援外培训项目，围绕粮食安全储藏、产后减损增效、质量安全管理与检验、加工技术、流通管理等开展培训，有效提升发展中国家粮食产后管理和技术水平。

（六）持续做好粮食行业引智工作

发挥引智归口管理部门作用，指导项目单位共执行外国专家项目3项，引进外国专家17人次，在技术创新、人才培养、成果产出等方面取得较好成效。有关项目攻克了行业关键技术，形成了具有自主知识产权的成套生产技术，建立了行业标准，填补了相关国内空白；建成了一套适用于集中用餐人群的健康餐厅解决方案，构建了健康餐厅管理系统；通过开展储粮害虫综合技术体系研究，解决了磷化铝淘汰后的储粮害虫防治难题，为我国粮食安全提供技术保障。

撰稿单位：国家粮食和物资储备局办公室（外事司）

撰稿人：胡瑶庆、张怡

审稿人：曹颖君

此图为中央储备粮呼伦贝尔直属库。（来源：中国粮食研究培训中心）

附　录

一 2022 年大事记

一月

1月11日，国家粮食和物资储备局召开局党史学习教育总结大会，深入学习贯彻习近平总书记重要指示及党史学习教育总结会议精神，认真总结全局全系统党史学习教育的经验做法。局党组成员、副局长，直属机关党委书记卢景波作总结报告；局党组成员、副局长黄炜、梁彦、贾骞，局总工程师翟江临，局督查专员颜波、李成毅出席会议。中央纪委国家监委驻国家发展和改革委员会纪检监察组副组长刘立锋，党史学习教育中央第十九指导组相关负责同志应邀出席会议。

1月26日，国家粮食和物资储备局召开全面从严治党工作会议，深入学习贯彻习近平总书记在十九届中央纪委六次全会上的重要讲话精神，认真落实中央和国家机关党的工作暨纪检工作会议部署。国家发展和改革委员会党组成员、驻委纪检监察组组长孙怀新出席会议并讲话；局党组成员、副局长，直属机关党委书记卢景波主持会议；局党组成员、副局长黄炜、梁彦、贾骞，驻委纪检监察组副组长刘立锋，局总工程师翟江临，督查专员颜波、李成毅出席会议。

1月27日，卢景波同志应邀同阿联酋驻华大使阿里·扎西里先生举行视频会谈。

二月

2月23日，黄炜同志会见联合国世界粮食计划署（WFP）驻华代表一行。

2月24日，梁彦同志到新华社出席"新华社民族品牌工程——中国好粮油专项行动"启动仪式。

三月

3月16日，国家粮食和物资储备局召开全国政策性粮油库存检查动员培训会议，全面动员部署检查工作，开展粮油库存检查培训。卢景波同志出席会议并作动员讲话。

3月17日，国家粮食和物资储备局召开"青春有为奋斗无悔"青年干部座谈会，深入学习贯彻习近平总书记在2022年春季学期中央党校（国家行政学院）中青年干部培训班开班式上的重要讲话精神，卢景波同志主持会议，贾骞同志出席。

3月25日，国家粮食和物资储备局召开垂直管理系统安全生产视频会议，深入贯彻习近平总书记关于安全生产的重要指示精神，认真落实党中央、国务院决策部署，分析研判形势，压紧压实责任，部署安全生产和专项工作。局党组成员、副局长卢景波主持会议；局党组成员、副局长黄炜、梁彦、贾骞，总工程师翟江临，督查专员颜波、李成毅出席会议。

3 月 29 日，全国粮食职业教育教学指导委员会（2021—2025 年）成立大会在北京召开。黄炜同志出席会议并讲话，颜波同志出席会议并作工作报告。会议审议通过了《粮食行指委章程》《粮食行指委工作规划（2021—2025 年）》和《2022 年工作计划》，公布了新一届粮食行指委委员名单，并向到场委员颁发聘书，为各粮食行指委专业（专门）委员会秘书处授牌。

四月

4 月 1 日，国家粮食和物资储备局召开部分省粮食和物资储备局局长视频座谈会，卢景波、黄炜同志出席。

4 月 2 日，国家粮食和物资储备局召开全系统安全生产视频会议，认真传达贯彻习近平总书记重要指示、李克强总理重要批示以及全国安全生产电视电话会议精神，分析研判形势，部署当前及今后一个时期安全生产工作。贾骞同志出席会议并讲话，李成毅同志主持会议。

4 月 8 日，国家粮食和物资储备局召开中央第八巡视组巡视国家粮食和物资储备局党组工作动员会，卢景波、黄炜、梁彦、贾骞同志出席。

4 月 12 日，国家粮食和物资储备局召开乡村振兴工作领导小组 2022 年第一次会议，认真学习贯彻习近平总书记关于定点帮扶工作和巩固拓展脱贫攻坚成果的重要指示，传达贯彻全国巩固拓展脱贫攻坚成果同乡村振兴有效衔接暨乡村振兴重点帮扶县工作推进会议精

神，听取 2021 年定点帮扶工作汇报，研究部署 2022 年定点帮扶工作。局党组成员、副局长卢景波、黄炜、梁彦、贾骞，总工程师翟江临，督查专员颜波、李成毅出席会议。

4 月 25 日，卢景波同志带队到中储粮集团公司开展 2021 年度总体考核。

4 月 27 日，国家粮食和物资储备局召开全系统防灾减灾救灾物资保障工作视频会议，认真学习贯彻习近平总书记关于防汛抗旱和防灾减灾救灾工作的重要指示精神，落实李克强总理批示要求，传达部署全国防汛抗旱工作电视电话会议精神、国务院抗震救灾指挥部全体会议精神和国家减灾委全体会议精神，总结系统 2021 年防灾减灾救灾工作，对 2022 年系统防灾减灾救灾工作进行动员部署。贾骞同志出席会议并讲话，李成毅同志主持会议。

4 月 28 日，国家粮食和物资储备局举行国家战略物资储备数据安全中心接勤仪式。

4 月 28 日，国家粮食和物资储备局召开粮食购销领域腐败问题专项整治包干督导视频调度会议，卢景波同志主持，黄炜同志出席。

五月

5 月 10 日，国家粮食和物资储备局召开全系统预算管理工作视频会议，深入贯彻党中央、国务院关于进一步深化预算管理制度改革的决策部署，总结近年来全系统预算管理工作取得的成绩，分析存在的问题，明确下一步重点任务。贾骞同志出席会议并讲话。

5月19日，国家粮食和物资储备局召开全国夏季粮油收购工作视频会议，分析研判夏粮收购形势，安排部署收购工作。卢景波同志出席会议并讲话。河北、江苏、安徽、江西、山东、河南、湖北、湖南、广西、四川等省份粮食和物资储备局（粮食局）作了交流发言。

5月23日，全国粮食和物资储备科技活动周启动仪式在北京举行。局党组成员、副局长卢景波、黄炜、贾骞，督查专员颜波、李成毅出席启动仪式。启动仪式上，向粮食储运国家工程研究中心和粮食技术创新中心授牌。

5月23日，全国粮食和物资储备科技和人才兴粮兴储工作经验交流会在北京召开，深入贯彻习近平总书记关于创新发展和人才强国的重要论述精神，提高政治站位，强化规划引领，突出重点举措，大力推动科技和人才兴粮兴储，为管好"天下粮仓"和"大国储备"提供强大动力。卢景波同志出席会议，贾骞同志主持会议。河北、福建、湖南、陕西省粮食和物资储备局，国家粮食和物资储备局山西局、广西局，国家粮食和物资储备局科学研究院、安全应急保障中心等8家单位分别作了典型发言。

六月

6月8日，卢景波同志主持召开夏粮收购工作督导调研视频会议。

6月15日，黄炜同志出席2022年中央战略和应急物资储备库存检查视频培训并作动员讲话。

6月18日，按照应急管理部调运指令，国家粮食和物资储备局向广西壮族自治区紧急调运5000顶帐篷、2万床夏凉被（毛巾被）、2万张折叠床、5000套家庭应急包等中央救灾物资，支持广西做好防汛救灾和受灾群众转移安置等保障工作。

6月23日，国家粮食和物资储备局召开领导干部会议，中央组织部副部长曾一春同志到会宣布中央关于丛亮同志任国家粮食和物资储备局党组书记的决定并提出要求，国家发展和改革委员会党组书记、主任何立峰同志出席会议并讲话，丛亮、黄炜、贾骞同志出席会议，卢景波同志主持会议。

6月23日，国家粮食和物资储备局党组书记丛亮同志主持召开局党组会议，专题深入学习习近平总书记关于粮食和物资储备安全的重要指示批示精神，研究部署当前重点工作。

6月28日，国家粮食和物资储备局举办"光荣在党50年"纪念章颁发系列活动，向局机关满50年党龄的老党员代表颁发"光荣在党50年"纪念章，组织召开"感党恩·话初心"主题座谈会。共有11名老同志荣获"光荣在党50年"纪念章。

七月

7月1日，国家粮食和物资储备局召开夏粮收购工作督导调度视频会议，调度收购最新进展，安排部署下步重点工作。丛亮同志出席会议并讲话，卢景波同志主持会议。会上，河北、江苏、安徽、山东、河南、湖北、江西、四川等8省粮食和物资储备局（粮食局）有关负责同志介绍了当地夏粮收购最新进展情况。

7月4日，丛亮同志到局科学研究院调研，听取工作汇报，深入院属科技企业、粮油质量检验测试中心实地调研，了解科技改革和企业创新等情况。

7月4日，丛亮同志主持召开粮食购销领域腐败问题专项整治工作专班会议，卢景波、黄炜同志出席。

7月5日，丛亮同志到中储粮集团公司调研，就共同做好保障国家粮食安全工作座谈交流。

7月12日，黄炜同志赴河北保定参加清苑国家粮食储备库管理权移交协议签字仪式。

7月14日至15日，丛亮同志带队赴河北省石家庄、邢台等地，督导调研夏粮收购工作。

7月19日，中央第八巡视组向国家粮食和物资储备局党组反馈巡视情况，组长杨鑫分别向丛亮同志和局党组领导班子反馈了巡视情况，丛亮同志主持向领导班子反馈会议并就做好巡视整改工作讲话，卢景波、黄炜、贾骞同志出席向领导班子反馈会议。

7月21日，国家粮食和物资储备局召开粮食购销领域监管信息化建设推进会，贾骞同志出席会议并讲话。天津、浙江、安徽、福建、山东等省（市）粮食和物资储备局作了交流发言。

7月22日，丛亮同志以"深入领会贯彻习近平经济思想走好践行'两个维护'第一方阵扛稳保障国家粮食和物资储备安全重任"为

题，为全系统党员干部讲专题党课，卢景波、黄炜、贾骞同志出席。

7月25日，丛亮同志主持召开国家粮食和物资储备局安全生产领导小组全体会议，卢景波、黄炜、贾骞同志出席。

7月28日，丛亮同志走访慰问驻局武警官兵，在"八一"建军节来临之际，向驻局武警官兵致以节日问候，感谢驻局武警官兵一直以来对粮食和储备工作的大力支持。

7月28日，丛亮同志走访看望离退休老领导，介绍粮食和储备改革发展有关情况，认真听取老领导对粮食和储备工作的意见建议，向老领导长期以来为粮食和储备事业做出的突出贡献表示衷心感谢。

八月

8月2日，全国粮食和物资储备工作半年会议在京召开。会议以习近平新时代中国特色社会主义思想为指导，认真传达贯彻党中央、国务院关于2022年上半年经济形势和做好下半年经济工作的重要部署，以及国家发展和改革委员会形势通报会精神，总结工作，分析形势，部署下半年粮食和物资储备工作。国家发展和改革委员会党组成员，国家粮食和物资储备局党组书记、局长丛亮讲话；党组成员、副局长卢景波主持会议并传达党中央、国务院有关部署要求；党组成员、副局长黄炜、贾骞，总工程师翟江临，督查专员颜波、李成毅出席会议。北京市、江苏省、黑龙江省、山东省粮食和物资储备局，甘肃、湖南、宁夏、安徽垂管局作了交流发言。

8月15日，国家粮食和物资储备局组织开展2022年新入库夏粮视频抽查工作，丛亮同志全程指导工作并作总结讲话，卢景波同志主持。

8月19日，按照国家防总办公室、应急管理部调运指令，国家粮食和物资储备局紧急调运中央防汛抗旱物资，分别支持新疆抗洪抢险、重庆抗旱减灾工作。其中，向新疆调运5万平方米覆膜编织布、50万条编织袋、3000件救生衣、1000个折叠式金属网箱等中央防汛物资；向重庆调运130台（套）汽油发电机、100台（套）柴油发电机组、170台（套）抽水泵、60台（套）喷灌机组等中央抗旱装备。

8月24日，丛亮同志赴中粮集团调研，与中粮集团主要负责同志就共同做好保障国家粮食安全工作座谈交流。

8月26日，国家粮食和物资储备局党组与驻委纪检监察组进行2022年上半年全面从严治党专题会商，丛亮同志主持会议，卢景波、黄炜、贾骞同志出席。

九月

9月3日，丛亮同志到北京市出席2022年中国国际服务贸易交易会粮食现代供应链发展及投资国际论坛并致辞。

9月6日，2022年"全国食品安全宣传周·粮食质量安全宣传日"主场活动在北京举行。国家发展和改革委员会党组成员，国家粮食和物资储备局党组书记、局长丛亮出席活动并讲话，局党组成员、副局长黄炜，总工程师翟江临，督查专员颜波、李成毅出席活动。国家市场监督管理总局有关负责同志应邀出席活动。活动现场发布了粮食标准质量管理相关政策文件和标准，以及首批"粮油国际标准研究中心"名单。

9月7日，国家粮食和物资储备局召开青年干部座谈会。丛亮同志主持座谈会并讲话，黄炜同志出席。青年干部代表围绕落实中央巡视整改要求、推动粮食和物资储备事业高质量发展作了交流发言。

9月15日，国家粮食和物资储备局召开全国秋粮收购工作会议，分析研判收购形势，安排部署收购工作。丛亮同志出席会议并讲话，贾骞同志主持会议，翟江临、颜波、李成毅同志出席会议。中央农办、国家发展改革委、财政部、交通运输部、农业农村部、人民银行、市场监管总局、银保监会、国铁集团、农发行有关负责同志出席会议。会上，吉林、黑龙江、安徽、河南、湖南、四川等省粮食和物资储备局以及中储粮集团公司、中粮集团作了交流发言。

9月23日，国家粮食和物资储备局召开粮食收购贷款信用保证基金经验交流视频会议，总结交流基金组建运行经验成效，研究完善政策措施，支持企业有钱收粮，确保不出现农民"卖粮难"，促进秋粮收购顺利进行，服务保障国家粮食安全。贾骞同志出席会议并讲话。

9月27日，国家粮食和物资储备局召开全国粮食和物资储备系统安全生产视频会议。会议认真传达学习贯彻习近平总书记重要指示精神，按照李克强总理批示要求，落实全国安全生产电视电话会议安排，通报安全生产工作情况，压紧压实安全责任，部署安全生产重点工作，为党的二十大胜利召开营造良好的安全环境。国家发展和改革委员会党组成员，国家粮食和物资储备局党组书记、局长丛亮出席会议并讲话；局党组成员、副局长黄炜主持会议；局党组成员、副局长贾骞，局总工程师翟江临，局督查专员颜波、李成毅出席会议。会上，黑龙江、山东省粮食和物资储备局，国家粮食和物资储备局河北局、山西局作了交流发言。

9月29日，丛亮同志带队赴北京市调研粮油市场供应工作。

十月

10月16日至22日，丛亮同志参加中国共产党第二十次全国代表大会。

10月19日，国家粮食和物资储备局召开基层党组织建设质量提升推进会暨党务干部培训会。会议公布了被命名表彰的中央和国家机关"四强"党支部、国家发展和改革委员会"四强"党支部名单。黄炜同志出席会议并讲话。

10月22日，新华社发布中国共产党第二十届中央委员会候补委员名单。丛亮同志当选中国共产党第二十届中央委员会候补委员。

10月24日，国家粮食和物资储备局党组召开会议，深入学习领会党的二十大精神，传达学习习近平总书记在党的二十届一中全会上的重要讲话精神，研究部署全局全系统学习宣传和贯彻落实工作。国家发展和改革委员会党组成员，国家粮食和物资储备局党组书记、局

长丛亮主持会议并领学。国家粮食和物资储备局党组成员出席会议，局总工程师、督查专员，各司局单位主要负责同志，驻委纪检监察组有关负责同志列席会议。

十一月

11月11日，国家粮食和物资储备局举行学习贯彻党的二十大精神宣讲会暨专题党课，国家发展和改革委员会党组成员，国家粮食和物资储备局党组书记、局长丛亮以"深入学习贯彻党的二十大精神不断开创粮食和物资储备工作新局面"为题，为全局全系统党员干部作专题宣讲。局党组成员、副局长黄炜主持会议，局党组成员、副局长贾骞，总工程师翟江临，督查专员颜波、李成毅出席。驻委纪检监察组有关负责同志应邀出席。

11月12日，丛亮同志参加杂交水稻援外与世界粮食安全国际论坛。

11月17日，国家粮食和物资储备局邀请第十三届全国人大常委、农业与农村委员会主任委员、国家粮食安全政策专家咨询委员会顾问陈锡文以"深入贯彻落实党的二十大精神全方位夯实粮食安全根基"为题，为全系统广大党员干部作辅导报告。国家发展和改革委员会党组成员，国家粮食和物资储备局党组书记、局长丛亮主持报告会；局党组成员、副局长黄炜、贾骞、刘小南，督查专员颜波、李成毅出席。

十二月

12月1日，国家粮食和物资储备局召开

垂管局粮食流通行政执法工作交流会，交流先进典型经验，全面分析监管形势，安排部署今后一个时期的粮食流通执法督查重点工作。丛亮同志出席会议并讲话，卢景波同志主持会议，刘小南同志参加会议。湖南省监察委员会委员刘晓红同志介绍了湖南省纪委监委推动根治粮食购销领域腐败问题专项整治、深入查处涉粮腐败案件的做法和经验，湖南、山西、安徽、甘肃、上海等 5 个垂管局主要负责同志作经验交流发言。

12 月 13 日，丛亮同志主持召开粮食和物资储备工作视频座谈会，黄炜、刘小南同志出席。

12 月 27 日至 28 日，按照国家粮食和物资储备局党组部署，刘小南同志赴安徽省阜南县调研定点帮扶工作。

撰稿单位：国家粮食和物资储备局办公室（外事司）

撰稿人：薄传敏、张宇阳、司南、李冬良、罗乐添、王家民、李明建

审稿人：方进、李涛

二 2022/2023 年度国际粮油市场回顾

根据联合国粮农组织 2023 年 2 月数据，预计 2022/2023 年度全球谷物产量 27.65 亿吨，同比减少 4752 万吨和 1.7%。玉米、高粱等粗粮作物减产，是影响谷物产量下降的主要原因，大米产量同比小幅下降，但小麦产量小幅增加。预计全球谷物消费量 27.79 亿吨，同比减少 1899 万吨和 0.7%，玉米和大米消费同比减少，小麦消费略增。预计谷物贸易量 4.74 亿吨，同比减少 822 万吨和 1.7%，其中，大米和高粱贸易量同比下降，玉米持平，小麦略增。预计全球谷物期末库存 8.44 亿吨，同比减少 1028 万吨和 1.2%。2022/2023 年度全球谷物库存消费比为 29.5%，低于 2021/2022 年度的 30.8%，但总体仍反映出较为宽松的供应

形势。

（一）小麦

预计 2022/2023 年度全球小麦产量 7.94 亿吨，同比增加 1569 万吨和 2.0%，创历史新高。俄罗斯小麦面积增长，创历史新高，叠加产区良好的天气条件，共同推动该国小麦产量达到创纪录水平；加拿大小麦面积增加，单产从 2021 年因干旱下降的基础上恢复，产量同比增加；澳大利亚小麦连续 3 年丰收，产量同比增加；哈萨克斯坦产区天气较好，产量增加；乌克兰受地缘冲突影响，小麦产量大幅下降；印度产区高温干旱，产量下降。

预计全球小麦消费量 7.78 亿吨，同比增

加 462 万吨和 0.6%。食用消费刚性增长，欧盟玉米供应趋紧且价格上涨，导致饲用需求转向小麦。中国饲料粮供应提高，小麦饲用消费同比减少。

预计小麦贸易量 1.97 亿吨，同比增加 158 万吨和 0.8%。其中，俄罗斯供应充足、价格竞争力较强，出口增加；加拿大出口增长；阿根廷、印度尤其是乌克兰的小麦出口同比下降；中国、伊朗和哈萨克斯坦进口量同比减少。欧盟进口量明显增加（主要是自乌克兰进口较多）。

预计全球小麦期末库存 3.05 亿吨，同比增加 1169 万吨和 4.0%，其中俄罗斯、澳大利亚库存增加较多，美国、欧盟和乌克兰库存下降。

2022 年国际市场小麦价格略涨，但波动剧烈。芝加哥期货市场小麦价格全年涨幅

4%，振幅（全年低点至高点，下同）达到 85%。1—3 月上旬小麦价格上涨。俄乌地缘政治冲突暴发，黑海粮食出口中断。俄乌两国均是全球主要的小麦出口国，市场担心小麦贸易将受到较大影响，价格快速上涨。3 月中旬—6 月中旬小麦价格高位振荡。乌克兰黑海粮食出口继续中断，俄罗斯受西方国家制裁，中东、北非等粮食进口国进口小麦意愿增强，并在俄乌两国之外寻求小麦替代货源，但主流分析机构仍担心其他国家供应无法填补俄乌两国留下的贸易缺口。6 月下旬—12 月底小麦价格高位回落。北半球冬小麦收获上市，北美春小麦作物状况改善，俄罗斯、加拿大和澳大利亚等主产国小麦丰收。在联合国等相关方面斡旋下，黑海粮食出口协议签署，乌克兰黑海粮食出口恢复，俄罗斯小麦出口增长，小麦贸易失衡局面改善。

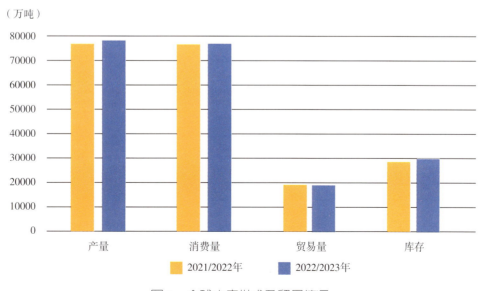

图 1　全球小麦供求及贸易情况

（二）玉米

预计全球粗粮产量 14.59 亿吨，同比减少 4938 万吨和 3.3％。其中，玉米产量 11.56 亿吨，同比减少 5580 万吨和 4.6％。美国玉米播种面积下降，产量减少；乌克兰收获面积及单产双双下降，产量同比显著降低；欧盟产区严重干旱，单产大幅降低，产量下降；巴西玉米播种面积增加，且产区天气条件较好，产量明显增加。此外，美国高粱面积减少，产区干旱，产量大幅降低。

预计全球粗粮消费量 14.82 亿吨，同比减少 2179 万吨和 1.5％。其中，玉米消费量 11.84 亿吨，同比减少 1460 万吨和 1.2％。

预计全球粗粮贸易量 2.23 亿吨，同比减少 718 万吨和 3.1％。中国高粱进口减少，美国出口下降。玉米贸易量 1.82 亿吨，同比持平。美国、乌克兰玉米出口减少，巴西出口增加，欧盟为弥补其产量下降缺口，进口玉米增加。

预计全球粗粮库存 3.47 亿吨，同比减少 1753 万吨和 4.8％，是 2014/2015 年度以来最低水平。玉米期末库存 2.84 亿吨，同比减少 2210 万吨和 7.2％。美国、欧盟和乌克兰玉米库存同比下降，巴西库存增加。

2022 年国际市场玉米价格振荡上涨，波动较为剧烈。芝加哥期货市场玉米价格全年涨幅 15％，振幅达到 46％。总体看，国际市场玉米价格运行分为 2 个阶段：1—4 月底价格明显上涨。俄乌地缘政治冲突对价格形成明显拉动。乌克兰是全球第四大玉米出口国，约占全球出口量的 14％，其黑海粮食出口中断对全球玉米贸易形成冲击。俄罗斯是全球主要的化肥出口国，市场担心西方制裁可能导致俄罗斯化肥出口量下降，对玉米生产形成不利影响。

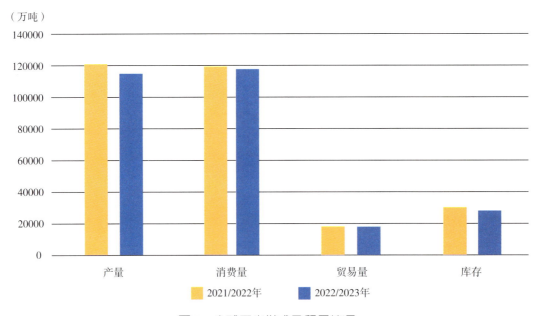

（万吨）

图 2　全球玉米供求及贸易情况

5月上旬—12月底价格走低。主要原因，巴西玉米产量明显增长，出口大幅增加，部分填补了乌克兰玉米出口下降形成的供应缺口。8月份，乌克兰黑海粮食出口恢复，全球玉米贸易前景改善。此外，美联储持续加息，市场担心全球经济衰退，大宗商品价格回落。

（三）大米

预计2022/2023年度全球大米产量5.12亿吨，比上年度历史峰值减少1283万吨和2.6%。中国稻米播种面积低于粮农组织预期，尤其是在东北部产区，而中国南方地区干旱天气拉低了单产水平。印度稻米主产区季风降雨量低于往年平均水平，产量下降。越南、泰国产量同比变化不大。

预计全球大米消费量5.20亿吨，同比减少182万吨和0.4%。大米饲用及工业消费同比减少，食用消费则与人口增长率大致保持同步。

预计大米贸易量5283万吨，同比减少263万吨和4.7%。印度政府为保障国内供应，出台大米出口限制政策，出口略降。泰国大米出口增加。

预计全球大米期末库存1.92亿吨，同比减少444万吨和2.3%，是历史第三高。印度、泰国和越南等主要出口国库存下降。

2022年国际市场大米价格波动上涨，泰国大米价格全年涨幅20%，越南大米全年涨幅15%。大米价格上涨的主要原因：一是全球大米减产。其中，头号大米出口国印度稻米产区降雨偏少，大米产量下降，印度政府出台出口限制措施，对全球大米贸易形成影响。二是中东和南亚地区进口需求增长，伊拉克、伊朗、孟加拉国和印尼阶段性进口需求增加，对泰国和越南大米需求上升。三是越南与欧盟签订了自由贸易协定，对欧盟大米出口加快；巴

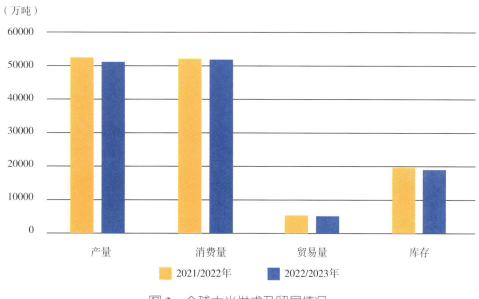

图3　全球大米供求及贸易情况

西政府下调大米进口税率，以减少因新冠疫情以及乌克兰危机造成的通胀影响；菲律宾政府将削减大米进口关税政策延长至 2022 年底。据泰国商务部称，2022 年泰国出口大米 769 万吨，同比增长 22.1%，超过 750 万吨的最初目标。据越南政府部门统计，2022 年越南大米出口约 710 万吨，同比增长 13.8%，其中部分大米销往日本和欧盟等要求严格的市场。越南食品协会称，越南大米出口具有明显优势。

（四）大豆

预计 2022/2023 年度全球大豆产量 3.87 亿吨，同比增加 2940 万吨和 8.2%。其中，巴西大豆播种面积增加，产区天气总体较好，产量增加；中国大豆播种面积显著增长，产量增加。美国和阿根廷产区天气条件偏差，产量下降。

预计全球大豆消费量 3.77 亿吨，同比增加 840 万吨和 2.3%。美国生物柴油需求旺盛，对大豆压榨业形成拉动；巴西大豆压榨业利润较好，其国内消费量增加。

预计全球大豆贸易量 1.66 亿吨，同比增加 1130 万吨和 7.3%。其中，巴西大豆出口增长明显，但美国大豆受到其国内供应偏紧及南美竞争加剧的影响，出口减少。

预计全球大豆期末库存 4860 万吨，同比增加 800 万吨和 19.7%。其中，巴西库存增加，美国库存下降。

2022 年国际市场大豆价格振荡上涨，波动较为剧烈。芝加哥期货市场大豆价格全年涨幅 12%，振幅 35%。总体看，国际市场大豆价格运行分为 2 个阶段：1—6 月上旬价格明显上涨。受拉尼娜天气影响，一季度美国农业部等多家机构连续下调巴西、阿根廷和巴拉圭等

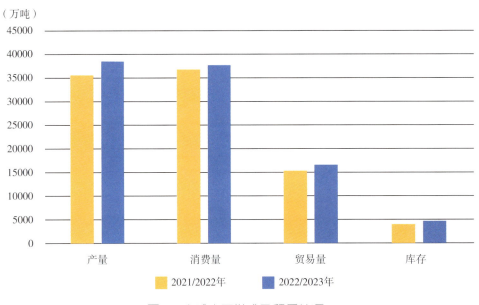

图 4　全球大豆供求及贸易情况

南美国家大豆产量预测。俄乌地缘政治冲突造成乌克兰葵花油出口受阻，印尼出台棕榈油出口限制措施，阿根廷政府暂停豆油和豆粕出口登记，上述情况拉动国际市场植物油及大豆价格上涨。6月中旬—12月底价格走低。美联储持续加息，市场对宏观因素的担忧情绪升温，资金从大宗商品市场撤离。美元指数走高，美国大豆出口竞争优势弱于南美，出口市场份额下降。

撰稿单位：国家粮油信息中心

撰稿人：李云峰

审稿人：刘冬竹

三 联合国粮农组织（FAO）2023/2024 年度全球粮食形势展望

联合国粮农组织（Food and Agriculture Organization of the United Nations，以下简称 FAO）于 2023 年 6 月发布了最新全球粮食展望报告。

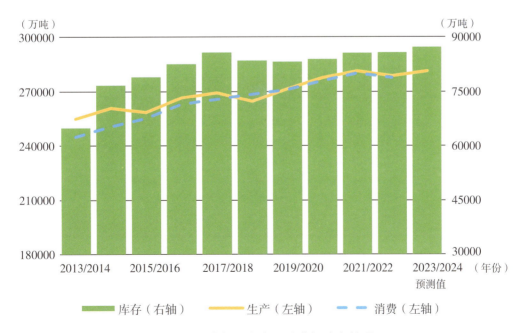

图 5 全球谷物生产、消费与库存情况

FAO 初步预测，2023 年全球谷物产量或将增长 1.0%，达到 28.13 亿吨（其中稻米以碾米计）。预计增产最多的品种是玉米，其次是稻米和高粱。但小麦和大麦的产量预计将低于 2022 年的水平，部分抵消了上述品种的增长。

2023/2024 年度全球谷物消费量预计约达 28.03 亿吨，较上年增长 0.9%，几乎完全源于粗粮消费量的增长。全球谷物消费增长的主要原因是以玉米为主的饲料用粮的增长，其次是以小麦和稻米为主的食用消费增长。工业用粮仅小幅增长，品种主要集中在玉米、稻米和大麦。

全球谷物库存或比期初水平增长 1.7%，达创纪录的 8.73 亿吨。在主要谷物中，预计库存增幅最大的为玉米，其次是稻米和大麦，而小麦和高粱的库存或低于期初水平。按照目前对全球谷物消费量和库存的预测，全球谷物库存消费比预计小幅下降，从 2022/2023 年度的 30.6% 降至 2023/2024 年度的 30.4%。

全球谷物贸易量预计与上年度持平，达到 4.72 亿吨。小麦贸易量的下降预计抵消粗粮和稻米的贸易增量。2023 年 5 月，粮农组织谷物价格指数平均为 129.7，比 2022 年的最高点低 43.9（25.3%），主要由于小麦和粗粮的国际价格急剧下降；然而，稻米价格则高于上年。尽管粮农组织谷物价格指数跌破了 2022 年 5 月的历史最高水平，但 2023 年 5 月的谷物价格指数仍比过去五年同期的平均值高 8.8（7.1%）。

表 1　全球谷物供需概况

	2021/2022 年度	2022/2023 年度估计值	2023/2024 年度预测值	2023/2024 年度较 2022/2023 年度变化
	万吨			%
全球情况				
生产	281340	278650	281310	1.0
贸易	48280	47160	47160	0.0
总消费	280170	277760	280380	0.9
食用	117430	118500	119320	0.7
饲用	105430	102930	104470	1.5
其他用途	57300	56340	56590	0.4
期末库存	85680	85820	87300	1.7
供需指标				
人均食用消费：				
全球（公斤 / 年）	148.5	148.6	148.3	-0.2
低收入缺粮国家(公斤 / 年)	151.6	151.5	150.8	-0.5
全球库存消费比（%）	30.8	30.6	30.4	
主要出口国库存消费（%）	19.2	20.5	20.9	
FAO 谷物价格指数（2014—2016=100）	2021 年	2022 年	2023 年 1—5 月	2023 年 1—5 月较 2022 年 1—5 月变化
	131	155	140	-25

（一）小麦

2022/2023 年度，全球小麦产量、库存和贸易均创下历史新高，预计 2023/2024 年度全球小麦市场将略微收紧，但供应仍将保持充足。2023 年小麦总产量预计为 7.77 亿吨，较 2022 年的历史最高水平下降 3.0%。主要是由于去年产量均创历史新高的俄罗斯和澳大利亚预计减产，且包括乌克兰和哈萨克斯坦在内的其他几个小麦主产国均将小幅减产。

2023/2024 年度全球小麦总消费量预计将稳定在 7.8 亿吨左右，较上年度仅增长 0.1%。小麦食用消费量预计增加 0.7%，而饲用和其他用途消费量预计分别下降 1.3% 和 1.4%。

预计 2024 年末全球小麦库存比期初的创纪录水平下降 0.7%，达到 3.08 亿吨。主要原因是俄罗斯小麦库存下降，其次是美国和哈萨克斯坦的库存均小幅下降。而中国和印度的小麦库存预计增加，部分抵消了上述国家的库存降幅。

预计 2023/2024 年度（7 月 /6 月）全球小麦贸易量（含面粉折算小麦）或下降 3.0%，达到 1.94 亿吨。主要原因是中国和欧盟减少了小麦进口，而澳大利亚和乌克兰的出口量也将下降，其降幅将超过阿根廷和欧盟出口增量。

表 2　全球小麦市场概况

	2021/2022 年度	2022/2023 年度估计值	2023/2024 年度预测值	2023/2024 年度较 2022/2023 年度变化
	万吨			%
全球情况				
生产	77770	80090	77670	-3.0
贸易	19590	19960	19370	-3.0
总消费	77460	77970	78030	0.1
食用	52400	53070	53500	0.8
饲用	14770	15120	15300	1.2
其他用途	8990	9270	9170	-1.1
期末库存	29510	31070	30850	-0.7
供需指标				
人均食用消费：				
全球（公斤 / 年）	67.1	67.1	67.0	-0.1
低收入缺粮国家（公斤 / 年）	39.2	38.8	38.7	-0.3
全球库存消费比（%）	37.8	39.8	38.9	
主要出口国库存消费比（%）	16.0	19.1	17.7	
FAO 小麦价格指数（2014—2016=100）	2021 年	2022 年	2023 年 1—5 月	2023 年 1—5 月较 2022 年 1—5 月变化
	132	165	138	-32

1. 小麦价格

由于俄乌战争造成乌克兰小麦出口中断，2022 年 5 月，国际小麦价格飙升至接近历史最高水平。此后，国际小麦价格已出现全面回落。2022 年 7 月，《黑海谷物倡议》的实施，允许乌克兰从其黑海港口出口谷物，减少了乌克兰小麦出口的不确定性，改善了全球市场的供应前景。2023 年初以来，充足的供应和出口商之间的激烈竞争，包括俄罗斯和澳大利亚特别强劲的出口量，使得国际小麦价格持续下降，2023 年 5 月国际小麦价格较上年同期下降了 35%。虽然小麦价格仍然高企——2023 年 5 月的价格比过去五年平均值高出 4%——但预计 2023/2024 年度全球小麦供应充足，国际小麦市场也将持续疲软态势。

同样，芝加哥期货交易所（CBOT）近期交割小麦期货价格自 2022 年中期以来一直处于下跌态势，2023 年 5 月达到了自 2020 年 12 月以来的最低水平，反映出由于供应充足、贸易中断较少以及出口商之间竞争激烈，市场整体基调较为疲软。9 月交割的芝加哥期货交易所软红冬麦期货价格也呈总体下降趋势，5 月平均价格为 234 美元 / 吨，相较今年年初下降 16%，比 2022 年 5 月下降 45%。

2. 小麦生产

FAO 预测 2023 年全球小麦产量将达 7.77 亿吨，相较 2022 年的历史高点下降 3.0%，但仍为有记录以来的第三大年度产量。

在北美地区，美国相当大比例的冬小麦种植区遭遇持续干旱。尽管小麦播种量有所回升，且小麦价格上涨势头强劲，但大面积干旱降低了小麦产量预期，预计美国小麦总产量为 4520 万吨，与 2022 年的产量持平。有关人士担心加拿大西部的小麦主产区会出现干旱天气，目前加拿大官方预测 2023 年加拿大小麦产量将比过去五年的平均水平高出 12%，达到 3430 万吨，主要原因是小麦价格看涨，春季小麦播种量有望扩大 7%。

在欧洲地区，大部分欧盟地区的天气状况总体上对冬小麦作物有利，但西班牙和葡萄牙除外，上述两国遭遇长期降雨不足和高温天气，预计导致小麦减产。由于欧盟大部分地区的天气状况良好，预计 2023 年欧盟小麦总产量增加 4%，达到 1.388 亿吨。俄罗斯继 2022 年该国小麦产量攀上历史高点之后，2023 年小麦总产量预计降至约 8300 万吨，反映出由于 2022 年末俄罗斯遭遇过度潮湿天气以及作物价格走低，使得小麦种植面积缩减。在乌克兰，受俄乌战争影响，该国小麦种植面积大幅减少，尽管有利的天气条件对小麦产量产生了积极影响，但预计该国 2023 年小麦产量将远远低于过去五年的平均水平。在英国，继 2022 年该国小麦水平达至高点后，2023 年该国小麦产量预计略降至 1440 万吨，主要原因是该国小麦单产下降将抵消种植面积的扩大。

在亚洲地区，尽管不合时宜的降雨以及高温天气限制了印度的小麦产量，并引发了对该国小麦质量的担忧，但得益于该国小麦播种面积创历史新高，预计印度小麦产量前景较为乐观。2023 年，印度小麦产量预计为 1.1 亿吨，比过去五年的平均水平高出约 700 万吨。在巴基斯坦，尽管早些时候有人士担忧 2022 年的洪水将导致小麦的生产要素投入和种植面积减少，但巴基斯坦 2022 年小麦种植面积仍接近平均水平，该国天气条件也大多有利于小麦种植，该国小麦产量预期提升至 2680 万吨，高于平均水平。在中国（大陆），尽管小麦种植投入成本攀升，但小麦种植的经济收益前景良好，2023 年小麦种植面积预计与上年持平。加上该国整个冬季有利的土壤水分条件，预计 2023 年中国小麦产量小幅攀升至 1.385 亿吨。土耳其自 3 月以来的丰沛降雨，缓解了该国早先的土壤水分不足问题，2023 年小麦产量前景将好于预期，达到 1880 万吨，略低于过去五年的平均水平。

在北非地区，除了埃及利用灌溉种植小麦外，该区域其他国家的小麦种植普遍受到大范围降雨不足的影响，预计小麦产量会受到严重影响。因此，预计 2023 年北非地区的小麦收成将连续第二年低于平均水平。受影响最小的国家是摩洛哥，主要原因是该国小麦播种量的增加，预计将支持该国小麦产量回升至 370 万吨，但干旱天气或会使其产量比平均水平低 35%。在阿尔及利亚和突尼斯，两国小麦种植土壤水分严重不足，严重阻碍了其产量潜力，两国小麦产量远远低于过去五年的平均水平。

2023 年南半球小麦种植正在进行。澳大利亚继连续两年丰产后，预计 2023 年小麦产量或下降约 1000 万吨，主要原因是 2023 年下半年厄尔尼诺事件将导致该国降水不足，播种面积可能减少。南美地区在经历 2022 年的干旱天气之后，阿根廷的小麦产量预计将出现强劲反弹。主要原因是阿根廷将出现更为有利的降雨天气，且在小麦生产者价格利好的支撑下，小麦播种面积将扩大。

3. 小麦贸易

FAO 预计 2023/2024 年度（7 月 /6 月）全球小麦贸易量将达到 1.94 亿吨，相比上年度的历史最高水平下降 3.0%。下降的主要原因是，与 2022/2023 年度中国（大陆）和欧盟创纪录的采购量相比，预计上述地区的进口量将出现减少。

在亚洲地区，2023/2024 年度小麦进口总量将连续第二个季度出现下降，至 1.01 亿吨，比 2022/2023 年度下降 5.7%。中国（大陆）小麦进口量预计将下降 450 万吨，主要原因是该国国内小麦产量略有增加，且小麦饲料用量减少。此外，由于结转库存相对较高，国内供应充足，预计伊朗和土耳其的小麦进口量也会减少。

在欧洲地区，2023/2024 年度该地区小麦进口量预计同比下降近 27%，主要原因是欧盟国家小麦进口量大幅下降。2022/2023 年度欧盟国家小麦的高进口量，主要原因是欧盟通过"团结通道"加大了进口乌克兰小麦。而受俄乌战争影响，预计欧盟小麦产量将会增加，而乌克兰小麦产量将会减少，2023/2024 年度欧盟小麦进口量预计将下降多达 40%，降至 630 万吨。

在拉丁美洲和加勒比海地区，2023/2024 年度该地区小麦进口量预计为近 2300 万吨，同比持平。巴西仍将是该地区最大的小麦进口国，由于该国小麦产量下降，预计巴西小麦进口量将略增至 580 万吨。包括厄瓜多尔、智利、墨西哥和秘鲁在内的该地区其他主要进口国，小麦进口量预计将保持在上个年度的各自水平附近。

在非洲地区，该地区小麦进口总量预计将增加 5.4% 达 5480 万吨。为满足其国内小麦需求并维持库存水平，预计埃及小麦进口增幅最大。2022/2023 年度埃及小麦进口量减少，主要原因是当时埃及货币贬值以及该国承担的高额债务，在国际小麦价格居高不下的情况下，其进口小麦变得十分困难。对国际小麦价格下跌的预期或支持埃及 2023/2024 年度小麦进口量反弹至 1200 万吨，使该国重新成为全球第一大小麦进口国。同样，尼日利亚小麦进口量在上一年度出现下降后，本年度可能会出现反弹。阿尔及利亚预计也会增加进口小麦，以弥补该国预期产量的下降，而埃塞俄比亚和苏丹的小麦进口量预计会略微增加，以满足其国内需求。

出口方面，主要出口国 2023/2024 年度的趋势各不相同。在经历了两个创纪录的出口年度之后，澳大利亚小麦出口量预计在 2023/2024 年度将下降 28%，主要原因是预计该国小麦产量下降，导致其供应收紧。受俄乌战争的持续影响，预计 2023/2024 年度乌克兰小麦出口量将连续第二个年度下降 32%。虽然 2022 年 7 月实施的《黑海谷物倡议》，允许乌克兰从其黑海港口装运小麦，但物流方面存在的一些挑战阻碍了小麦装运的速度。除检查方面造成的延误外，《黑海谷物倡议》延期存在的不确定性也影响了乌克兰小麦运输的速度。预计乌克兰小麦产量也会同比下降，

其可出口小麦的盈余也会相应减少。受美国国内小麦供应紧张以及小麦价格缺乏竞争力的影响，预计美国小麦出口将下降 5%，达到 1971/1972 年以来的最低水平。虽然俄罗斯小麦出口量可能比上一年度略有下降，但预计仍将保持强劲，达 4500 万吨，并保持该国作为全球主要小麦出口国的地位。

相比之下，在预期产量反弹的支持下，2023/2024 年度阿根廷小麦出口量将大幅回升，预计增长量将超过 2022/2023 年度下降量的两倍以上。预计欧盟 2023/2024 年度小麦出口量也将增长 9%，主要原因是具有竞争力的国际小麦价格、欧盟充足的小麦供应以及来自乌克兰的小麦出口竞争减少，以满足非洲的强劲需求。欧盟对非洲小麦出口也具有地理上的优势。受到充足的小麦可出口盈余的支持，预计加拿大小麦出口量也将小幅攀升。在 2022/2023 年度小麦出口达到创纪录水平后，哈萨克斯坦 2023/2024 年度小麦出口量可能会继续保持稳定。

4. 小麦消费

2023/2024 年度全球小麦消费量预计为 7.8 亿吨，仅比 2022/2023 年度估计值高出 0.1%，略低于过去十年的趋势（0.7%）。全球小麦食用消费量预计将增加 0.7%，达近 5.39 亿吨，占小麦消费量的 69%。在该水平上，全球人均小麦消费量将几乎稳定在每年 67.0 公斤左右。

相比之下，预计 2023/2024 年度全球小麦饲料消费量将下降 1.3%，达 1.51 亿吨。预计中国（大陆）和印度小麦饲料消费量降幅最

大，主要原因是相对于其他饲料谷物而言，全球小麦价格过高会减少上述两国的小麦饲料消费量。预计欧盟2023/2024年度小麦饲料消费量将保持在2022/2023年度水平附近，主要原因是欧盟内部小麦供应充足且该区域对小麦饲料需求陷入停滞。

其他类型消费量（包括工业用量、种子用量、产后损失量）2023/2024年度预计同比下降1.4%，达到9000万吨。主要原因是印度工业用小麦消费量由于国内价格上涨将下降。

5. 小麦库存

FAO预测全球小麦库存较期初的创纪录水平收缩0.7%，到2024年期末降至3.08亿吨。

预计全球小麦库存同比减少的主要原因是俄罗斯库存将大幅下降。受俄罗斯小麦减产预期，以及俄罗斯小麦出口量连续两个年度创下新高影响，预计俄罗斯小麦库存将下降24%。此外，预计美国小麦库存也会减少。受美国小麦收成连续低于平均水平的影响，其小麦库存将达到16年来的最低水平。哈萨克斯坦小麦库存也会减少，主要原因是预计该国小麦产量会出现下降。

由于预期产量增加，中国（大陆）和印度小麦库存将超过期初水平，从而抵消了全球小麦库存的一些下降。2023/2024年度印度官方收购目标为3415万吨，这也表明印度官方小麦库存预计将比上一年度增加。

基于目前预测水平，2023/2024年度全球小麦库存消费比将达38.9%，低于2022/2023年度39.8%的历史最高水平，但仍然是1982/1983年度以来的第三高水平。主要小麦出口国期末库存消耗比（消耗量为国内消费量与出口量之和）被认为是衡量全球小麦供应量的合适指标，预计从2022/2023年度的19.1%下降至2023/2024年度的17.7%。除阿根廷和加拿大的结转量将略有增加外，所有其他主要出口国的小麦库存在2023/2024年度都将出现下降，特别是俄罗斯。

（二）粗粮

预计2023年全球粗粮产量将在2022年减少的基础上增长3.0%，达15.13亿吨。主要原因是全球玉米预期增产以及全球高粱预期小幅增长。大部分预期增长集中在美国、巴西和欧盟。

预计2023/2024年度全球粗粮贸易量将达2.21亿吨，比2022/2023年度估计值增长1.4%，主要原因是预计高粱贸易增长以及玉米贸易小幅增长将推升全球粗粮贸易量。上述增长的原因是预计中国（大陆）将增加对所有主要粗粮的进口，以及一些国家（主要是亚洲国家）的玉米进口量预计会从上一年度减少中出现反弹。在出口方面，预计美国高粱和玉米出口量会出现反弹，出口量增加，而巴西玉米出口量预计会有小幅增长，这也有助于扩大全球粗粮贸易量。

在较高供应量及较低价格的支撑下，预计2023/2024年度全球粗粮消费量将扩大1.7%。粗粮饲料消费量将强劲复苏，同时工业粗粮消费和食品粗粮消费也会增长。巴西、中国（大陆）和美国对粗粮饲料，主要是对玉米的强劲需求，是全球粗粮饲料消费量预计增长 2.6% 的主要驱动力，而巴西和美国使用玉米生产乙醇的用量增加，是全球工业粗粮消费量预计增长 1.0% 的主要原因。

预计到 2024 年期末，全球粗粮库存将达 3.66 亿吨，比 2022/2023 年度增长 3.9%。预计玉米库存增加，主要集中在美国，占预计玉米库存增加的大部分，大麦库存相比之下预计增加较少。作为 2023/2024 年度供应前景普遍改善的一个迹象，主要出口商的库存消耗比（国内消费量与出口量之和）预计将从 2022/2023 年度的 13.0% 增至 2023/2024 年度的 14.5%。

表 3　全球粗粮供需概况

	2021/2022 年度	2022/2023 年度估计值	2023/2024 年度预测值	2023/2024 年度较2022/2023 年度变化
	万吨			%
全球情况				
生产	150970	146880	151300	3.0
贸易	23090	21840	22140	1.4
总消费	150440	147820	150330	1.7
食用	22440	22780	22950	0.8
饲用	87820	85530	87520	2.3
其他用途	40170	39510	39860	0.9
期末库存	36480	35260	36620	3.9
供需指标				
人均食用消费：				
全球（公斤/年）	28.4	28.6	28.5	-0.3
低收入缺粮国家（公斤/年）	60.9	61.5	61.0	-0.8
全球库存消费比（%）	24.7	23.5	23.6	
主要出口国库存消费比（%）	13.0	13.0	14.4	
FAO 粗粮价格指数（2014—2016=100）	2021 年	2022 年	2023 年 1—5 月	2023 年 1—5 月较2022 年 1—5 月变化
	145	169	154	-0.2

1. 粗粮价格

受俄乌战争影响，粗粮国际价格在 2022 年达到历史最高水平后，目前已降至 2021 年俄乌战争前水平。随着 2022 年 7 月《黑海谷物倡议》（BSGI）后乌克兰的黑海港口重新开放，粗粮国际价格迅速下降，除去《黑海谷物倡议》延期不确定性造成的短暂周期性上涨，粗粮国际价格在 2022 年剩余时间内基本保持稳定。2023 年，粗粮国际价格再次走低，在 2023 年 1 至 5 月期间下降了 9%，主要原因是南美地区开始玉米收割，季节性供应量增加，巴西玉米收成预计将创下纪录，美国玉米产量预计也会增加，这表明 2023/2024 年全球粗粮供应可能恢复。到 2023 年 5 月，粗粮国际价格同比下降了 28%。

受到巴西和美国玉米丰收预期的支撑，预

计 2023/2024 年度粗粮出口供应将出现改善。巴西和美国玉米丰收预期近期也对期货价格构成了压力。芝加哥期货交易所（CBOT）将于 2023 年 12 月（美国当年新上市玉米的基准交割月）交割的玉米期货，5 月份平均价格为每吨 206 美元，相比 2023 年 1 月下跌 12%。然而，玉米期货的高波动性表明，在整体前景疲软的同时，市场的脆弱性也在加剧。

2. 粗粮生产

FAO 初步预测 2023 年全球粗粮产量将达 15.13 亿吨，同比增长 3%，主要原因是预计玉米产量回升。

预计 2023 年全球玉米产量为 12.12 亿吨，同比增长 4.2%，与 2021 年的创纪录产量持平。全球玉米增产主要集中在北美地区，预计美国 2023 年玉米产量将创下纪录，达 3.878 亿吨，同比增长 11.2%。增长的主要原因是，在投入品价格放宽、产量和利润前景看好的情况下，预计美国玉米播种量将大幅扩大。在加拿大，主要是受种植面积回落的影响，预计该国 2023 年玉米产量将降至 1390 万吨，接近过去五年平均水平。

在欧洲地区，受俄乌战争影响，包括对整个行业的重大财政限制以及严重的物流中断，预计 2023 年欧洲地区玉米种植面积将进一步大幅削减。由于产量也可能下降，反映出投入品使用有限，预计欧洲地区玉米产量将远远低于过去五年平均水平。在俄罗斯，预计该国玉米种植面积会有小幅回升，推动该国 2023 年玉米增产，预计产量略高于过去五年平均水平。在欧盟，2023 年欧盟玉米产量预测为

6460 万吨，相较去年的减产，大幅增加 24%，但仍低于平均水平。预测欧盟玉米产量可能反弹，主要原因得益于近期的丰沛降雨。尽管大雨也推迟了玉米播种，并可能限制玉米种植面积。

在南美洲地区，预计巴西 2023 年玉米产量将打破近年记录，达到历史最高水平的 1.26 亿吨。主要原因是巴西国内以及国际需求旺盛，推动了玉米价格上涨从而令种植面积增加。尽管前期第一种植季（小季）期间的炎热和干燥天气造成了一些困扰，但巴西玉米产量预计也会高于平均水平。相比之下，预计阿根廷玉米产量将在 2023 年大幅下降至 4100 万吨，大大低于过去五年平均水平，主要原因是恶劣的干旱天气条件。

在非洲地区，东非和西非已经开始播种 2023 年玉米，而南非正在收割玉米。预计非洲大陆主要生产国南非的玉米产量达 1650 万吨，为历史第三高的水平，略高于去年产量。主要原因是产量前景看好，预计这将抵消 2022 年南非国内由于供应充足和投入品成本高导致玉米种植量减少的影响。在邻近的南部非洲国家，包括气旋和降雨不足在内的恶劣天气限制了玉米生产前景；然而，继 2022 年干旱之后，一些国家仍有可能在 2023 年实现玉米收成上升。

在亚洲地区，预计中国（大陆）2023 年玉米产量为 2.81 亿吨，高于平均水平，呈逐年温和增长态势。预计亚洲大多数其他主要生产国玉米产量将适度增长。

预计 2023 年全球高粱产量为 6020 万吨，

同比增长 6.3%。主要原因是美国高粱产量预计增长。2022 年干旱天气给美国高粱生产造成影响后，预计 2023 年产量有所恢复。

预计 2023 年全球大麦产量将下降 4.3%，达 1.459 亿吨。主要原因是澳大利亚和俄罗斯两个主要生产国的产量在 2022 年达到高点后预计下降。澳大利亚的预期产量下降可能特别明显，主要原因是厄尔尼诺天气现象即将重现，预计澳大利亚会遭遇降雨短缺。预计土耳其大麦产量也将大幅下降，2022 年土耳其大麦产量远高于平均水平，预计 2023 年将出现回落。

3. 粗粮贸易

FAO 对 2023/2024 年度（7 月 /6 月）全球粗粮贸易量的首次预测为 2.21 亿吨，比 2022/2023 年度增长 1.4%。预计全球高粱贸易量将大幅上升，玉米贸易量将略有上升，大麦贸易量将几乎与上年度持平。

预计 2023/2024 年度全球高粱贸易量将增长 31%，达到 950 万吨。美国出口量将反弹回升，原因是预期产量将从上年度的低水平中恢复。在进口方面，预计中国（大陆）将增加采购量以满足饲料需求，实现贸易增长预期。

预计 2023/2024 年度（7 月 /6 月）全球玉米贸易量为 1.79 亿吨，比 2022/2023 年度增长 0.5%。在亚洲地区，玉米饲料需求增加，加之国际价格相对国内较低，预计中国（大陆）的玉米进口量将增加 11% 至 2000 万吨。由于玉米的国际价格下降，伊朗、日本、韩国和泰国的进口量都将从 2022/2023 年度的下降趋势中反弹。另外，预计土耳其进口量将上升，以

弥补国内产量下降。因此，预计 2023/2024 年度亚洲玉米进口总量将增加 7%，达到 9500 万吨。非洲玉米进口量预计增加 5% 至 2000 万吨，主要原因是埃及进口量从 2022/2023 年度的低位反弹回升。预计拉丁美洲和加勒比地区的玉米进口总量也将增加 3%，原因是墨西哥（该地区最大进口国）进口量将增加，以应对减产预期和 2022/2023 年度的低结转库存。由于玉米产量前景乐观，预计欧盟将减少进口量，导致欧洲进口量预计比 2022/2023 年度下降 26%，部分抵消了其他国家增加的进口量。

主要玉米出口国的前景各不相同。预计美国出口增幅最大，原因是国内产量增加，或将推动出口量上升 13% 达 5300 万吨。自 2022/2023 年度被巴西取代后，美国可能重新成为全球最大的玉米出口国。受创纪录的产量支撑，预计巴西出口量也将于 2023/2024 年度增长 3%，达到 5000 万吨，为连续第二年创纪录。因阿根廷的减产前景，其 2023/2024 年度出口量将降至 2850 万吨，同比下降 3%。预计乌克兰出口量也将于 2023/2024 年度下降 10%，跌至 2300 万吨，反映了战争对出口物流和国内产量的重大影响。

根据对 2022/2023 年度贸易量的预测，FAO 预计 2023/2024 年大麦（不包括麦芽）的全球贸易量为 2900 万吨。饲料需求强劲将推动 2023/2024 年度中国（大陆）进口量增加 200 万吨。由于采购量全年上涨，且预期产量增加，欧盟的大麦供应充足，将减少进口、增加出口。而澳大利亚的减产预期将使其出口量收缩。

4. 粗粮消费

预计2023/2024年度全球粗粮消费量将达到15.03亿吨，同比增长1.7%，但仍略低于2021/2022年度。回升的主要原因是粗粮饲料消费量预计增长2.3%达8.75亿吨。增量以玉米为主，预计玉米饲料消费量将以2.6%的增幅超过2022/2023年度的水平，达到7.11亿吨。去年美国国内供应紧张、价格高企，使其玉米饲料消费量大幅下降，但预计2023/2024年度美国玉米饲料消费量将强劲反弹（上升7%），原因是产量增加和价格下降。中国（大陆）的玉米比其他谷物价格低，尤其是进口玉米比国内玉米的价格低，使其玉米饲料消费量上升3%。在国内供应充足和畜牧业强劲需求的支持下，预计巴西玉米饲料消费量将大幅增长（上升7%），而欧盟预计将有小幅增长（上升2%）。

预计2023/2024年度全球粗粮食用消费量同比增长0.8%，达到2.3亿吨。根据当前预测水平，粗粮食用消费量约占总消费量的15%。玉米食用消费量占比最大，预计2023/2024年度将增长0.8%达1.49亿吨，其中非洲和亚洲的增量最大，而中美洲和加勒比地区的人均消费量仍将最高。大麦食用消费量预计也将增长1.2%至800万吨，其中印度的增量最大。高粱食用消费量预计将增长0.6%，达到3000万吨，原因是预计几个非洲国家和欧盟的消费量将增加。

5. 粗粮库存

经过2022/2023年度的库存缩减后，预计2023/2024年度全球粗粮库存将从期初水平回升3.9%，达到2024年期末的3.66亿吨。考虑到全球库存和消费量的预期增长，预计2023/2024年度粗粮库存消费比与2022/2023年度持平，仅略微增加（0.1%），从23.5%增至23.6%。主要出口国期末库存消耗比（消耗量为国内消费量与出口量之和）预计将从2022/2023年度的13.0%上升到2023/2024年度的14.5%，表明全球可用的粗粮库存有所增加。然而，该增量主要反映了美国的库存增量（增加2090万吨）。

预计几乎所有全球粗粮库存增量都将来自玉米库存增量，而全球玉米库存预计比期初水平增长4.6%达3.02亿吨，部分抵消了上个年度的降幅。经过连续三年的玉米库存下降，预计2023/2024年度美国玉米库存将因产量增加而增长57%，达到5600万吨，占全球玉米库存增量的大头。国内增产前景也将推动巴西、欧盟、俄罗斯、塞尔维亚与黑山国的玉米库存增加。这些增量预计将抵消阿根廷、中国（大陆）和乌克兰的库存减量。

预计2023/2024年度全球大麦库存也将增加，从期初水平增长3.4%至3500万吨。其中，最大的大麦库存增量来自欧盟，原因是2023/2024年度欧盟大麦产量略有增加，而消费量下降，且2022/2023年度和2023/2024年度的进口量较大。预计哈萨克斯坦和美国的大麦库存增量相对较小。全球高粱库存可能下降4.4%，降至650万吨。预计大部分下降将发生在产不足需的欧盟以及国内产量下降的苏丹。

（三）稻米

受生产者价格普遍上升、化肥成本下降以及政府持续采取援助措施的激励，预计2023/2024年度全球稻米产量将增长1.3%，达到5.235亿吨（以碾米计）。尽管天气不确定性增加可能导致亚洲产量低于往年，但预计除拉丁美洲、加勒比地区和大洋洲外，所有地区的产量都将高于2022/2023年度。

受出口供应量下降和总体进口成本上升的影响，2023年全球稻米贸易量在连续三年的增长后预计将下降4.3%，达到5360万吨。尽管为了控制通胀压力，各地（尤其是亚洲）进口量都相对充裕，但预计除拉丁美洲和加勒比地区外，所有地区的进口量都将低于2022年水平。出口方面，预计印度出口量将出现最大

降幅；巴基斯坦出口量将大幅收缩；阿根廷、巴西、俄罗斯和美国也将减少出口。

2023/2024年度全球稻米消费量预计将稳定在5.201亿吨左右，原因是稻米饲用消费量继续减少，食用消费量增加。由于同期消费量将低于产量，预计2023/2024年度期末全球稻米库存量将比期初增长1.8%，达到1.983亿吨。预计出口国将加快此趋势发展，进口国库存也将增加。

2022年国际稻米价格持续上涨，2023年仍保持上升趋势，原因是受到亚洲强劲采购需求和部分出口国2022/2023年度生产中断的影响。此上升趋势已反映在FAO全米价格指数上——2023年5月该指数为127.8点，达到自2011年10月以来的最高点。

表4 全球稻米供需概况

	2021/2022年度	2022/2023年度估计值	2023/2024年度预测值	2023/2024年度较2022/2023年度变化
	万吨（以碾米计）			%
全球情况				
生产	52600	51690	52350	1.3
贸易	5600	5360	5660	5.5
总消费	52270	51980	52010	0.1
食用	41910	42230	42480	0.6
期末库存	19700	19480	19830	1.8
供需指标				
人均食用消费：				
全球（公斤/年）	53.0	53.0	52.8	-0.3
低收入缺粮国家（公斤/年）	51.5	51.1	51.1	0.1
全球库存消费比（%）	37.9	37.5	37.8	
主要出口国库存消费比（%）	28.7	29.5	30.6	
FAO谷物价格指数（2014—2016=100）	2021年	2022年	2023年1—5月	2023年1—5月较2022年1—5月变化
	106	109	125	19.7

1. 稻米价格

2022 年国际稻米价格持续上涨，2023 年仍保持上升趋势并反映在 FAO 全米价格指数上，该指数自 2022 年期末到 2023 年 5 月上涨 7.5%达 127.8 点，达到自 2011 年 10 月以来的最高点。籼稻和香米价格上涨最为显著，报价自 2023 年期初分别上涨 9.5%和 7.0%。价格上涨受供需两方面的影响。需求方面，亚洲强劲的采购需求推动价格上涨，原因是各国政府希望控制国内价格、恢复国内库存。巴基斯坦临近小麦收获季节，当地对稻米的需求也很强劲。同时，由于 2022/2023 年度的恶劣天气和生产成本大幅上涨导致生产中断，几大主要出口国的出口供应量出现收缩。尽管印度的主要作物产量下降，但政府在当地持续进行大量采购，并对籼稻白米实行 20%的出口税，有利于稻米报价维稳。近期，对厄尔尼诺现象可能影响产量的担忧或将加剧价格上涨。然而，其他稻米品种价格未能如此坚挺。自 2023 年 1 月达到创纪录的名义价格高点后，粳稻价格下跌了 7.5%，原因是采购意愿低迷、越南新稻收割到货以及美国加利福尼亚州中粒米产量回升。在需求（尤其中国需求）疲软的影响下，糯米价格也自 2022 年期末下跌了 4.8%。

2. 稻米生产

受到生产者价格普遍上升、化肥成本下降以及政府持续采取援助措施的激励，预计 2023/2024 年度全球稻米产量将达 5.235 亿吨（以碾米计），较 2022/2023 年度小幅增长 1.3%。

亚洲地区是世界稻米粮仓，全球稻米产量前景极易受到亚洲预期发展的影响。预计 2023/2024 年度亚洲稻米总产量将达到 4.715 亿吨，较 2022/2023 年度增长 1.0%，但仍稍逊于 2021/2022 年度的创纪录高点。收获季节较早的地区，稻米产量已有所提高，其中孟加拉国和印度尼西亚扩大了播种面积，斯里兰卡改善了尿素供应和使用情况。因此，柬埔寨、老挝、缅甸和泰国的产量预期也有所升高。然而，赤道沿线和南半球的次要作物种植以及北半球的主要作物播种过程中仍存在许多不确定因素。这些不确定因素主要与天气条件有关，如北半球夏季可能出现厄尔尼诺现象，且该现象可能与南亚和东南亚部分地区降雨减少有关。而在印度，充沛的季风前降雨确保了主要水库的水量普遍高于平均水平，并且预测显示印度洋偶极子现象将同时出现，带来季风利好表现，从而缓解厄尔尼诺现象造成的预期产量下降，因此印度有望复制 2022/2023 年度的创纪录高产量。相比去年的高温热浪，气温恢复正常可能会促进中国（大陆）恢复产量，但由于政府坚持提高油籽产量，竞争作物的种植或将限制稻米增产速度。尽管巴基斯坦可能因电力和燃料价格高而难以全面扩大种植面积，斯里兰卡也可能因连续几年减少使用钾肥和磷肥而难以增产，但经过上年度的生产低迷，预计巴基斯坦和斯里兰卡的产量将得以恢复。然而，阿富汗、伊拉克、伊朗和土耳其的生产前景不佳，这些地区或将因灌溉水供应紧张而减产；由于价格走势不理想，韩国和日本可能会减少种植面积；尼泊尔的生产前景也不容乐观，原因是德赖平原部分地区可能会降雨不足，影响产量预期。

非洲的生产前景十分乐观，预计2023/2024年度总产量将增长5.3%，达到创纪录的2580万吨，主要原因是埃及、加纳、马达加斯加、马里、尼日利亚、塞内加尔和塞拉利昂预计将增产。但前提是该地区北半球夏季气候正常，从而减少洪灾损失（例如去年在乍得、马里、尼日利亚等地区发生的洪灾），也让农民能够对稻米价格上涨做出正确反应并扩大种植面积。部分国家的政府可能会提供额外支持，通常是以自给自足计划支持生产者使用投入品并扩大灌溉覆盖范围。然而，埃及政府坚持限制种植面积以保护水资源，加之竞争作物（包括玉米）价格与稻米一样具有吸引力，导致埃及稻米的生产前景艰难。在萨赫勒地区，稻米生产前景很大程度上取决于当前的安全形势以及农民是否能够获取田地、生产投入品和市场。这对马里而言尤为重要，因为该国重要的中部产区由于安全问题，连续两个年度产量低于正常水平。在非洲东部地区，增产预期更为低迷，该地区已连续三个年度受到拉尼娜现象（现已消失）影响，降雨不足导致减产。坦桑尼亚也因此减产，但自3月以来降雨有所改善，因此有望从2022/2023年度的减产中陆续恢复。

预计2023/2024年度拉丁美洲和加勒比地区将连续第二年减产，产量同比下降2.2%至1770万吨。主要原因是本年度农作物生长期将持续受拉尼娜现象影响，导致阿根廷和巴西遭受干旱，从而导致两国种植面积减小、产量降低。对于即将或正在种植2023/2024年度主要作物的中美洲和加勒比地区生产者而言，

2023/2024年度可能出现的厄尔尼诺现象及其引起的降雨减少也将影响生产前景。由于进口竞争和持续的高生产成本，在降雨不稳定、盈利受限的情况下，该地区只有几个国家有可能在2023/2024年度实现产量增长，包括玻利维亚、智利、圭亚那、尼加拉瓜，尤其是哥伦比亚和巴拉圭。尽管在巴拉圭播种有所延误，但由于水资源更为丰富、价格走势良好，预计该国的产量较2022/2023年度受干旱影响期间将增长37.6%，达到83万吨，而哥伦比亚的产量预计将在价格推动下增长6.9%，达到190万吨。

在北美地区，预计2023/2024年度美国稻米产量将同比增长20.2%，达到610万吨。由于长粒品种的利润增加，农民倾向重新选择种植长粒品种。同时，加利福尼亚州的干旱情况有所缓解，预计粳稻种植面积将回升至接近2021/2022年的水平。在欧洲，预计俄罗斯稻米产量将同比增长15.9%，达到70万吨。去年一座重要的灌溉水坝坍塌，导致该国主要种植区遭受巨大损失，预计今年相关损失将减少。然而，意大利和西班牙作为欧盟最大的稻米生产国，在播种前期遭遇持续干旱，导致灌溉用水供应极度受限。这妨碍了农民对高稻米价格做出正确反应，相应扩大种植面积。预计这将使欧盟的稻米产量在2022/2023年度已经减产的基础上再次下降1.8%，降至120万吨。澳大利亚作为大洋洲最大的稻米生产国，拥有充足的灌溉水资源和良好的利润前景，为本年度带来了乐观的预期。然而，播种期内过早降雨让农民难以全面实现种植计划，并导致部分

种植区错过了最佳播种时机。因此，尽管澳大利亚的稻米产量仍将可能比 2020/2021 年度因干旱而减产的产量高出近 10 倍，但预计产量仍同比下降 27.8%，降至 33.3 万吨。

3. 稻米贸易

预计 2023 年（1 月至 12 月）全球稻米贸易将出现四年来的首次下滑，从 2022 年创纪录的 5600 万吨降至 5360 万吨。亚洲作为全球稻米贸易的主要目的地，预计将承担近一半的贸易量，约 2560 万吨，较 2022 年高点减少 4.7%。其中，中国（大陆）预计将大幅减少采购量，预计将减少 110 万吨，降至 500 万吨，主要原因是全碎米供应减少导致价格上涨，进口碎米用于饲料对中国的吸引力减弱。越南的进口预计也将因类似情况下降。预计菲律宾将因充足的本地供应而减少进口需求，而孟加拉国和斯里兰卡的进口预计将受到货币贬值的影响。另一方面，面对国内稻米价格上涨或通货膨胀压力，一些国家将继续通过减免关税或组织官方采购来促进外国稻米流入，因此或有助于使 2023 年亚洲进口总量保持充足。其中最突出的是印度尼西亚，预计其稻米进口量将达到五年来的最高点。同时土耳其、孟加拉国、伊拉克和伊朗也有望继续维持较高的稻米进口量。

国内稻米价格上涨，加之不利天气引发生产中断，一些非洲国家政府（如几内亚比绍、肯尼亚和坦桑尼亚）采取了有助于扩大进口的措施。预计利比里亚、毛里塔尼亚和尼日利亚也将为满足需求增加进口。然而，国际价格上涨、本国货币贬值和进口融资成本上升可能导

致埃及、埃塞俄比亚、加纳和塞拉利昂的全碎米进口贸易中断，也可能导致对塞内加尔的供应减少。因此，综合考虑，预计 2023 年非洲稻米总供应量将同比下降 5.3%，降至 1770 万吨。

预计只有拉丁美洲和加勒比地区将在 2023 年增加进口量。欧盟和美国的进口预计下降，同时加利福尼亚州中粒米产量预期的反弹也将进一步减少美国进口量，因此碎米采购量预期将减少。委内瑞拉的国内稻米供应充足，海地存在安全和货币疲软问题，导致两国可能减少进口。但是巴西、墨西哥、巴拿马和秘鲁可能需要增加进口以弥补产量缺口，或将抵消部分进口下降预期。

出口方面，预计供应短缺和产量下降将会影响阿根廷、巴西、俄罗斯、美国等出口国 2023 年的稻米出口。特别是巴基斯坦，由于国内需求旺盛和宏观经济管控，其可能会进一步减少出口。缅甸的出口增长也将受限于宏观经济管控，原因是去年开始政府对出口收入转换为缅甸元的要求较严。印度于 2022 年 9 月禁止全碎米出口，退出碎米出口市场，该举措或将导致其稻米出口量降低 7.9%，降至 2040 万吨，低于 2022 年的峰值。尽管如此，印度的出口量仍然远高于 2021 年之前的水平，因为在本地供应充足的情况下，印度的非全碎米出口价格具有较大竞争力，而且目前印度政府已批准放宽去年出台的碎米出口禁令和出口税等政策要求。2023 年，预计澳大利亚、柬埔寨、圭亚那、泰国和越南将凭借充足的供应增加出口，或者与巴拉圭和乌拉圭一样保持出口

总体高位。

4. 稻米消费

初步预测显示，2023/2024 年度全球稻米消费量增长将放缓，以动物饲料消费量为代表的非食用消费量下降或将大幅度抵消食用消费量增长。预计全球稻米消费量将保持在 5.201 亿吨(以碾米计)，仅比 2022/2023 年度高出 0.1％。虽然稻米饲用消费量在稻米总消费量中占比较小，但 2020/2021 年度至 2021/2022 年度期间，由于稻米（特别是全碎米）供给充足且具有较高价格吸引力，稻米饲用消费量成为推动稻米总消费量增长的重要因素。但在 2022/2023 年度形势逆转，碎米出口供应收紧和国际粮价下降，导致稻米饲用消费量下降。若无意外，2023/2024 年度稻米饲用消费量预计将持续走低，导致稻米非食用消费量总体下降 2.2％，降至 9520 万吨。稻米食用消费量的前景较乐观，原因是本年度稻米供应总体充裕，各国国内稻米价格有望下降，食用消费量将随着大多数地区的人口增长而上升，乃至高于人口预计增长。预计 2023/2024 年度全球稻米食用消费量将同比增长 0.6％，达到 4.248 亿吨。然而，由于全球稻米消费大部分将发生于 2023 年末和 2024 年，消费增量将取决于届时的经济环境和政府政策。自新冠疫情暴发以来一些国家（尤其是亚洲国家）实施了公共补贴粮食分配计划，去年国际粮价走高，政府进一步扩大了补贴计划，但随着通胀压力减轻、经济增长前景改善，各国将逐步减小补贴力度。同时，拉丁美洲和加勒比地区供应将越来越紧张，可能导致全球人均食用消费量从 2022/2023 年度的

53.0 公斤略降至 2023/2024 年度的 52.8 公斤。

5. 稻米库存

FAO 预计 2023/2024 年度全球稻米产量将超过预计的消费量。因此，2023/2024 年度期末全球稻米库存预计将增长 1.8％，达到 1.983 亿吨，创历史新高，预计足以满足 4.5 个月的全球消费需求。

预计稻米出口国将推动稻米结转库存回升，使得出口国的总储备量同比增长 3.2％，达到 6670 万吨的历史高峰。其中，印度将是主要贡献者，预计其稻米丰收和《国家粮食安全法》规定之外的稻米补贴分配逐渐减少，将使其库存同比增长 4.0％，达到 4450 万吨。巴基斯坦和美国也有望因恢复产量而重建稻米储备，泰国预计将再次增加库存，而越南的库存变化预计不大。澳大利亚、柬埔寨、缅甸和乌拉圭可能需要动用库存以满足预期的消费和出口需求。巴西预计将因干旱而大幅减少库存，阿根廷的库存也将因干旱保持较低水平。因此，2023/2024 年度五个主要出口国的库存消耗比可能从 2022/2023 年度的 29.5％增至 30.6％。

预计稻米进口国的库存也将适度增加 1.1％至 1.316 亿吨。虽然前几年中国（大陆）和印度尼西亚的稻米库存一路走低，但 2023/2024 年度这两国的稻米结转库存预计将有所增加。中国（大陆）的库存增长将受预期产量增长降速的影响而放缓；印度尼西亚将增加进口和国内采购以扩大库存；伊拉克、韩国、马来西亚、尼泊尔、尼日利亚和菲律宾有望实现期末库存上升；孟加拉国、日本和斯里

兰卡的库存可能会下降。

（四）油料油脂

预计 2022/2023 年全球油籽产量将实现回升，主要原因是大豆和油菜籽的预期产量增幅将超过葵花籽和其他油籽预期产量的降幅。虽然阿根廷的大豆产量将因恶劣天气而大幅下降，但巴西大豆的丰收仍有望促进全球大豆产量恢复。同时，全球油菜籽产量预计将创历史新高，原因是澳大利亚、加拿大和欧盟的油菜籽产量有所增加。但俄乌冲突导致乌克兰葵花籽大幅减产，因此全球葵花籽产量可能会

下降。

预计全球饼粕产量将增加，但由于中国养殖业饼粕饲料需求长期疲软，饼粕消费将继续放缓。全球油粕产量预计将超过消费量，结转库存即将回升。同时，全球油脂产量预计扩大，原因是全球棕榈油产量稳步增加。经过连续两个年度的停滞，全球植物油消费量预计将有所增加，主要原因是亚洲植物油食用消费量将上升，生物燃料行业以植物油为原料的需求也将增加。由于全球油脂产量预计略高于消费量，全球油脂结转库存将小幅增加。随着进口需求复苏和全球产量提升，预计油粕和植物油

表5　全球油料供需概况

	2020/2021 年度	2021/2022 年度估计值	2022/2023 年度预测值	2022/2023 年度较2021/2022 年度变化
		万吨		%
油料合计				
产量	62410	61730	63840	3.4
油脂				
产量	24320	24670	25340	2.7
供给	27830	27890	28590	2.5
消费	24690	24500	25240	3.0
贸易	13360	12680	13720	8.2
全球库存消费比（%）	13.0	13.3	13.5	
主要出口国库存消耗比（%）	9.7	10.2	9.8	
饼粕				
生产	16140	15850	16390	3.4
供给	19190	18730	18930	1.1
消费	16030	16070	16210	0.9
贸易	10310	10140	10610	4.7
全球库存消费比（%）	18.0	15.8	16.0	
主要出口国库存消耗比（%）	10.0	9.2	8.3	
FAO 谷物价格指数（1—12 月）（2014—2016=100）	2021 年	2022 年	2023 年 1—5 月	2023 年 1—5 月较2022 年 1—5 月变化
油籽	139	158	134	-21.7
饼粕	116	133	133	-3.0
植物油	165	188	131	-40.6

的国际贸易量均将反弹回升。

FAO 初步预测，2023/2024 年度全球油料作物总产量将继续增加。目前国际油籽价格持续高于近期平均水平，可能会促进种植面积继续扩大，若无灾害天气，则将迎来增产。预计全球油脂消费量将适度增长，且油脂产量应能满足植物油和油粕的预期消费需求，因此油脂库存预计会进一步增加。

1. 油料油脂价格

自 2022 年初达到历史最高后，全球油料及衍生产品在接下来的数月中一路走低，主要原因是全球产量提升及需求抑制。2023 年 5 月，FAO 发布的油籽、油粕和植物油价格指数分别比上年度同期水平下降了 33.2%、10.0% 和 48.2%。

油籽价格指数下降的主要原因是大豆、油菜籽和葵花籽报价降低。国际大豆价格从 2022 年年中的高点大幅下跌，并于低位挣扎至 2023 年初。下跌的主要原因是美国产量增加和全球进口需求疲软，其次是阿根廷政府推出了两轮"大豆美元"计划，以优惠汇率鼓励农户加快销售大豆。2023 年 3 月以来，全球大豆价格进一步下跌，原因是巴西大豆历史性丰收抵消了阿根廷大豆的减产。2022 年 5 月以来，国际油菜籽价格曲线呈下降趋势，主要原因是澳大利亚、加拿大和欧盟的丰收使得全球供应充足。国际葵花籽价格同样走低，原因是俄罗斯喜获丰收，抵消了因俄乌冲突导致的乌克兰大幅减产。

2022 年下半年从连年高位跌落后，全球油粕价格于 2023 年初强劲反弹，与一路下行

的油籽价格形成鲜明对比。反弹的主要原因是全球最大豆粕出口国阿根廷的豆粕产量和出口供应量大幅下降。然而，由于养殖业（尤其在中国）利薄，全球蛋白质饲料需求持续疲软，近几个月全球豆粕价格有所下降。

自 2022 年 3 月达到历史高点以来，FAO 植物油价格指数持续下探。全球棕榈油价格显著下降，原因一是印度尼西亚放宽出口限制，导致出口量增加，二是进口成本大幅提升导致全球需求下降。全球供应充足推动全球菜籽油和葵花籽油价格下降，而《黑海谷物倡议》使乌克兰能够恢复其大部分葵花籽油的海运出口，进一步压低了葵花籽油价格。尽管美国生物燃料需求仍然强劲，但是大豆价格相对其他油品不具竞争力，导致全球大豆进口需求疲软，因此全球大豆油价格呈下跌趋势。全球植物油价格也因石油原油价格下跌面临下行压力。

2. 油料生产

经过 2021/2022 年度的小幅下降，预计 2022/2023 年度全球油料总产量将回升到创纪录的 6.384 亿吨。主要原因是大豆和油菜籽的增产预期将超过葵花籽和其他油料的产量降幅。

预计 2022/2023 年度全球大豆产量将回升至 2020/2021 年度最高点，达到 3.712 亿吨，主要原因是南半球大豆产量预计将实现复苏，但该地区主要生产国的生产形势各异。巴西和巴拉圭大部分产区的良好生长条件推动了单产提高，预计大豆产量将强劲反弹。然而，阿根廷连续三年受到拉尼娜现象及其引发的严重旱

灾影响，预期产量将跌至近 20 年来的最低水平。在北半球，由于单产下降，美国的大豆产量预计将较上年度创纪录水平略有下降。中国的大豆产量预计将大幅增加，原因是农户积极响应支持政策，不断增加种植面积。印度的大豆播种面积和单产都有所上升，产量将随之增加。

2022/2023 年度全球油菜籽产量预计也将同比上升到 8920 万吨的历史新高。主要原因是加拿大的油菜籽种植面积虽略微下降但单产显著上升，带来产量增加。澳大利亚的产量预计将连续第三个年度显著增长，创历史新高，原因是种植面积持续扩大和生长条件大幅改善。此外，由于种植面积扩大、单产水平提高，中国、欧盟和印度的油菜籽产量预计将进一步增加。

预计全球葵花籽产量将比 2021/2022 年度下降 8%，主要原因是乌克兰将大幅减产。俄乌冲突不仅扰乱了农户的播种计划，还限制了农户获取农业投入品，导致单产预期大幅降低。同时，欧盟的产量也将因种植季节的不利天气条件而下降。然而，预计俄罗斯单产良好，将获丰收。

3. 油脂生产、消费、库存和贸易

预计全球油脂产量将较去年同期增长 2.7%，达到 2.534 亿吨的创纪录高位，主要得益于全球棕榈油产量稳步增长以及其他油脂产量前景良好。其中，棕榈油、大豆油和菜籽油的预计增量将超过葵花籽油、橄榄油和椰子油产量的降幅。

全球油脂供应量（包含 2021/2022 年度的结转库存，为多年来最低水平）预计同比略有回升。巴西、加拿大、印度、印度尼西亚、马来西亚和俄罗斯的产量增加将提升国内供应量。然而，阿根廷、欧盟、乌克兰和美国的产量不足将导致供应量下降。尽管中国的油脂产量有所增加，但由于结转库存大幅下降，国内供应量可能同比下降。

2022/2023 年度全球油脂消费量预计经历连续三年的停滞后将增长 3%。预计棕榈油、大豆油、菜籽油和葵花籽油的消费增长将超过花生油、橄榄油和其他油品的消费下降。

预计亚洲将成为消费增长的主要地区，尤其是中国将引领增长。随着新冠防疫政策放宽和随后的经济复苏，预计中国的植物油消费量将从 2021/2022 年度的低点反弹回升。此外，巴西、欧盟、印度、印度尼西亚和美国的油脂消费量也有望增加，其中部分原因是上年度食用油价格从历史高位回落，刺激消费需求强劲反弹。然而，阿根廷和乌克兰国内产量下降可能导致其油脂消费减少。

除了食用油的消费需求增长，生物燃料行业对植物油的需求也有望扩大。由于加工利润较高、生物燃料产能提升，美国预计将继续扩大使用植物油作为原料的需求。此外，几大主要生产国提高了生物燃料的强制掺混比例。特别是印度尼西亚在 2023 年 2 月将强制掺混比例从 30% 提高到 35%，巴西的掺混比例也在 4 月提高了 2%，达到 12%，并计划到 2026 年将该比例逐步提高至 15%。

由于全球油脂产量预计略超过消费量，因此 2022/2023 年全球油脂期末库存（包括油料

中含有的油脂）预计将适度恢复至 3420 万吨，主要出口国的库存消耗比或略有下降，且这两个指标预计仍将低于过去五年的平均水平。

主要原因是所有主要油脂库存国，包括巴西、加拿大、中国、印度、印度尼西亚、马来西亚和美国，都将增加其库存储备。但阿根廷豆类预期产量大幅下降，预计其库存将减少；而乌克兰可能会释放其冲突期间累积的异常庞大的库存。

2022/2023 年度全球油脂贸易量预计增长约 8%，达到 1.372 亿吨（包括交易油料中所含的油）。预计由于进口成本降低、购买兴趣增加，棕榈油、大豆油、菜籽油和葵花籽油的全球交易量都有望上升。棕榈油仍将保持其主导地位，预计市场份额将维持在 37% 左右，其次是大豆油，约占 30%。

进口方面，由于国内植物油需求恢复以及补充库存的需要，中国植物油采购量将大幅回升。印度预计也将因收入持续增长而稳步扩大进口量。同时，美国也将大幅提高进口量，以满足其扩大生物燃料产能的需求。

出口方面，预计印度尼西亚的植物油出口量将因出口限制放宽而增加，但是该国政策仍强调国内供应充足才能出口。巴西、加拿大和马来西亚的出口量预计也会增长，主要原因是出口供应充足。在《黑海谷物倡议》的推动下，乌克兰的出口预计将扩大，但这取决于该倡议能否再度延期。然而，由于大豆连年减产，阿根廷的出口量将连续第三个年度下降。

4. 饼粕生产、消费、库存和贸易

随着全球油籽产量恢复，预计 2022/2023 年度全球饼粕产量将增长 3.4%，达到 1.639 亿吨（以蛋白质当量表示）。预计豆粕和菜籽粕的产量将增加，而葵花籽粕的产量则有所下降。

全球饼粕供应量（含上年度的期末库存）将略高于上年度同期水平，主要原因是巴西、加拿大、欧盟、印度和俄罗斯的饼粕产量预计将增加。然而，阿根廷的饼粕产量预计将大幅下降，造成该国连续四年供应量下滑。此外，中国和美国的国内供应也可能下降，原因是结转库存和饼粕产量都大幅下降。

预计 2022/2023 年度全球饼粕消费量增长将继续低于平均水平，增长率约为 0.9%，主要原因是养殖业需求持续疲软。占主导地位的豆粕消费量预计将停滞不前，而菜籽粕和葵花籽粕的消费量可能会有适度增长。

中国生猪养殖业长期利薄，影响蛋白粕消费，造成中国预期消费疲软。此外，中国一直在努力减少对进口油籽的依赖，最新的行动计划于四月中旬发布，旨在未来几年内减少国内饲料配方中豆粕的比例。由于成本较上年度降低，预计巴西、欧盟、墨西哥、泰国、美国和越南的油粕消费将扩大。

预计 2022/2023 年度全球饼粕期末库存（包括库存油料中所含的粕）预计同比增长至 2600 万吨（以蛋白质当量表示）。

主要原因是巴西、加拿大和俄罗斯的库存将随国内供应增加而增加。中国因上年度释放了部分国储大豆，本年度预期将补充库存。但

阿根廷和乌克兰的国内产量下降将导致库存大规模减少。

因此，全球豆粕饼粕库存消费比预计小幅回升，而主要出口国的库存消费比将连续第四年下降。

2022/2023 年度豆粕饼粕的贸易量在持续萎缩两年后预计出现反弹，实现 4.7% 的小幅增长。进口增长的主要原因是中国有望为补充库存而将采购量增至 2019/2020 年度的近纪录水平，墨西哥、泰国和越南的进口量预计也将增加，以满足预期上升的国内需求。出口增长的主要原因是巴西、印度和俄罗斯预计因国内供应增加而扩大出口，菜籽产量回升也将促使加拿大的出口大幅增加。

编译单位：国家粮食和物资储备局办公室（外事司）

编译人：胡瑶庆、张怡

审稿人：曹颖君

| 四 | 统计资料 |

表 1　全国主要粮食及油料播种面积（1978—2022 年）

单位：千公顷

年份	粮食	稻谷	小麦	玉米	大豆	油料
1978	120587	34421	29183	19961	7144	6222
1979	119263	33873	29357	20133	7247	7051
1980	117234	33878	28844	20087	7226	7928
1981	114958	33295	28307	19425	8024	9134
1982	113462	33071	27955	18543	8419	9343
1983	114047	33136	29050	18824	7567	8390
1984	112884	33178	29576	18537	7286	8678
1985	108845	32070	29218	17694	7718	11800
1986	110933	32266	29616	19124	8295	11415
1987	111268	32193	28798	20212	8445	11181
1988	110123	31987	28785	19692	8120	10619
1989	112205	32700	29841	20353	8057	10504
1990	113466	33064	30753	21401	7560	10900
1991	112314	32590	30948	21574	7041	11530
1992	110560	32090	30496	21044	7221	11489
1993	110509	30355	30235	20694	9454	11142
1994	109544	30171	28981	21152	9222	12081
1995	110060	30744	28860	22776	8127	13102
1996	112548	31407	29611	24498	7471	12555
1997	112912	31765	30057	23775	8346	12381
1998	113787	31214	29774	25239	8500	12919
1999	113161	31283	28855	25904	7962	13906
2000	108463	29962	26653	23056	9307	15400
2001	106080	28812	24664	24282	9482	14631
2002	103891	28202	23908	24634	8720	14766
2003	99410	26508	21997	24068	9313	14990
2004	101606	28379	21626	25446	9589	14431
2005	104278	28847	22793	26358	9591	14318
2006	104958	28938	23613	28463	9304	11738
2007	105999	28973	23762	30024	8801	12344
2008	107545	29350	23704	30981	9225	13232
2009	110255	29793	24425	32948	9339	13445
2010	111695	30097	24442	34977	8700	13695
2011	112980	30338	24507	36767	8103	13471
2012	114368	30476	24551	39109	7405	13435
2013	115908	30710	24440	41299	7050	13438
2014	117455	30765	24443	42997	7098	13395
2015	118963	30784	24567	44968	6827	13314
2016	119230	30746	24666	44178	7599	13191
2017	117989	30747	24478	42399	8245	13223
2018	117038	30189	24266	42130	8413	12872
2019	116064	29694	23728	41284	9332	12925
2020	116768	30076	23380	41264	9882	13129
2021	117631	29921	23567	43324	8415	13102
2022	118332	29450	23518	43070	10244	13141

注：2007—2017 年粮食及油料数据根据 2016 年第三次农业普查情况做了相应衔接修订。

数据来源：国家统计局统计资料。

表 2　全国主要粮食及油料产量（1978—2022 年）

单位：万吨

年份	粮食	稻谷	小麦	玉米	大豆	油料
1978	30477	13693	5384	5595	757	522
1979	33212	14375	6273	6004	746	644
1980	32056	13991	5521	6260	794	769
1981	32502	14396	5964	5921	933	1021
1982	35450	16160	6847	6056	903	1182
1983	38728	16887	8139	6821	976	1055
1984	40731	17826	8782	7341	970	1191
1985	37911	16857	8581	6383	1050	1578
1986	39151	17222	9004	7086	1161	1474
1987	40473	17442	8777	7982	1218	1528
1988	39408	16911	8543	7735	1165	1320
1989	40755	18013	9081	7893	1023	1295
1990	44624	18933	9823	9682	1100	1613
1991	43529	18381	9595	9877	971	1638
1992	44266	18622	10159	9538	1030	1641
1993	45649	17751	10639	10270	1531	1804
1994	44510	17593	9930	9928	1600	1990
1995	46662	18523	10221	11199	1350	2250
1996	50453	19510	11057	12747	1322	2211
1997	49417	20073	12329	10431	1473	2157
1998	51230	19871	10973	13295	1515	2314
1999	50839	19849	11388	12809	1425	2601
2000	46218	18791	9964	10600	1541	2955
2001	45264	17758	9387	11409	1541	2865
2002	45706	17454	9029	12131	1651	2897
2003	43070	16066	8649	11583	1539	2811
2004	46947	17909	9195	13029	1740	3066
2005	48402	18059	9745	13937	1635	3077
2006	49804	18172	10847	15160	1508	2640
2007	50414	18638	10949	15512	1279	2787
2008	53434	19261	11290	17212	1571	3037
2009	53941	19620	11580	17326	1522	3139
2010	55911	19723	11609	19075	1541	3157
2011	58849	20288	11857	21132	1488	3213
2012	61223	20653	12247	22956	1344	3286
2013	63048	20629	12364	24845	1241	3348
2014	63965	20961	12824	24976	1269	3372
2015	66060	21214	13256	26499	1237	3390
2016	66044	21109	13319	26361	1360	3400
2017	66161	21268	13424	25907	1528	3475
2018	65789	21213	13144	25717	1597	3433
2019	66384	20961	13360	26078	1809	3493
2020	66949	21186	13425	26067	1960	3586
2021	68285	21284	13694	27255	1640	3613
2022	68653	20849	13772	27720	2028	3654

注：2007—2017 年粮食及油料数据根据 2016 年第三次农业普查情况做了相应衔接修订。

数据来源：国家统计局统计资料。

表 3　全国主要粮食及油料单位面积产量（1978—2022 年）

单位：公斤 / 公顷

年份	粮食	稻谷	小麦	玉米	大豆	油料
1978	2527	3978	1845	2803	1059	839
1979	2785	4244	2137	2982	1029	913
1980	2734	4130	1914	3116	1099	970
1981	2827	4324	2107	3048	1162	1117
1982	3124	4886	2449	3266	1073	1265
1983	3396	5096	2802	3623	1290	1257
1984	3608	5373	2969	3960	1331	1372
1985	3483	5256	2937	3607	1361	1338
1986	3529	5338	3040	3705	1400	1291
1987	3637	5418	3048	3949	1443	1366
1988	3579	5287	2968	3928	1434	1243
1989	3632	5508	3043	3878	1269	1233
1990	3933	5726	3194	4524	1455	1480
1991	3876	5640	3100	4578	1379	1421
1992	4004	5803	3331	4533	1427	1428
1993	4131	5848	3519	4963	1619	1619
1994	4063	5831	3426	4693	1735	1647
1995	4240	6025	3541	4917	1661	1718
1996	4483	6212	3734	5203	1770	1761
1997	4377	6319	4102	4387	1765	1742
1998	4502	6366	3685	5268	1783	1791
1999	4493	6345	3947	4945	1789	1871
2000	4261	6272	3738	4597	1656	1919
2001	4267	6163	3806	4698	1625	1958
2002	4399	6189	3777	4924	1893	1962
2003	4332	6061	3932	4813	1653	1875
2004	4620	6311	4252	5120	1815	2125
2005	4642	6260	4275	5287	1705	2149
2006	4745	6280	4593	5326	1621	2249
2007	4756	6433	4608	5167	1454	2258
2008	4969	6563	4763	5556	1703	2295
2009	4892	6585	4741	5258	1630	2335
2010	5006	6553	4750	5454	1771	2305
2011	5209	6687	4838	5748	1836	2385
2012	5353	6777	4989	5870	1814	2446
2013	5440	6717	5059	6016	1760	2491
2014	5446	6813	5246	5809	1787	2517
2015	5553	6891	5396	5893	1811	2546
2016	5539	6866	5400	5967	1789	2578
2017	5607	6917	5484	6110	1854	2628
2018	5621	7027	5417	6104	1898	2667
2019	5720	7059	5630	6317	1939	2702
2020	5734	7044	5742	6317	1983	2732
2021	5805	7113	5811	6291	1948	2758
2022	5802	7080	5856	6436	1980	2781

注：2007—2017 年粮食及油料数据根据 2016 年第三次农业普查情况做了相应衔接修订。

数据来源：国家统计局统计资料。

表 4　全国粮食和油料作物播种面积（2021—2022 年）

单位：千公顷

	2021 年	2022 年	2022 年比 2021 年增加	
			绝对数	％
一、粮食	117630.8	118332.1	701.3	0.6
其中：夏收粮食	26437.9	26530.0	92.1	0.3
（一）谷物	100176.7	99268.8	-907.8	-0.9
1. 稻谷	29921.1	29450.1	-471.0	-1.6
（1）早稻	4734.1	4755.1	21.0	0.4
（2）中稻和一季晚稻	20097.4	19588.7	-508.7	-2.5
（3）双季晚稻	5089.7	5106.4	16.7	0.3
2. 小麦	23567.1	23518.5	-48.6	-0.2
（1）冬小麦	22408.7	22341.3	-67.4	-0.3
（2）春小麦	1158.3	1177.1	18.8	1.6
3. 玉米	43324.2	43070.1	-254.1	-0.6
4. 其它谷物	3364.2	3230.1	-134.1	-4.0
其中：谷子	928.5	839.8	-88.8	-9.6
高粱	713.2	674.5	-38.6	-5.4
大麦	542.0	560.2	18.2	3.4
（二）豆类	10120.7	11877.9	1757.2	17.4
其中：大豆	8415.4	10243.7	1828.3	21.7
绿豆	329.1	273.6	-55.6	-16.9
红小豆	152.5	156.3	3.8	2.5
（三）薯类	7333.4	7185.4	-148.1	-2.0
其中：马铃薯	4632.5	4534.8	-97.7	-2.1
二、油料作物	13102.2	13140.7	38.4	0.3
其中：花生	4805.3	4683.8	-121.5	-2.5
油菜籽	6991.6	7253.5	261.9	3.7
芝麻	285.4	268.8	-16.6	-5.8
胡麻籽	179.1	169.0	-10.1	-5.6
葵花籽	703.6	623.2	-80.4	-11.4

注：大麦面积中包括了青稞，后同。

数据来源：国家统计局统计资料。

表5　全国粮食和油料作物产量（2021—2022年）

单位：万吨

	2021 年	2022 年	2022 年比 2021 年增加	
			绝对数	％
一、粮食	68284.7	68652.8	368.0	0.5
其中：夏收粮食	14595.7	14740.3	144.7	1.0
（一）谷物	63275.7	63324.3	48.7	0.1
1. 稻谷	21284.2	20849.5	-434.8	-2.0
（1）早稻	2801.6	2812.3	10.6	0.4
（2）中稻和一季晚稻	15406.6	14964.3	-442.4	-2.9
（3）双季晚稻	3076.0	3073.0	-3.0	-0.1
2. 小麦	13694.4	13772.3	77.9	0.6
（1）冬小麦	13176.3	13243.3	67.0	0.5
（2）春小麦	518.1	529.0	10.9	2.1
3. 玉米	27255.1	27720.3	465.2	1.7
4. 其它谷物	1041.9	982.2	-59.7	-5.7
其中：谷子	288.6	261.8	-26.8	-9.3
高粱	337.7	309.4	-28.3	-8.4
大麦	213.4	219.2	5.8	2.7
（二）豆类	1965.5	2351.0	385.5	19.6
其中：大豆	1639.5	2028.3	388.8	23.7
绿豆	44.4	38.9	-5.5	-12.3
红小豆	23.2	24.7	1.5	6.3
（三）薯类	3043.5	2977.4	-66.1	2.2
其中：马铃薯	1790.7	1788.3	-2.4	-0.1
二、油料作物	3613.2	3654.2	41.0	1.1
其中：花生	1830.8	1832.9	2.2	0.1
油菜籽	1471.4	1553.1	81.8	5.6
芝麻	45.5	43.5	-2.0	-4.4
胡麻籽	26.3	25.9	-0.4	-1.6
葵花籽	215.4	174.1	-41.3	-19.2

数据来源：国家统计局统计资料。

表 6 全国粮食和油料作物单位面积产量（2021—2022 年）

单位：公斤/公顷

	2021 年	2022 年	2022 年比 2021 年增加	
			绝对数	%
一、粮食	5805.0	5801.7	-3.3	-0.1
其中：夏收粮食	5520.7	5556.1	35.4	0.6
（一）谷物	6316.4	6379.1	62.7	1.0
1. 稻谷	7113.4	7079.6	-33.8	-0.5
（1）早稻	5918.0	5914.3	-3.8	-0.1
（2）中稻和一季晚稻	7666.0	7639.2	-26.8	-0.3
（3）双季晚稻	6043.5	6017.9	-25.6	-0.4
2. 小麦	5810.8	5856.0	45.1	0.8
（1）冬小麦	5880.0	5927.7	47.7	0.8
（2）春小麦	4472.9	4494.2	21.3	0.5
3. 玉米	6290.9	6436.1	145.1	2.3
4. 其它谷物	3097.1	3040.8	-56.3	-1.8
其中：谷子	3108.6	3117.7	9.1	0.3
高粱	4735.5	4586.8	-148.8	-3.1
大麦	3937.7	3912.8	-25.0	-0.6
（二）豆类	1942.1	1979.3	37.3	1.9
其中：大豆	1948.3	1980.1	31.8	1.6
绿豆	1348.4	1422.9	74.5	5.5
红小豆	1523.7	1580.2	56.5	3.7
（三）薯类	4150.2	4143.7	-6.5	-0.2
其中：马铃薯	3865.4	3943.4	78.0	2.0
二、油料作物	2757.7	2780.8	23.2	0.8
其中：花生	3809.9	3913.4	103.4	2.7
油菜籽	2104.5	2141.2	36.8	1.7
芝麻	1595.6	1619.6	24.0	1.5
胡麻籽	1468.1	1530.7	62.6	4.3
葵花籽	3061.3	2794.0	-267.2	-8.7

数据来源：国家统计局统计资料。

表 7　各地区粮食播种面积（2021—2022 年）

单位：千公顷

地区	2021 年	2022 年	2022 年比 2021 年增加	
			绝对数	%
全国总计	117630.8	118332.1	701.3	0.6
东部地区	25089.4	25198.0	108.6	0.4
中部地区	34437.2	34473.8	36.6	0.1
西部地区	34288.2	34630.5	342.3	1.0
东北地区	23816.1	24029.9	213.8	0.9
北　京	60.9	76.7	15.8	26.0
天　津	373.5	376.7	3.2	0.9
河　北	6428.6	6443.8	15.2	0.2
山　西	3138.1	3150.3	12.3	0.4
内蒙古	6884.3	6951.8	67.5	1.0
辽　宁	3543.6	3561.5	18.0	0.5
吉　林	5721.3	5785.1	63.9	1.1
黑龙江	14551.3	14683.2	131.9	0.9
上　海	117.4	122.8	5.4	4.6
江　苏	5427.5	5444.4	16.9	0.3
浙　江	1006.7	1020.4	13.7	1.4
安　徽	7309.6	7314.2	4.6	0.1
福　建	835.1	837.6	2.5	0.3
江　西	3772.8	3776.4	3.5	0.1
山　东	8355.1	8372.2	17.1	0.2
河　南	10772.3	10778.4	6.0	0.1
湖　北	4686.0	4689.0	3.0	0.1
湖　南	4758.4	4765.5	7.1	0.2
广　东	2213.0	2230.3	17.3	0.8
广　西	2822.9	2829.3	6.4	0.2
海　南	271.4	273.0	1.6	0.6
重　庆	2013.2	2046.7	33.5	1.7
四　川	6357.7	6463.4	105.7	1.7
贵　州	2787.7	2788.7	1.0	0.0
云　南	4191.4	4211.0	19.6	0.5
西　藏	186.5	192.6	6.1	3.3
陕　西	3004.3	3017.5	13.1	0.4
甘　肃	2676.8	2699.8	23.0	0.9
青　海	302.4	303.5	1.1	0.4
宁　夏	689.3	692.3	3.0	0.4
新　疆	2371.7	2433.9	62.2	2.6

注：东部地区包括北京、天津、河北、上海、江苏、浙江、福建、山东、广东、海南等 10 省市；中部地区包括山西、安徽、江西、河南、湖北、湖南等 6 省；西部地区包括重庆、四川、贵州、云南、西藏、陕西、甘肃、青海、宁夏、新疆、内蒙古、广西等 12 省区市；东北地区包括辽宁、吉林、黑龙江等 3 省。

数据来源：国家统计局统计资料。

表 8　各地区粮食总产量（2021—2022 年）

单位：万吨

地区	2021 年	2022 年	2022 年比 2021 年增加	
			绝对数	%
全国总计	68284.7	68652.8	368.0	0.5
东部地区	16006.7	16142.9	136.2	0.9
中部地区	20084.0	20264.8	180.8	0.9
西部地区	17748.3	17916.6	168.3	0.9
东北地区	14445.7	14328.5	-117.2	-0.8
北　京	37.8	45.4	7.6	20.1
天　津	249.9	256.2	6.3	2.5
河　北	3825.1	3865.1	40.0	1.0
山　西	1421.2	1464.3	43.0	3.0
内蒙古	3840.3	3900.6	60.3	1.6
辽　宁	2538.7	2484.5	-54.2	-2.1
吉　林	4039.2	4080.8	41.5	1.0
黑龙江	7867.7	7763.1	-104.6	-1.3
上　海	94.0	95.6	1.6	1.7
江　苏	3746.1	3769.1	23.0	0.6
浙　江	620.9	621.0	0.1	0.0
安　徽	4087.6	4100.1	12.6	0.3
福　建	506.4	508.7	2.3	0.5
江　西	2192.3	2151.9	-40.4	-1.8
山　东	5500.7	5543.8	43.0	0.8
河　南	6544.2	6789.4	245.2	3.7
湖　北	2764.3	2741.1	-23.2	-0.8
湖　南	3074.4	3018.0	-56.3	-1.8
广　东	1279.9	1291.5	11.7	0.9
广　西	1386.5	1393.1	6.6	0.5
海　南	146.0	146.6	0.6	0.4
重　庆	1092.8	1072.8	-20.0	-1.8
四　川	3582.1	3510.5	-71.6	-2.0
贵　州	1094.9	1114.6	19.8	1.8
云　南	1930.3	1958.0	27.7	1.4
西　藏	106.2	107.3	1.2	1.1
陕　西	1270.4	1297.9	27.5	2.2
甘　肃	1231.5	1265.0	33.5	2.7
青　海	109.1	107.3	-1.8	-1.7
宁　夏	368.4	375.8	7.4	2.0
新　疆	1735.8	1813.5	77.7	4.5

注：东部地区包括北京、天津、河北、上海、江苏、浙江、福建、山东、广东、海南等 10 省市；中部地区包括山西、安徽、江西、河南、湖北、湖南等 6 省；西部地区包括重庆、四川、贵州、云南、西藏、陕西、甘肃、青海、宁夏、新疆、内蒙古、广西等 12 省区市；东北地区包括辽宁、吉林、黑龙江等 3 省。

数据来源：国家统计局统计资料。

表 9　各地区粮食单位面积产量（2021—2022 年）

单位：公斤 / 公顷

地区	2021 年	2022 年	2022 年比 2021 年增加	
			绝对数	％
全国总计	5805.0	5801.7	-3.3	-0.1
东部地区	6379.9	6406.4	26.5	0.4
中部地区	5832.1	5878.3	46.3	0.8
西部地区	5176.2	5173.6	-2.6	0.0
东北地区	6065.5	5962.8	-102.7	-1.7
北　京	6196.8	5910.9	-286.0	-4.6
天　津	6690.3	6802.1	111.8	1.7
河　北	5950.1	5998.1	48.0	0.8
山　西	4529.1	4647.9	118.9	2.6
内蒙古	5578.3	5610.9	32.6	0.6
辽　宁	7164.4	6976.1	-188.3	-2.6
吉　林	7060.1	7053.9	-6.2	-0.1
黑龙江	5406.9	5287.1	-119.8	-2.2
上　海	8004.7	7782.1	-222.6	-2.8
江　苏	6902.0	6922.9	20.9	0.3
浙　江	6167.6	6085.3	-82.4	-1.3
安　徽	5592.0	5605.7	13.6	0.2
福　建	6064.0	6073.2	9.3	0.2
江　西	5810.8	5698.4	-112.5	-1.9
山　东	6583.7	6621.6	38.0	0.6
河　南	6075.0	6299.1	224.1	3.7
湖　北	5899.1	5846.0	-53.2	-0.9
湖　南	6461.0	6333.0	-127.9	-2.0
广　东	5783.3	5790.9	7.6	0.1
广　西	4911.7	4924.0	12.3	0.3
海　南	5379.8	5368.9	-10.9	-0.2
重　庆	5428.4	5241.8	-186.6	-3.4
四　川	5634.3	5431.4	-202.9	-3.6
贵　州	3927.5	3997.0	69.5	1.8
云　南	4605.4	4649.7	44.3	1.0
西　藏	5692.4	5573.6	-118.9	-2.1
陕　西	4228.6	4301.2	72.6	1.7
甘　肃	4600.6	4685.5	85.0	1.8
青　海	3607.4	3534.8	-72.6	-2.0
宁　夏	5345.2	5428.8	83.6	1.6
新　疆	7318.9	7451.0	132.1	1.8

注：东部地区包括北京、天津、河北、上海、江苏、浙江、福建、山东、广东、海南等 10 省市；中部地区包括山西、安徽、江西、河南、湖北、湖南等 6 省；西部地区包括重庆、四川、贵州、云南、西藏、陕西、甘肃、青海、宁夏、新疆、内蒙古、广西等 12 省区市；东北地区包括辽宁、吉林、黑龙江等 3 省。

数据来源：国家统计局统计资料。

表10　2022年各地区粮食及油料播种面积和产量（一）

单位：千公顷，万吨，公斤/公顷

地区	粮食			稻谷		
	播种面积	总产量	每公顷产量	播种面积	总产量	每公顷产量
全国总计	118332.1	68652.8	5801.7	29450.1	20849.5	7079.6
东部地区	25198.0	16142.9	6406.4	5857.0	4359.8	7443.7
中部地区	34473.8	20264.8	5878.3	12735.0	8606.2	6757.9
西部地区	34630.5	17916.6	5173.6	5907.2	4059.0	6871.4
东北地区	24029.9	14328.5	5962.8	4950.9	3824.5	7724.7
北　京	76.7	45.4	5910.9	0.4	0.2	5062.1
天　津	376.7	256.2	6802.1	55.3	52.6	9522.9
河　北	6443.8	3865.1	5998.1	76.6	48.9	6381.1
山　西	3150.3	1464.3	4647.9	2.2	1.5	6750.0
内蒙古	6951.8	3900.6	5610.9	117.2	90.2	7695.3
辽　宁	3561.5	2484.5	6976.1	516.4	425.6	8241.0
吉　林	5785.1	4080.8	7053.9	833.2	680.9	8172.5
黑龙江	14683.2	7763.1	5287.1	3601.4	2718.0	7547.1
上　海	122.8	95.6	7782.1	103.7	82.7	7977.8
江　苏	5444.4	3769.1	6922.9	2221.4	1991.6	8965.5
浙　江	1020.4	621.0	6085.3	629.2	462.9	7357.0
安　徽	7314.2	4100.1	5605.7	2496.5	1583.4	6342.5
福　建	837.6	508.7	6073.2	599.4	393.7	6568.5
江　西	3776.4	2151.9	5698.4	3403.0	2036.5	5984.4
山　东	8372.2	5543.8	6621.6	106.4	90.6	8511.2
河　南	10778.4	6789.4	6299.1	601.7	479.2	7963.3
湖　北	4689.0	2741.1	5846.0	2264.0	1865.8	8241.2
湖　南	4765.5	3018.0	6333.0	3967.7	2639.9	6653.5
广　东	2230.3	1291.5	5790.9	1835.9	1108.6	6038.6
广　西	2829.3	1393.1	4924.0	1758.0	1028.1	5847.8
海　南	273.0	146.6	5368.9	228.7	127.9	5593.2
重　庆	2046.7	1072.8	5241.8	659.2	485.24	7361.2
四　川	6463.4	3510.5	5431.4	1874.2	1462.3	7803.0
贵　州	2788.7	1114.6	3997.0	613.8	395.0	6435.6
云　南	4211.0	1958.0	4649.7	709.5	464.7	6549.6
西　藏	192.6	107.3	5573.6	0.8	0.5	5806.2
陕　西	3017.5	1297.9	4301.2	106.1	73.3	6912.2
甘　肃	2699.8	1265.0	4685.5	2.5	1.5	6030.2
青　海	303.5	107.3	3534.8	/	/	/
宁　夏	692.3	375.8	5428.8	29.4	23.7	8052.8
新　疆	2433.9	1813.5	7451.0	36.7	34.6	9425.2

注：东部地区包括北京、天津、河北、上海、江苏、浙江、福建、山东、广东、海南等10省市；中部地区包括山西、
　　安徽、江西、河南、湖北、湖南等6省；西部地区包括重庆、四川、贵州、云南、西藏、陕西、甘肃、青海、
　　宁夏、新疆、内蒙古、广西等12省区市；东北地区包括辽宁、吉林、黑龙江等3省。

数据来源：国家统计局统计资料。

表 10　2022 年各地区粮食及油料播种面积和产量（二）

单位：千公顷，万吨，公斤／公顷

地区	小麦			玉米		
	播种面积	总产量	每公顷产量	播种面积	总产量	每公顷产量
全国总计	23518.5	13772.3	5856.0	43070.1	27720.3	6436.1
东部地区	8911.6	5630.2	6317.8	8292.6	5282.1	6369.7
中部地区	10132.5	6196.5	6115.4	8125.3	4519.6	5562.4
西部地区	4445.6	1934.7	4352.0	13454.7	8663.1	6438.8
东北地区	28.8	11.0	3816.5	13197.6	9255.4	7013.0
北　京	18.2	9.6	5256.1	51.1	33.5	6556.6
天　津	118.8	73.0	6143.1	187.2	123.8	6613.0
河　北	2247.3	1474.6	6561.6	3455.9	2094.7	6061.3
山　西	535.1	245.2	4582.8	1813.9	1021.1	5629.2
内蒙古	386.2	126.4	3273.0	4194.6	3098.4	7386.6
辽　宁	2.0	0.8	4085.8	2758.0	1959.2	7103.6
吉　林	5.4	1.7	3222.4	4469.4	3257.9	7289.3
黑龙江	21.4	8.4	3941.1	5970.2	4038.4	6764.3
上　海	15.4	10.7	6976.0	1.0	0.6	6343.5
江　苏	2377.3	1365.7	5745.0	495.0	295.8	5976.0
浙　江	130.6	55.3	4230.2	55.4	24.1	4350.7
安　徽	2849.4	1722.3	6044.4	1228.9	663.4	5398.1
福　建	0.1	0.0	2579.7	34.7	15.6	4505.1
江　西	12.0	3.1	2583.3	55.6	22.1	3974.8
山　东	4003.6	2641.2	6597.1	3880.3	2630.4	6779.0
河　南	5682.5	3812.7	6709.6	3857.5	2275.1	5897.7
湖　北	1031.3	405.6	3932.8	775.8	312.3	4025.6
湖　南	22.4	7.6	3391.4	393.6	225.7	5734.2
广　东	0.4	0.1	3523.4	131.9	63.4	4807.0
广　西	4.4	0.8	1779.3	616.3	280.4	4549.5
海　南	／	／	／	／	／	／
重　庆	18.9	6.3	3329.9	447.8	256.4	5725.3
四　川	588.8	249.7	4241.2	1855.0	1046.2	5640.0
贵　州	114.2	28.9	2525.8	622.2	299.8	4818.2
云　南	266.8	59.5	2230.8	1917.5	1026.2	5351.6
西　藏	32.6	18.8	5778.5	4.5	2.8	6221.2
陕　西	958.0	429.8	4486.2	1188.4	616.8	5190.2
甘　肃	739.5	296.9	4014.6	1074.5	664.2	6181.9
青　海	101.3	36.9	3645.1	22.7	14.8	6541.7
宁　夏	81.4	27.3	3351.7	365.6	276.6	7566.7
新　疆	1153.6	653.5	5664.8	1145.6	1080.5	9432.1

注：东部地区包括北京、天津、河北、上海、江苏、浙江、福建、山东、广东、海南等 10 省市；中部地区包括山西、安徽、江西、河南、湖北、湖南等 6 省；西部地区包括重庆、四川、贵州、云南、西藏、陕西、甘肃、青海、宁夏、新疆、内蒙古、广西等 12 省区市；东北地区包括辽宁、吉林、黑龙江等 3 省。

数据来源：国家统计局统计资料。

表 10　2022 年各地区粮食及油料播种面积和产量（三）

单位：千公顷，万吨，公斤 / 公顷

地区	大豆			油料		
	播种面积	总产量	每公顷产量	播种面积	总产量	每公顷产量
全国总计	10243.7	2028.3	1980.1	13140.7	3654.2	2780.8
东部地区	681.8	178.7	2621.1	1863.9	668.7	3587.9
中部地区	1557.9	293.5	1884.2	5973.5	1661.0	2780.6
西部地区	2647.3	505.8	1910.5	4728.7	1115.2	2358.4
东北地区	5356.8	1050.3	1960.8	574.7	209.3	3641.5
北　京	3.8	0.9	2289.7	3.2	0.9	2795.1
天　津	4.6	1.2	2544.3	1.2	0.4	3364.2
河　北	98.3	23.0	2340.0	334.6	115.4	3450.4
山　西	112.4	18.9	1682.3	89.5	15.0	1671.1
内蒙古	1222.0	245.4	2008.2	742.8	170.0	2288.4
辽　宁	115.3	27.0	2341.0	311.4	113.4	3640.6
吉　林	309.9	70.0	2258.2	223.5	81.6	3650.4
黑龙江	4931.6	953.4	1933.2	39.8	14.3	3598.1
上　海	0.6	0.1	2595.8	0.9	0.3	3191.3
江　苏	210.4	54.8	2602.5	288.7	96.3	3333.4
浙　江	77.8	21.1	2716.8	144.9	33.0	2274.3
安　徽	610.7	94.2	1542.8	561.9	173.4	3086.2
福　建	35.2	9.9	2824.8	81.4	23.6	2901.1
江　西	109.2	26.4	2413.9	737.5	137.5	1863.9
山　东	215.0	58.1	2702.9	624.1	274.0	4389.7
河　南	363.6	84.9	2333.9	1592.4	684.0	4295.5
湖　北	229.9	35.4	1538.9	1474.0	374.2	2538.7
湖　南	132.1	33.8	2560.2	1518.2	277.0	1824.3
广　东	34.7	9.3	2670.3	355.2	117.4	3305.8
广　西	108.1	16.8	1557.5	265.6	76.5	2879.7
海　南	1.6	0.3	2154.1	29.6	7.5	2531.2
重　庆	107.4	21.6	2010.5	346.7	70.8	2043.5
四　川	520.0	105.3	2025.0	1688.6	433.8	2569.0
贵　州	231.8	27.2	1173.6	551.3	105.6	1914.8
云　南	160.8	32.2	2004.9	303.6	63.5	2091.0
西　藏	0.0	0.0	910.9	18.7	4.7	2508.0
陕　西	174.3	30.5	1752.6	251.3	56.3	2241.6
甘　肃	58.8	11.1	1890.5	269.9	61.3	2271.9
青　海	/	/	/	146.6	30.9	2107.0
宁　夏	24.0	3.4	1423.2	26.7	4.5	1704.4
新　疆	40.1	12.1	3021.5	116.8	37.2	3187.3

注：东部地区包括北京、天津、河北、上海、江苏、浙江、福建、山东、广东、海南等 10 省市；中部地区包括山西、安徽、江西、河南、湖北、湖南等 6 省；西部地区包括重庆、四川、贵州、云南、西藏、陕西、甘肃、青海、宁夏、新疆、内蒙古、广西等 12 省区市；东北地区包括辽宁、吉林、黑龙江等 3 省。

数据来源：国家统计局统计资料。

表11　2022年各地区分季粮食播种面积和产量（一）

单位：千公顷，万吨，公斤／公顷

地区	全年粮食总计			1. 夏收粮食		
	播种面积	总产量	每公顷产量	播种面积	总产量	每公顷产量
全国总计	118332.1	68652.8	5801.7	26530.0	14740.3	5556.1
东部地区	25198.0	16142.9	6406.4	9307.4	5799.4	6230.9
中部地区	34473.8	20264.8	5878.3	10547.3	6331.8	6003.3
西部地区	34630.5	17916.6	5173.6	6675.3	2609.2	3908.7
东北地区	24029.9	14328.5	5962.8			
北　京	76.7	45.4	5910.9	18.2	9.6	5251.9
天　津	376.7	256.2	6802.1	118.8	73.0	6143.1
河　北	6443.8	3865.1	5998.1	2271.6	1486.5	6543.6
山　西	3150.3	1464.3	4647.9	535.1	245.2	4582.8
内蒙古	6951.8	3900.6	5610.9	/	/	/
辽　宁	3561.5	2484.5	6976.1	/	/	/
吉　林	5785.1	4080.8	7053.9	/	/	/
黑龙江	14683.2	7763.1	5287.1	/	/	/
上　海	122.8	95.6	7782.1	17.4	12.0	6882.8
江　苏	5444.4	3769.1	6922.9	2470.8	1400.3	5667.5
浙　江	1020.4	621.0	6085.3	183.6	73.1	3980.2
安　徽	7314.2	4100.1	5605.7	2849.9	1722.4	6043.6
福　建	837.6	508.7	6073.2	55.5	24.6	4430.6
江　西	3776.4	2151.9	5698.4	72.8	23.4	3217.4
山　东	8372.2	5543.8	6621.6	4004.7	2641.6	6596.3
河　南	10778.4	6789.4	6299.1	5683.8	3813.1	6708.7
湖　北	4689.0	2741.1	5846.0	1293.1	482.2	3728.5
湖　南	4765.5	3018.0	6333.0	112.6	45.6	4049.2
广　东	2230.3	1291.5	5790.9	142.9	68.6	4798.1
广　西	2829.3	1393.1	4924.0	118.0	27.6	2338.5
海　南	273.0	146.6	5368.9	24.0	10.3	4278.5
重　庆	2046.7	1072.8	5241.8	373.3	122.4	3278.6
四　川	6463.4	3510.5	5431.4	1105.8	436.7	3949.4
贵　州	2788.7	1114.6	3997.0	866.4	257.6	2973.1
云　南	4211.0	1958.0	4649.7	980.3	263.7	2689.8
西　藏	192.6	107.3	5573.6	/	/	/
陕　西	3017.5	1297.9	4301.2	1105.1	475.9	4306.4
甘　肃	2699.8	1265.0	4685.5	883.1	342.3	3875.5
青　海	303.5	107.3	3534.8	/	/	/
宁　夏	692.3	375.8	5428.8	85.2	27.9	3267.6
新　疆	2433.9	1813.5	7451.0	1158.1	655.2	5657.4

注：东部地区包括北京、天津、河北、上海、江苏、浙江、福建、山东、广东、海南等10省市；中部地区包括山西、安徽、江西、河南、湖北、湖南等6省；西部地区包括重庆、四川、贵州、云南、西藏、陕西、甘肃、青海、宁夏、新疆、内蒙古、广西等12省区市；东北地区包括辽宁、吉林、黑龙江等3省。

数据来源：国家统计局统计资料。

表 11　2022 年各地区分季粮食播种面积和产量（二）

单位：千公顷，万吨，公斤 / 公顷

地区	2. 早稻			3. 秋粮		
	播种面积	总产量	每公顷产量	播种面积	总产量	每公顷产量
全国总计	4755.1	2812.3	5914.3	87047.0	51100.1	5870.4
东部地区	1187.0	720.0	6065.6	14703.5	9623.5	6545.0
中部地区	2730.6	1595.3	5842.2	21195.8	12337.7	5820.8
西部地区	837.4	497.0	5934.7	27117.7	14810.4	5461.5
东北地区	/	/	/	24029.9	14328.5	5962.8
北　京	/	/	/	58.5	35.8	6116.1
天　津	/	/	/	257.9	183.2	7105.5
河　北	/	/	/	4172.1	2378.6	5701.2
山　西	/	/	/	2615.3	1219.0	4661.2
内蒙古	/	/	/	6951.8	3900.6	5610.9
辽　宁	/	/	/	3561.5	2484.5	6976.1
吉　林	/	/	/	5785.1	4080.8	7053.9
黑龙江	/	/	/	14683.2	7763.1	5287.1
上　海	/	/	/	105.4	83.6	7930.8
江　苏	/	/	/	2973.7	2368.8	7966.0
浙　江	/	/	/	723.8	477.7	6600.3
安　徽	171.4	101.1	5898.5	4292.9	2276.6	5303.2
福　建	97.4	61.6	6326.9	684.8	422.5	6170.1
江　西	1220.1	677.2	5550.2	2483.5	1451.3	5843.8
山　东	/	/	/	4367.5	2902.2	6644.9
河　南	/	/	/	5094.6	2976.3	5842.1
湖　北	126.3	75.7	5991.8	3269.5	2183.3	6677.8
湖　南	1212.8	741.3	6112.5	3440.1	2231.1	6485.6
广　东	864.2	520.1	6018.0	1223.2	702.9	5746.5
广　西	810.7	480.4	5926.7	1900.7	885.1	4656.8
海　南	112.3	68.1	6063.4	136.7	68.2	4989.6
重　庆	/	/	/	1673.4	950.4	5679.7
四　川	/	/	/	5357.7	3073.8	5737.2
贵　州	/	/	/	1922.3	857.0	4458.5
云　南	26.8	16.5	6178.5	3203.9	1677.8	5236.5
西　藏	/	/	/	192.6	107.3	5573.6
陕　西	/	/	/	1912.4	822.0	4298.3
甘　肃	/	/	/	1816.6	922.7	5079.3
青　海	/	/	/	303.5	107.3	3534.8
宁　夏	/	/	/	607.0	348.0	5732.2
新　疆	/	/	/	1275.8	1158.3	9079.1

注：东部地区包括北京、天津、河北、上海、江苏、浙江、福建、山东、广东、海南等 10 省市；中部地区包括山西、安徽、江西、河南、湖北、湖南等 6 省；西部地区包括重庆、四川、贵州、云南、西藏、陕西、甘肃、青海、宁夏、新疆、内蒙古、广西等 12 省区市；东北地区包括辽宁、吉林、黑龙江等 3 省。

数据来源：国家统计局统计资料。

表 12　2022 年各地区粮油产量及人均占有量排序

单位：万吨，公斤

地区	粮食产量		粮食人均占有量		油料产量		油料人均占有量	
	绝对数	位次	绝对数	位次	绝对数	位次	绝对数	位次
全国总计	68652.8		486.1		3654.2		25.9	
北　京	45.4	31	20.7	31	0.9	29	0.4	29
天　津	256.2	26	187.3	24	0.4	30	0.3	30
河　北	3865.1	7	519.9	9	115.4	10	15.5	15
山　西	1464.3	16	420.7	16	15.0	24	4.3	28
内蒙古	3900.6	6	1624.9	3	170.0	7	70.8	1
辽　宁	2484.5	12	589.7	7	113.4	11	26.9	12
吉　林	4080.8	5	1728.0	2	81.6	14	34.5	7
黑龙江	7763.1	1	2494.6	1	14.3	25	4.6	27
上　海	95.6	30	38.5	30	0.3	31	0.1	31
江　苏	3769.1	8	442.9	15	96.3	13	11.3	21
浙　江	621.0	23	94.7	29	33.0	21	5.0	26
安　徽	4100.1	4	670.0	6	173.4	6	28.3	9
福　建	508.7	24	121.5	27	23.6	23	5.6	25
江　西	2151.9	13	475.8	12	137.5	8	30.4	8
山　东	5543.8	3	545.3	8	274.0	5	26.9	11
河　南	6789.4	2	687.4	5	684.0	1	69.3	2
湖　北	2741.1	11	469.6	13	374.2	3	64.1	3
湖　南	3018.0	10	456.4	14	277.0	4	41.9	6
广　东	1291.5	19	101.9	28	117.4	9	9.3	22
广　西	1393.1	17	276.3	23	76.5	15	15.2	16
海　南	146.6	27	143.3	26	7.5	26	7.3	23
重　庆	1072.8	22	334.0	19	70.8	16	22.1	14
四　川	3510.5	9	419.3	17	433.8	2	51.8	5
贵　州	1114.6	21	289.2	22	105.6	12	27.4	10
云　南	1958.0	14	417.3	18	63.5	17	13.5	19
西　藏	107.3	28	294.1	21	4.7	27	12.8	20
陕　西	1297.9	18	328.2	20	56.3	19	14.2	18
甘　肃	1265.0	20	507.8	11	61.3	18	24.6	13
青　海	107.3	29	180.4	25	30.9	22	52.0	4
宁　夏	375.8	25	517.3	10	4.5	28	6.3	24
新　疆	1813.5	15	700.7	4	37.2	20	14.4	17

数据来源：国家统计局统计资料。

表 13　2022 年各地区人均粮食占有量

单位：公斤／人

地区	粮食	其中：谷物				大豆
			稻谷	小麦	玉米	
全国总计	486.1	448.4	147.6	97.5	196.3	14.4
北　京	20.7	20.0	0.1	4.4	15.3	0.4
天　津	187.3	185.7	38.5	53.3	90.5	0.9
河　北	519.9	497.3	6.6	198.4	281.8	3.1
山　西	420.7	396.6	0.4	70.5	293.4	5.4
内蒙古	1624.9	1470.2	37.6	52.7	1290.7	102.2
辽　宁	589.7	577.3	101.0	0.2	465.0	6.4
吉　林	1728.0	1686.5	288.3	0.7	1379.6	29.6
黑龙江	2494.6	2176.6	873.4	2.7	1297.7	306.4
上　海	38.5	38.4	33.3	4.3	0.2	0.1
江　苏	442.9	431.5	234.0	160.5	34.8	6.4
浙　江	94.7	83.4	70.6	8.4	3.7	3.2
安　徽	670.0	650.3	258.7	281.4	108.4	15.4
福　建	121.5	98.2	94.0	0.0	3.7	2.4
江　西	475.8	456.1	450.3	0.7	4.9	5.8
山　东	545.3	528.7	8.9	259.8	258.7	5.7
河　南	687.4	666.5	48.5	386.0	230.3	8.6
湖　北	469.6	444.0	319.6	69.5	53.5	6.1
湖　南	456.4	435.5	399.2	1.1	34.1	5.1
广　东	101.9	92.5	87.5	0.0	5.0	0.7
广　西	276.3	260.2	203.9	0.2	55.6	3.3
海　南	143.3	125.0	125.0	/	/	0.3
重　庆	334.0	235.5	151.0	2.0	79.8	6.7
四　川	419.3	336.2	174.6	29.8	125.0	12.6
贵　州	289.2	201.2	102.5	7.5	77.8	7.1
云　南	417.3	343.9	99.0	12.7	218.7	6.9
西　藏	294.1	289.5	1.3	51.6	7.8	0.0
陕　西	328.2	292.4	18.5	108.7	156.0	7.7
甘　肃	507.8	403.4	0.6	119.2	266.6	4.5
青　海	180.4	128.2	/	62.1	24.9	/
宁　夏	517.3	467.1	32.6	37.5	380.8	4.7
新　疆	700.7	687.5	13.4	252.5	417.5	4.7

数据来源：国家统计局统计资料。

表 14　2022 年各地区人均农产品占有量

单位：公斤 / 人

地区	粮食	棉花	油料	糖料	水果	水产品
全国总计	486.1	4.2	25.9	79.6	221.6	48.6
北　京	20.7	0.0	0.4	/	17.5	0.8
天　津	187.3	0.2	0.3	0.0	42.3	20.6
河　北	519.9	1.9	15.5	9.4	206.3	15.1
山　西	420.7	0.0	4.3	0.1	288.1	1.5
内蒙古	1624.9	/	70.8	161.3	73.1	4.5
辽　宁	589.7	0.0	26.9	0.3	208.8	116.1
吉　林	1728.0	/	34.5	0.6	70.3	10.6
黑龙江	2494.6	/	4.6	5.8	60.9	23.6
上　海	38.5	0.0	0.1	0.0	12.9	10.3
江　苏	442.9	0.1	11.3	0.7	117.8	59.3
浙　江	94.7	0.1	5.0	6.0	107.4	94.8
安　徽	670.0	0.4	28.3	1.5	130.4	40.1
福　建	121.5	0.0	5.6	6.9	206.5	205.7
江　西	475.8	0.5	30.4	13.8	165.7	62.6
山　东	545.3	1.4	26.9	0.0	304.5	86.7
河　南	687.4	0.1	69.3	0.9	257.4	9.5
湖　北	469.6	1.8	64.1	4.6	195.9	85.7
湖　南	456.4	1.2	41.9	5.3	182.7	41.2
广　东	101.9	/	9.3	102.0	160.1	70.6
广　西	276.3	0.0	15.2	1411.5	674.8	72.5
海　南	143.3	/	7.3	75.0	550.9	166.5
重　庆	334.0	/	22.1	2.6	184.7	17.6
四　川	419.3	0.0	51.8	4.6	164.9	20.6
贵　州	289.2	0.0	27.4	10.7	181.3	7.0
云　南	417.3	/	13.5	331.2	274.8	14.5
西　藏	294.1	/	12.8	0.0	8.6	0.0
陕　西	328.2	0.0	14.2	0.1	566.6	4.4
甘　肃	507.8	1.6	24.6	6.4	387.6	0.6
青　海	180.4	/	52.0	/	4.7	3.2
宁　夏	517.3	/	6.3	0.0	374.0	23.5
新　疆	700.7	208.4	14.4	154.2	646.3	6.7

数据来源：国家统计局统计资料。

表 15 农产品生产者价格指数（2010—2022 年）

（上年 = 100）

指标 \ 年份	2010	2011	2012	2013	2014	2015	2016	2017	2018	2019	2020	2021	2022
农产品生产者价格指数	110.9	116.5	102.7	103.2	99.8	101.7	103.4	96.5	99.1	114.5	115.0	97.8	100.4
农业产品	116.6	107.8	104.8	104.3	101.8	99.2	97.0	99.5	101.2	100.8	102.8	110.6	102.9
谷物	112.8	109.7	104.8	103.1	102.7	98.7	92.2	100.5	102.3	100.3	104.1	113.8	104.3
小麦	107.9	105.2	102.9	106.7	105.1	99.2	94.1	104.4	100.1	100.1	100.5	106.6	112.8
稻谷	112.8	113.3	104.1	102.2	102.2	101.6	98.8	100.7	99.7	96.5	100.8	101.9	99.7
玉米	116.1	109.9	106.6	100.2	101.7	96.5	86.8	97.1	105.1	102.0	107.6	125.5	102.7
大豆	107.9	106.3	105.7	105.7	101.8	99.0	97.6	97.7	97.9	100.1	105.5	112.8	105.3
油料	112.1	112.1	105.2	102.4	99.9	100.8	101.1	100.5	99.1	105.2	107.9	107.2	105.0
棉花	157.7	79.5	98.1	103.9	87.1	87.5	118.4	100.8	97.9	97.8	98.5	117.3	102.9
糖料	106.0	125.5	105.0	98.9	99.7	98.8	106.5	106.3	98.8	97.7	103.1	100.9	104.5
蔬菜	116.8	103.4	109.9	106.9	98.5	104.6	107.0	95.6	103.6	101.2	105.2	105.6	101.4
水果	118.9	106.2	103.9	106.2	106.4	99.7	92.5	104.8	101.1	103.6	95.3	99.7	106.6
林业产品	122.8	114.9	101.2	99.1	99.4	97.9	96.1	104.9	98.9	100.1	100.7	102.4	98.4
畜牧产品	103.0	126.2	99.7	102.4	97.1	104.2	110.4	90.8	95.6	133.5	132.4	82.1	95.7
猪（毛重）	98.3	137.0	95.9	99.3	92.2	108.9	119.4	86.0	85.6	150.5	155.7	64.9	90.2
牛（毛重）	104.7	108.1	116.8	113.1	104.4	99.1	98.7	98.8	104.9	112.5	110.5	106.1	98.1
羊（毛重）	108.7	115.7	107.8	109.1	100.8	89.4	93.6	107.1	114.7	114.3	110.4	102.3	93.3
家禽（毛重）	107.0	112.0	103.8	103.2	104.4	101.3	99.6	96.7	107.7	107.8	92.9	104.7	103.8
蛋类	107.5	112.6	100.5	105.8	105.7	96.9	94.3	92.8	117.6	102.1	85.9	115.5	107.3
奶类	115.3	108.1	103.9	111.0	107.9	92.2	96.2	100.0	101.3	105.6	101.5	107.8	100.0
渔业产品	107.6	110.0	106.2	104.3	103.1	102.5	103.4	104.9	102.6	99.4	100.2	108.8	100.4
海水养殖产品	/	111.5	101.0	100.7	101.9	101.0	104.1	107.9	101.4	97.2	96.3	105.6	101.1
海水捕捞产品	/	111.2	110.9	107.7	103.1	106.0	106.2	103.1	104.7	100.6	99.6	103.0	102.3
淡水养殖产品	/	109.5	106.8	104.7	103.8	102.1	102.0	102.4	102.2	99.8	102.0	112.4	99.3
淡水捕捞产品	/	103.7	107.2	103.5	101.5	/	/	/	/	/	/	/	/

数据来源：国家统计局统计资料。

表 16　分地区农产品生产者价格指数（2010—2022 年）

（上年 ＝ 100）

年份 地区	2010	2011	2012	2013	2014	2015	2016	2017	2018	2019	2020	2021	2022
全　国	110.9	116.5	102.7	103.2	99.8	101.7	103.4	96.5	99.1	114.5	115.0	97.8	100.4
北　京	106.5	110.7	104.7	104.7	99.7	99.8	99.7	96.2	103.6	109.9	110.9	98.2	102.7
天　津	110.2	105.0	105.3	105.4	102.9	100.7	103.0	95.5	104.2	108.8	114.9	109.8	98.4
河　北	115.1	110.9	100.7	105.1	100.2	97.5	96.8	96.2	104.7	107.1	111.5	108.1	103.5
山　西	110.2	111.0	101.3	106.1	101.5	95.8	95.2	95.9	104.7	115.2	109.4	104.8	104.0
内蒙古	111.4	112.8	104.7	103.3	102.7	98.0	95.1	95.6	102.0	105.6	111.0	107.6	100.8
辽　宁	110.6	114.2	106.6	101.1	101.7	99.5	100.7	93.6	103.7	107.6	108.1	105.1	103.6
吉　林	111.8	116.8	105.1	100.4	102.9	100.6	93.1	89.5	106.1	108.7	117.1	109.3	100.7
黑龙江	109.2	116.5	105.9	101.0	101.0	98.7	93.6	95.1	100.8	106.2	118.5	111.1	102.5
上　海	107.1	110.9	101.4	104.1	99.5	102.4	106.6	98.4	100.5	105.6	106.7	104.4	102.6
江　苏	108.8	112.1	103.7	103.4	101.3	102.3	104.0	97.9	100.9	109.3	107.5	100.3	100.1
浙　江	114.8	113.6	104.3	103.0	99.5	102.0	104.5	99.1	100.8	109.9	107.3	99.3	101.5
安　徽	110.8	112.8	102.9	103.7	100.2	99.8	101.0	98.4	99.0	109.3	115.6	101.3	102.8
福　建	111.5	113.3	102.7	103.0	100.3	101.2	108.3	98.9	102.6	106.9	102.3	104.5	100.8
江　西	107.5	114.3	103.5	102.3	100.3	103.7	104.1	97.3	97.4	113.2	111.0	96.1	97.5
山　东	118.8	109.7	102.5	105.9	100.5	100.1	102.8	98.6	100.5	112.2	108.7	104.2	100.6
河　南	112.5	111.5	102.9	102.6	97.5	100.7	103.2	94.9	97.9	119.9	116.8	98.0	97.2
湖　北	112.3	111.7	103.3	101.8	100.0	99.5	106.2	99.3	96.6	110.1	118.1	101.0	100.6
湖　南	109.9	121.9	100.2	102.1	98.6	104.1	104.7	98.0	95.4	118.0	123.3	90.1	103.6
广　东	107.6	112.4	103.4	103.5	102.2	102.3	106.5	99.4	101.3	107.3	104.7	98.8	100.1
广　西	107.6	124.5	99.4	102.5	98.1	102.0	106.1	98.2	97.3	115.5	115.5	94.9	100.8
海　南	107.9	115.3	103.3	100.0	105.6	99.1	106.7	101.9	97.3	109.2	112.8	106.3	106.8
重　庆	103.2	120.2	104.6	103.0	100.2	102.4	109.8	96.8	99.7	112.1	113.6	98.4	98.7
四　川	105.9	117.8	104.0	102.6	99.9	103.3	105.6	97.8	100.2	115.6	116.1	94.3	99.1
贵　州	106.7	120.3	104.3	102.4	99.5	104.6	108.7	96.7	92.6	116.2	122.6	86.4	95.9
云　南	112.5	117.9	110.7	104.9	100.6	101.3	103.9	98.7	96.9	109.6	120.2	96.8	96.7
西　藏	/	/	/	/	/	/	/	/	/	/	/	/	/
陕　西	121.7	113.8	102.6	107.4	102.1	96.3	98.0	98.4	100.9	107.7	112.3	99.3	104.4
甘　肃	113.8	111.3	105.9	105.9	102.1	99.8	99.2	99.1	101.7	109.9	106.6	101.9	100.2
青　海	124.3	117.3	108.2	110.4	100.0	96.1	104.5	101.0	100.3	109.6	122.6	104.1	98.4
宁　夏	117.0	111.3	103.6	106.7	98.3	98.4	98.7	99.3	105.0	106.4	113.1	106.5	98.3
新　疆	131.5	103.7	103.2	108.5	97.8	90.4	107.6	100.7	106.3	99.6	111.0	114.2	99.6

数据来源：国家统计局统计资料。

表 17 粮食成本收益变化情况（1991—2022 年）

单位：元

年份	每 50 公斤平均出售价格				每亩总成本				每亩净利润			
	粮食平均	稻谷	小麦	玉米	粮食平均	稻谷	小麦	玉米	粮食平均	稻谷	小麦	玉米
1991	26.1	28.5	30.0	21.1	153.9	188.4	138.4	135.3	34.3	62.4	6.3	34.0
1992	28.4	29.3	33.1	24.3	163.8	192.3	149.3	150.6	44.0	67.7	21.2	42.3
1993	35.8	40.4	36.5	30.2	178.6	211.2	169.8	155.2	92.3	145.1	35.6	95.8
1994	59.4	71.2	56.5	48.2	239.4	298.1	213.2	206.7	190.7	316.7	82.3	173.3
1995	75.1	82.1	75.4	67.0	321.8	391.4	281.7	292.2	223.9	311.1	130.5	230.1
1996	72.3	80.6	81.0	57.2	388.7	458.3	359.5	351.2	155.7	247.5	92.9	123.8
1997	65.1	69.4	70.1	55.8	386.1	450.2	349.5	358.4	105.4	171.8	74.8	69.8
1998	62.1	66.9	66.6	53.8	383.9	437.4	357.5	356.6	79.3	155.9	-6.2	88.2
1999	53.0	56.6	60.4	43.7	370.7	425.2	351.5	337.2	25.6	75.8	-12.1	11.2
2000	48.4	51.7	52.9	42.8	356.2	401.7	352.5	330.6	-3.2	50.1	-28.8	-6.9
2001	51.5	53.7	52.5	48.3	350.6	400.5	323.6	327.9	39.4	81.4	-27.5	64.3
2002	49.2	51.4	51.3	45.6	370.4	415.8	342.7	351.6	4.9	37.6	-52.7	30.8
2003	56.5	60.1	56.4	52.7	368.3	419.1	339.6	347.6	42.9	94.9	-30.3	62.8
2004	70.7	79.8	74.5	58.1	395.5	454.6	355.9	375.7	196.5	285.1	169.6	134.9
2005	67.4	77.7	69.0	55.5	425.0	493.3	389.6	392.3	122.6	192.7	79.4	95.5
2006	72.0	80.6	71.6	63.4	444.9	518.2	404.8	411.8	155.0	202.4	117.7	144.8
2007	78.8	85.2	75.6	74.8	481.1	555.2	438.6	449.7	185.2	229.1	125.3	200.8
2008	83.5	95.1	82.8	72.5	562.4	665.1	498.6	523.5	186.4	235.6	164.5	159.2
2009	91.3	99.1	92.4	82.0	630.3	716.7	592.0	582.3	162.4	217.6	125.5	144.2
2010	103.8	118.0	99.0	93.6	672.7	766.6	618.6	632.6	227.2	309.8	132.2	239.7
2011	115.4	134.5	104.0	106.1	791.2	897.0	712.3	764.2	250.8	371.3	117.9	263.1
2012	119.9	138.1	108.3	111.1	936.4	1055.1	830.4	924.2	168.4	285.7	21.3	197.7
2013	121.1	136.5	117.8	108.8	1026.2	1151.1	914.7	1012.0	72.9	154.8	-12.8	77.5
2014	124.4	140.6	120.6	111.9	1068.6	1176.6	965.1	1063.9	124.8	204.8	87.8	81.8
2015	116.3	138.0	116.4	94.2	1090.0	1202.1	984.3	1083.7	19.6	175.4	17.4	-134.2
2016	108.4	136.8	111.6	77.0	1093.6	1201.8	1012.5	1065.6	-80.3	142.0	-82.2	-299.7
2017	111.6	137.9	116.6	82.2	1081.6	1210.2	1007.6	1026.5	-12.5	132.6	6.1	-175.8
2018	109.7	129.4	112.2	87.8	1093.8	1223.6	1012.9	1044.8	-85.6	65.9	-159.4	-163.3
2019	109.4	127.2	112.3	89.6	1108.9	1241.8	1028.9	1055.7	-30.5	20.4	15.1	-126.8
2020	122.5	137.5	114.2	115.6	1120.3	1253.8	1026.5	1080.7	46.5	48.7	-16.6	107.2
2021	128.5	135.6	123.1	126.6	1157.2	1281.3	1040.9	1148.8	116.7	60.0	129.4	162.1
2022	141.5	139.4	150.4	134.8	1252.7	1361.9	1140.8	1256.8	189.3	-22.7	425.9	163.3

数据来源：国家发展和改革委员会统计资料。

表 18　2022 年粮食收购价格分月情况

单位：元 /50 公斤

月份	三种粮食平均	稻谷平均	早籼稻	晚籼稻	粳稻	小麦	玉米	大豆
1 月	130.09	133.20	127.98	135.17	136.44	134.34	122.73	290.61
2 月	130.44	133.14	128.04	135.19	136.21	135.07	123.09	292.25
3 月	135.29	132.84	128.03	134.97	135.53	146.43	126.59	293.47
4 月	135.87	133.02	128.07	134.91	136.08	146.71	127.89	296.33
5 月	137.75	133.33	128.13	135.02	136.85	148.38	131.53	297.08
6 月	137.92	133.46	128.10	135.27	137.02	147.31	132.98	298.12
7 月	137.97	133.80	129.63	134.91	136.87	147.37	132.73	298.40
8 月	137.45	134.44	132.12	134.69	136.51	146.85	131.07	266.01
9 月	137.31	134.30	132.27	134.52	136.12	146.59	131.03	299.38
10 月	137.93	134.73	132.30	135.48	136.40	147.83	131.23	293.35
11 月	138.97	135.59	132.49	136.80	137.48	149.96	131.36	288.73
12 月	139.38	135.99	132.38	137.35	138.24	150.51	131.63	280.39
全年平均	136.36	133.99	129.96	135.36	136.65	145.61	129.49	291.18

数据来源：国家发展和改革委员会统计资料。

表 19　2022 年成品粮零售价格分月情况

单位：元 /500 克

月份	标一晚籼米	标一粳米	标准粉	富强粉
1 月	2.72	2.88	2.57	2.79
2 月	2.71	2.88	2.58	2.80
3 月	2.70	2.88	2.61	2.82
4 月	2.69	2.88	2.66	2.85
5 月	2.69	2.89	2.65	2.87
6 月	2.69	2.89	2.67	2.87
7 月	2.69	2.88	2.66	2.87
8 月	2.69	2.88	2.65	2.88
9 月	2.69	2.88	2.64	2.88
10 月	2.70	2.88	2.63	2.88
11 月	2.69	2.87	2.64	2.89
12 月	2.69	2.88	2.64	2.91
全年平均	2.70	2.88	2.63	2.86

数据来源：国家发展和改革委员会统计资料。

表 20　2022 年粮食主要品种批发市场价格

单位：元 / 吨

月份	三等白小麦	二等黄玉米	标一早籼米	标一晚籼米	标一粳米	三等大豆
1 月	2882	2642	3654	3956	4404	6229
2 月	2912	2646	3655	3943	4407	6261
3 月	3220	2735	3665	3972	4479	6253
4 月	3204	2758	3665	3945	4508	6253
5 月	3254	2782	3663	3964	4493	6253
6 月	3153	2810	3661	3962	4497	6268
7 月	3096	2779	3661	3948	4486	6282
8 月	3093	2729	3661	3935	4478	6282
9 月	3099	2728	3649	3938	4463	6265
10 月	3200	2750	3659	3956	4478	6121
11 月	3262	2829	3664	3995	4504	5968
12 月	3243	2872	3663	3998	4498	5849
全年平均	3135	2755	3660	3959	4475	6190

数据来源：国家发展和改革委员会统计资料。

表 21　2022 年国内期货市场小麦、玉米、早籼稻、大豆、白糖、棉花分月价格

单位：元 / 吨

月份	强筋小麦	普通小麦	玉米	早籼稻	国产大豆	进口大豆	白糖	棉花
1 月	2939	/	2763	2830	6216	4530	5706	21495
2 月	3189	/	2856	2840	6035	5033	5696	20720
3 月	3405	/	2840	2984	6320	5074	5799	21755
4 月	3324	3014	3044	2988	6193	5369	5876	21770
5 月	3499	3158	2935	3001	6295	5533	6088	20655
6 月	3400	2986	2780	2555	5976	4893	5842	17655
7 月	3388	/	2670	/	6092	4954	5805	14920
8 月	3146	/	2797	/	5835	5210	5532	15015
9 月	/	/	2773	/	6024	5459	5442	13420
10 月	3198	/	2885	/	5571	5161	5511	12485
11 月	3402	/	2908	/	5586	5096	5524	13210
12 月	3394	/	2824	/	5179	5181	5783	14260

注：1. 玉米为大连商品交易所玉米。

　　2. 早籼稻为郑州商品交易所早籼稻。

　　3. 国产大豆为大连商品交易所黄大豆 1 号，进口大豆为大连商品交易所黄大豆 2 号。

　　4. 均为最近主力合约月末收盘价格，按四舍五入计算。

　　5. "/" 表示没有成交。

数据来源：国家粮油信息中心统计整理。

表 22　2022 年美国芝加哥商品交易所谷物和大豆分月价格

单位：美元 / 吨

月份	小麦	玉米	稻米	大豆
1 月	273	235	288	503
2 月	286	251	291	570
3 月	425	298	320	609
4 月	406	309	319	618
5 月	458	318	352	608
6 月	386	305	323	622
7 月	287	238	325	494
8 月	294	247	336	518
9 月	310	266	351	533
10 月	316	272	329	508
11 月	304	262	351	535
12 月	278	257	328	541

注：1. 各品种均为美国芝加哥商品交易所标准品。
　　2. 按美元整数四舍五入计算。
　　3. 均为最近主力合约每月中旬收盘价格。
数据来源：国家粮油信息中心统计整理。

表 23　国有粮食企业主要粮食品种收购量（2005—2022 年）

单位：万吨

年份	原粮	小麦	稻谷大米				玉米	大豆
				早籼稻	中晚籼稻	粳稻		
2005	12617.45	3745.20	3695.95	/	/	/	4529.90	506.00
2006	13199.30	6039.95	3096.25	/	/	/	3424.70	492.20
2007	11039.30	4733.15	2856.95	/	/	/	3008.30	321.45
2008	17008.00	6712.70	5142.10	/	/	/	4754.20	313.40
2009	16386.50	6833.95	3800.95	/	/	/	4988.45	653.00
2010	13352.15	6177.70	3082.10	/	/	/	3333.65	648.80
2011	12672.05	4650.40	4028.70	669.05	1566.90	1792.75	3428.10	465.65
2012	13498.40	4871.40	3709.30	681.70	1289.05	1738.55	4260.90	563.90
2013	18630.90	4023.80	5722.90	1027.90	2164.35	2530.65	8472.70	317.20
2014	20656.75	5779.05	5497.55	790.90	1859.40	2847.25	8995.50	317.05
2015	26122.90	5095.30	5787.10	721.90	1979.25	3085.95	15046.60	140.10
2016	22514.25	5939.75	6114.80	749.80	1914.90	3450.10	10331.50	66.55
2017	16397.50	5250.00	5144.50	627.50	1469.50	3047.00	5801.50	145.50
2018	12595.00	3120.00	5012.00	548.00	1723.00	2741.50	4218.50	175.00
2019	14871.88	5234.86	4285.63	449.59	1658.37	2177.66	5126.93	151.68
2020	13853.48	3690.14	4134.98	435.05	1097.92	2602.01	5879.84	80.46
2021	13745.80	4474.55	4099.10	414.55	1255.55	2429.00	4860.80	234.15
2022	13634.20	3541.95	3781.35	413.00	1129.45	2238.90	6096.75	142.30

数据来源：国家粮食和物资储备局统计资料。

表 24　国有粮食企业主要粮食品种销售量（2005—2022 年）

单位：万吨

年份	原粮	小麦	稻谷大米	早籼稻	中晚籼稻	粳稻	玉米	大豆
2005	13275.1	4276.9	3693.6	/	/	/	4348.8	841.7
2006	13209.3	4246.1	3846.5	/	/	/	4133.2	847.6
2007	14230.6	5104.0	4168.4	/	/	/	3890.4	892.8
2008	16635.8	7352.9	4430.9	/	/	/	3985.4	755.9
2009	17974.5	7094.2	4335.4	/	/	/	5261.4	1145.8
2010	20280.4	7569.0	4416.9	/	/	/	6454.8	1663.0
2011	20513.8	7342.2	5200.8	1240.7	2343.4	1616.8	5839.1	1992.2
2012	18154.7	6930.0	4296.1	798.5	1706.2	1791.4	4548.0	2188.1
2013	20814.2	7623.6	4435.8	833.9	1761.4	1840.5	6179.7	2418.0
2014	22860.1	6125.0	5586.3	839.3	2040.0	2707.0	8226.3	2618.1
2015	20400.5	5616.0	5717.3	959.6	2019.8	2737.9	5639.4	2704.6
2016	26906.3	5957.7	6867.9	1016.8	2339.7	3511.5	10523.2	2950.6
2017	33269.5	6769.5	7375.0	1172.0	2719.5	3483.5	14271.0	4210.5
2018	40183.0	6688.0	7863.5	1251.0	2770.0	3844.5	20955.0	4145.5
2019	35103.3	6695.4	8558.2	1280.1	2971.4	4306.7	14652.4	4783.0
2020	45054.5	8886.7	9674.3	1276.9	3272.7	5124.8	20073.6	5628.0
2021	45128.8	13452.4	11350.2	1186.8	3527.4	6636.0	12849.7	5739.4
2022	43417.6	7829.7	12103.3	904.2	2872.4	8326.7	16423.9	5597.3

数据来源：国家粮食和物资储备局统计资料。

表 25　2022 年国有粮食企业分品种收购情况

单位：万吨

地区	原粮	小麦	稻谷大米	早籼稻	中晚籼稻	粳稻	玉米	大豆
全国合计	13634.2	3542.0	3781.4	413.0	1129.5	2238.9	6096.8	142.3
北　京	1014.7	189.3	2.6	/	/	2.6	820.6	2.2
天　津	11.3	7.6	3.3	/	/	3.3	0.3	0.1
河　北	413.5	196.5	3.9	/	/	3.9	208.8	0.4
山　西	104.2	49.6	/	/	/	/	48.0	/
内蒙古	613.3	11.6	3.0	/	/	3.0	552.8	29.3
辽　宁	739.4	4.3	115.8	/	/	115.8	611.6	/
吉　林	1233.3	0.9	107.0	/	/	107.0	1111.7	10.4
黑龙江	3379.9	18.9	1489.4	/	/	1489.4	1769.9	95.3
上　海	41.0	1.8	39.1	/	1.6	37.5	0.1	/
江　苏	1275.9	793.2	433.4	/	91.0	342.4	47.8	0.4
浙　江	192.9	11.2	181.1	68.2	50.1	62.8	0.7	/
安　徽	728.7	338.6	274.5	4.1	231.1	39.3	112.0	0.4
福　建	67.5	1.0	64.5	3.5	61.0	/	2.1	0.1
江　西	294.3	2.4	291.6	128.4	163.3	/	0.3	/
山　东	749.7	544.3	2.3	/	/	2.3	202.9	/
河　南	1072.2	714.5	136.1	/	133.2	2.9	217.6	3.6
湖　北	229.2	51.9	175.2	8.0	166.6	0.6	2.0	0.2
湖　南	216.8	0.2	216.3	100.1	115.8	0.4	0.3	0.1
广　东	149.1	78.2	36.9	18.8	8.6	9.5	34.1	/
广　西	102.1	/	101.7	79.0	22.7	/	0.5	/
海　南	3.3	/	3.3	3.0	0.3	/	/	/
重　庆	14.0	0.1	12.4	/	12.4	/	1.5	/
四　川	74.3	15.0	56.8	/	56.8	/	1.1	/
贵　州	17.1	3.2	1.4	/	1.4	/	/	/
云　南	24.7	0.6	12.8	0.1	10.7	2.0	11.0	0.2
西　藏	1.5	0.1	/	/	/	/	/	/
陕　西	383.6	245.3	3.7	/	3.2	0.5	132.1	/
甘　肃	81.9	25.5	/	/	/	/	53.8	/
青　海	0.7	0.3	/	/	/	/	/	/
宁　夏	29.7	5.9	10.0	/	/	10.0	13.8	/
新　疆	375.1	230.8	4.0	/	/	4.0	139.9	/

数据来源：国家粮食和物资储备局统计资料。

表 26　2022 年国有粮食企业分品种销售情况

单位：万吨

地区	原粮	小麦	稻谷大米	早籼稻	中晚籼稻	粳稻	玉米	大豆
全国合计	43417.6	7829.7	12103.3	904.2	2872.4	8326.7	16423.9	5597.3
北　京	3817.5	694.5	726.2	12.4	48.1	665.7	2000.2	87.3
天　津	1167.3	344.2	77.0	/	/	77.0	255.9	434.2
河　北	1063.9	302.3	13.5	/	/	13.5	552.0	167.4
山　西	185.4	101.1	9.3	/	/	9.3	67.6	0.1
内蒙古	655.0	66.7	21.3	0.2	/	21.1	545.4	9.2
辽　宁	3245.6	15.6	189.2	/	/	189.2	2497.0	534.4
吉　林	1566.7	1.1	161.4	/	/	161.4	1300.2	99.9
黑龙江	6917.1	87.9	3794.0	/	69.5	3724.5	2883.3	130.0
上　海	2323.8	183.6	1466.1	10.2	51.5	1404.4	484.6	172.2
江　苏	4614.6	1280.5	1026.3	1.7	227.0	797.6	402.0	1878.6
浙　江	1679.4	289.3	838.4	126.1	172.3	540.1	287.3	247.9
安　徽	1125.1	349.7	529.8	10.9	401.6	117.4	225.5	5.4
福　建	3425.2	178.6	294.5	44.3	140.0	110.2	2010.1	291.0
江　西	477.8	6.1	456.5	177.3	279.1	0.1	15.0	0.3
山　东	1929.4	856.5	10.0	/	/	10.0	680.4	378.7
河　南	1734.9	1189.2	98.7	/	90.8	7.9	359.6	84.2
湖　北	745.6	113.3	390.2	7.4	370.6	12.2	181.4	54.4
湖　南	512.2	16.2	337.8	113.4	221.1	3.4	104.6	48.0
广　东	1950.7	546.0	531.8	217.7	257.7	56.4	569.3	219.0
广　西	696.2	8.0	220.3	160.2	59.5	0.7	77.7	390.2
海　南	91.5	6.0	14.7	7.6	6.2	1.0	11.8	10.8
重　庆	138.5	15.0	98.5	0.3	87.9	10.4	20.4	0.6
四　川	966.5	160.9	247.3	/	221.2	26.1	290.6	167.5
贵　州	387.6	109.2	180.6	8.9	110.6	61.2	68.2	12.7
云　南	513.4	16.0	238.1	5.2	42.7	190.2	89.5	169.7
西　藏	15.7	4.7	6.7	0.4	3.9	2.4	/	/
陕　西	583.2	325.9	83.5	0.2	11.7	71.7	167.8	3.6
甘　肃	171.2	94.6	9.6	/	/	9.6	62.0	/
青　海	34.6	25.6	8.2	/	/	8.2	/	/
宁　夏	69.7	11.5	17.5	/	/	17.5	40.2	0.6
新　疆	613.2	430.5	7.1	/	/	7.1	175.0	0.1

数据来源：国家粮食和物资储备局统计资料。

表 27　2022 年粮食产业企业数量分经营类型汇总

单位：个

| 地区 | 企业总数 | 成品粮油加工企业 | | | 饲料企业 | 养殖企业 | 食品及副食酿造企业 | 粮食深加工企业 | | | |
		小麦粉加工企业	大米加工企业	食用植物油加工企业				制酒企业	酒精企业	淀粉企业	其他粮油深加工企业
全国总计	23771	2567	10155	1760	4797	476	2768	726	92	200	200
北　京	102	7	15	4	35	1	40	4	/	/	/
天　津	116	14	19	11	48	1	19	2	1	/	2
河　北	690	211	74	34	274	22	24	11	2	16	2
山　西	503	156	1	18	101	17	80	13	3	3	2
内蒙古	396	62	35	41	129	13	29	21	4	11	4
辽　宁	1131	7	552	20	389	32	53	32	1	2	7
吉　林	781	3	552	20	132	7	15	4	10	13	2
黑龙江	2222	52	1626	113	198	19	100	34	23	23	10
上　海	126	4	27	15	26	1	49	4	/	/	2
江　苏	1538	158	871	90	254	9	118	24	7	8	8
浙　江	573	10	194	42	110	24	175	64	/	4	14
安　徽	1870	192	898	141	206	57	293	56	5	11	26
福　建	414	21	188	31	118	7	46	8	/	1	/
江　西	1424	3	1061	85	192	9	54	13	2	4	6
山　东	1559	505	42	108	631	27	150	42	1	39	16
河　南	1991	598	189	131	301	79	558	83	17	30	28
湖　北	1947	79	1198	167	211	27	226	48	1	8	9
湖　南	1643	6	975	168	228	7	199	26	/	2	38
广　东	870	27	396	46	295	15	82	16	2	/	4
广　西	502	5	292	19	149	11	17	6	4	/	/
海　南	49	/	14	6	23	2	0	2	/	/	/
重　庆	260	3	120	17	79	6	31	7	/	/	1
四　川	934	34	335	117	260	10	160	87	3	1	6
贵　州	369	8	154	62	62	10	46	16	/	/	5
云　南	526	33	176	30	141	30	92	53	3	2	/
西　藏	37	2	/	6	3	/	9	7	/	/	/
陕　西	392	86	60	48	74	14	38	14	1	7	4
甘　肃	221	78	1	25	53	14	31	21	1	5	/
青　海	51	12	/	24	9	/	3	3	/	/	/
宁　夏	200	38	65	38	30	3	9	/	/	9	1
新　疆	334	153	25	83	36	2	22	7	1	1	3

数据来源：国家粮食和物资储备局统计资料。

表 28　2022 年粮食产业主要经济指标分地区情况

单位：亿元

地区	工业总产值	销售收入	利润总额
全国总计	40191.2	42072.3	3227.0
北　京	352.9	433.7	32.5
天　津	717.6	807.3	16.7
河　北	1611.0	1612.6	39.6
山　西	555.2	503.1	83.7
内蒙古	646.6	688.6	93.7
辽　宁	1245.1	1322.7	36.5
吉　林	792.5	785.2	13.7
黑龙江	1793.8	1900.0	49.9
上　海	303.2	433.8	13.3
江　苏	3330.7	3450.4	194.7
浙　江	818.0	926.1	34.0
安　徽	3070.9	2899.0	155.6
福　建	945.7	985.9	51.5
江　西	1001.7	981.0	38.9
山　东	5530.5	5870.7	212.6
河　南	3009.3	3019.4	130.6
湖　北	1879.6	1776.1	99.4
湖　南	1728.7	1612.4	52.7
广　东	2957.9	3343.6	146.1
广　西	1324.5	1447.1	22.4
海　南	192.7	197.5	6.6
重　庆	446.3	485.2	30.7
四　川	2701.4	3281.1	602.3
贵　州	1320.1	1178.8	952.3
云　南	361.0	504.7	30.0
西　藏	10.6	9.7	1.0
陕　西	617.4	575.0	24.0
甘　肃	207.0	205.9	10.6
青　海	12.7	16.9	0.0
宁　夏	155.1	167.5	7.9
新　疆	502.1	601.9	41.0

数据来源：国家粮食和物资储备局统计资料。

表 29　2022 年分地区成品粮油及饲料生产能力汇总

单位：万吨

地区	年处理小麦	年处理稻谷	年处理玉米	年处理油料	年精炼油脂	年生产饲料
全国总计	22779.2	38677.0	2394.4	17977.0	7581.2	47716.4
北　京	91.5	71.3	0.0	1.5	6.0	321.9
天　津	143.1	69.4	15.3	639.5	247.5	465.5
河　北	2359.4	315.6	119.4	695.6	280.3	1583.2
山　西	422.7	23.3	23.6	15.2	5.9	622.2
内蒙古	262.9	171.5	56.7	220.2	60.6	1054.2
辽　宁	107.2	1953.4	165.6	768.4	143.1	2779.0
吉　林	14.4	2071.7	123.7	235.7	63.7	1003.7
黑龙江	221.3	7168.6	222.5	937.6	188.1	1655.1
上　海	45.0	179.2	0.0	62.7	159.0	179.4
江　苏	1472.5	3755.4	712.4	2678.7	1036.8	3190.3
浙　江	151.5	655.7	30.2	381.0	165.6	821.9
安　徽	1891.5	4646.2	109.4	462.7	276.4	2246.1
福　建	241.9	696.7	7.9	537.6	277.5	1609.7
江　西	33.7	3431.3	85.6	299.2	205.9	2234.9
山　东	5289.6	261.7	114.2	2711.5	812.0	6272.7
河　南	6206.6	1190.3	224.2	881.6	357.5	3158.9
湖　北	631.7	5109.9	104.6	993.4	494.7	2097.7
湖　南	28.3	2912.9	15.6	642.5	667.6	2463.3
广　东	607.0	823.3	32.1	1653.9	630.5	4579.1
广　西	14.3	651.8	0.0	1208.1	330.6	2560.6
海　南	25.0	12.7	0.0	150.1	70.3	408.7
重　庆	116.2	349.3	18.0	181.8	160.1	732.8
四　川	227.6	993.1	5.5	661.9	359.8	2584.1
贵　州	13.9	369.0	2.7	80.1	47.0	650.3
云　南	102.3	348.8	37.3	57.7	42.7	890.6
西　藏	0.5	0.0	0.0	2.4	0.8	2.4
陕　西	667.7	136.8	80.4	196.0	129.0	573.6
甘　肃	385.7	0.0	75.1	30.9	65.8	303.4
青　海	27.8	2.0	0.0	114.1	46.5	23.6
宁　夏	135.1	232.8	2.1	36.0	27.0	256.8
新　疆	841.4	73.4	10.5	439.4	223.2	390.7

数据来源：国家粮食和物资储备局统计资料。

表 30　2022 年分地区粮食产业主要产品产量汇总

单位：万吨

地区	小麦粉	大米	食用植物油	商品淀粉	酒精	饲料
全国总计	7982.6	7929.6	3416.6	2596.0	840.8	25750.8
北　京	56.8	18.1	0.0	0.0	0.0	146.7
天　津	69.3	20.5	176.5	0.0	0.0	167.8
河　北	1141.7	61.6	201.3	314.3	1.5	807.9
山　西	82.1	0.6	0.9	32.2	0.0	426.3
内蒙古	44.4	11.3	9.7	147.6	23.9	443.9
辽　宁	50.9	365.4	128.7	39.0	22.9	1530.7
吉　林	1.4	316.9	24.6	157.0	152.7	444.3
黑龙江	34.5	1348.0	37.6	506.3	312.4	497.4
上　海	12.3	19.2	96.6	0.0	0.0	96.3
江　苏	558.3	943.0	569.6	20.0	46.6	1231.9
浙　江	70.2	160.2	71.2	0.6	0.0	514.5
安　徽	736.4	1414.0	84.9	58.9	84.6	1302.2
福　建	115.1	168.2	86.2	0.0	0.0	821.9
江　西	4.0	558.7	43.5	10.9	6.2	1104.3
山　东	1767.9	30.7	533.8	1142.5	22.7	3958.9
河　南	1925.8	230.7	73.7	57.4	116.5	1572.1
湖　北	117.5	849.6	104.8	31.2	4.8	1134.9
湖　南	0.6	686.8	160.5	0.7	0.0	1235.3
广　东	355.1	279.8	464.0	8.0	6.6	2867.9
广　西	4.9	112.4	171.6	0.0	8.5	1821.6
海　南	6.4	4.2	14.6	0.0	0.0	318.2
重　庆	32.9	62.2	76.6	0.0	0.0	373.8
四　川	79.2	127.0	76.8	0.0	26.2	1266.5
贵　州	0.1	47.6	10.7	0.0	0.0	279.2
云　南	26.1	29.4	31.0	0.2	0.0	451.0
西　藏	0.0	0.0	0.1	0.0	0.0	5.1
陕　西	336.7	20.9	100.4	33.1	0.0	298.4
甘　肃	81.4	0.0	1.3	28.4	0.2	175.4
青　海	1.6	0.2	0.6	0.0	0.0	3.9
宁　夏	21.3	32.9	4.1	1.4	0.0	114.7
新　疆	247.7	9.4	61.1	6.2	4.4	337.6

注：大米产量为含二次加工产量，食用植物油产量为精炼产量。

数据来源：国家粮食和物资储备局统计资料。

表 31　全国粮油进口情况（2001—2022 年）

单位：万吨

| 年份 | 粮食 | 谷物 | | | | | 大豆 | 食用植物油 | 豆油 | 菜籽油 | 棕榈油 | 花生油 |
		谷物	小麦	大米	玉米	大麦						
2001	1950.4	344.3	73.9	26.9	3.9	236.8	1393.9	149.2	7.0	4.9	136.0	0.9
2002	1605.1	284.9	63.2	23.6	0.8	190.7	1131.4	266.3	87.0	7.8	169.5	0.4
2003	2525.8	208.0	44.7	25.7	0.1	136.3	2074.1	441.2	188.4	15.2	232.8	0.7
2004	3351.5	974.5	725.8	75.6	0.2	170.7	2023.0	529.1	251.6	35.3	239.0	0.0
2005	3647.0	627.1	353.9	51.4	0.4	217.9	2659.0	471.9	169.4	17.8	283.8	0.0
2006	3713.8	358.2	61.3	71.9	6.5	213.1	2823.7	581.3	154.3	4.4	418.7	0.0
2007	3731.0	155.5	10.1	48.8	3.5	91.3	3081.7	767.5	282.3	37.5	438.7	1.1
2008	4130.6	154.0	4.3	33.0	5.0	107.6	3743.6	752.8	258.6	27.0	464.7	0.6
2009	5223.1	315.0	90.4	35.7	8.4	173.8	4255.1	816.2	239.1	46.8	511.4	2.1
2010	6695.4	570.7	123.1	38.8	157.3	236.7	5479.8	687.2	134.1	98.5	431.4	6.8
2011	6390.0	544.6	125.8	59.8	175.4	177.6	5263.7	656.8	114.3	55.1	470.1	6.1
2012	8024.6	1398.2	370.1	236.9	520.8	252.8	5838.4	845.1	182.6	117.6	523.0	6.3
2013	8645.2	1458.1	553.5	227.1	326.6	233.5	6337.5	809.8	115.8	152.7	487.4	6.1
2014	10042.4	1951.0	300.4	257.9	259.9	541.3	7139.9	650.2	113.5	81.0	396.9	9.4
2015	12477.5	3270.4	300.6	337.7	473.0	1073.2	8169.2	676.5	81.8	81.5	431.2	12.8
2016	11467.6	2198.9	341.2	356.2	316.8	500.5	8391.3	552.8	56.0	70.0	315.7	10.7
2017	13061.5	2559.2	442.2	402.6	282.7	886.3	9552.6	577.3	65.3	75.7	346.5	10.8
2018	11554.8	1649.6	309.9	305.8	352.4	681.5	8803.1	629.0	54.9	129.5	357.2	12.8
2019	11144.4	1785.1	348.8	254.6	479.3	592.9	8851.1	953.3	82.6	161.5	561.2	19.4
2020	13926.6	3573.6	837.6	294.3	1129.6	807.9	10032.7	983.1	96.3	193.2	465.6	26.9
2021	16453.9	6535.9	977.0	496.4	2835.2	1248.0	9651.8	1039.2	112.0	215.3	465.1	28.1
2022	14687.2	5318.9	995.9	619.4	2062.1	576.0	9108.1	648.1	34.4	106.1	340.7	/

数据来源：国家发展和改革委员会根据《海关统计》整理。

表 32　全国粮油出口情况（2001—2022 年）

单位：万吨

年份	粮食	谷物				大豆	食用植物油	豆油	菜籽油
			小麦	大米	玉米				
2001	991.2	875.6	71.3	185.9	600.0	24.8	13.5	6.0	5.4
2002	1619.6	1482.2	97.7	198.2	1167.5	27.6	9.7	4.7	1.8
2003	2354.6	2194.7	251.4	260.5	1640.1	26.7	6.0	1.1	0.5
2004	620.4	473.4	108.9	89.8	232.4	33.5	6.5	1.9	0.5
2005	1182.3	1013.7	60.5	67.4	864.2	39.6	22.5	6.3	3.1
2006	774.4	605.2	151.0	124.0	309.9	37.9	39.9	11.8	14.5
2007	1169.5	986.7	307.3	134.3	492.1	45.6	16.6	6.6	2.2
2008	378.9	181.2	31.0	97.2	27.3	46.5	24.8	13.4	0.7
2009	328.3	131.7	24.5	78.0	13.0	34.6	11.4	6.9	0.9
2010	275.1	119.9	27.7	62.2	12.7	16.4	9.2	5.9	0.4
2011	287.5	116.4	32.8	51.6	13.6	20.8	12.2	5.1	0.3
2012	276.6	96.0	28.5	27.9	25.7	32.0	10.0	6.5	0.7
2013	243.1	94.7	27.8	47.8	7.8	20.9	11.5	9.0	0.6
2014	211.4	70.9	19.0	41.9	2.0	20.7	13.4	10.0	0.7
2015	163.5	47.8	12.2	28.7	1.1	13.4	13.5	10.4	0.5
2016	190.1	58.1	11.3	39.5	0.4	12.7	11.3	8.0	0.5
2017	280.2	155.7	18.3	119.7	8.6	11.2	20.0	13.3	2.1
2018	365.9	238.7	28.6	208.9	1.2	13.4	29.5	21.8	1.5
2019	434.5	318.0	31.3	274.8	2.6	11.4	26.7	19.7	1.1
2020	354.5	254.4	18.1	230.5	0.3	8.0	17.1	10.8	0.3
2021	330.6	259.4	8.4	242.3	0.6	7.4	12.1	7.0	0.2
2022	321.7	241.8	14.6	219.2	0.0	11.9	17.7	10.7	0.2

数据来源：国家发展和改革委员会根据《海关统计》整理。

表33　2022年早籼稻收获质量情况调查表

单位: 个, %

地区	样品数	覆盖市数	出糙率	等级比例							整精米率								不完善粒含量
				三等以上	一等	二等	三等	四等	五等	等外	平均值	≥44	≥50	其中					
														50—47	47—44	44—41	41—38	<38	
合计	3299	84	77.7	94.1	27.7	41.6	24.8	3.9	1.1	0.9	51.7	84.9	62.6	10.9	10.9	4.3	3.8	7.0	4.3
浙江	228	7	78.4	100.0	34.7	50.4	14.9	0.0	0.0	0.0	52.3	93.9	69.3	14.9	9.6	2.6	1.8	1.8	3.8
安徽	93	7	75.7	69.9	4.3	30.1	35.5	19.4	6.5	4.3	50.5	87.1	52.7	12.4	7.1	4.4	4.4	6.2	6.3
江西	792	11	78.5	96.2	46.7	37.3	12.2	2.1	0.8	0.9	52.1	82.7	67.6	9.8	5.3	4.7	3.7	9.0	4.0
湖北	81	9	76.4	82.7	1.2	43.2	38.3	13.6	2.5	1.2	52.3	91.4	63.0	16.0	12.3	7.4	1.2	0.0	4.3
湖南	1130	11	77.8	92.2	29.2	39.1	23.9	6.1	1.2	0.5	48.5	75.6	46.5	11.2	17.9	8.1	6.1	10.2	2.3
广东	524	21	77.3	95.8	17.6	47.3	30.9	1.5	1.0	1.7	52.6	87.8	66.8	10.3	10.7	1.9	2.5	7.8	5.7
广西	171	10	77.5	97.7	18.1	45.6	33.9	1.8	0.6	0.0	55.2	96.5	76.6	11.1	8.8	0.6	2.3	0.6	6.1
海南	280	8	77.7	93.6	24.3	48.2	21.1	4.6	1.1	0.7	52.4	86.4	64.3	11.8	10.4	3.6	0.4	9.6	4.9

数据来源：国家粮食和物资储备局标准质量中心统计资料。

表34 2022年夏收小麦质量情况调查表

单位：个、%

地区	样品数	覆盖市数	千粒重(g)	容重(g/L)	等级比例							不完善粒率
					中等以上	一等	二等	三等	四等	五等	等外	
合 计	14032	149	45.9	794	96.2	63.1	24.4	8.7	2.2	1.2	0.4	3.1
河 北	1075	11	44.7	795	98.5	66.5	24.5	7.5	0.8	0.2	0.5	3.0
山 西	236	4	47.6	795	96.6	72.9	16.5	7.2	2.1	0.4	0.9	2.2
江 苏	1388	13	45.3	799	99.0	69.8	23.6	5.6	0.7	0.2	0.1	3.0
浙 江	62	6	43.0	799	98.4	61.3	27.4	9.7	0.0	0.0	0.0	6.4
安 徽	1683	15	46.6	802	97.4	77.5	15.1	4.7	1.3	0.8	0.5	2.6
山 东	2753	16	44.8	785	93.0	45.8	33.6	13.6	4.2	2.4	0.4	3.3
河 南	3830	18	46.8	801	99.6	76.3	18.9	4.4	0.4	0.0	0.0	2.9
湖 北	417	15	45.5	776	89.2	29.5	37.6	22.1	7.2	2.2	1.4	5.9
四 川	263	13	47.8	756	64.3	11.4	24.4	28.5	15.2	13.7	6.8	4.3
陕 西	440	10	49.2	786	96.6	44.8	38.2	13.6	2.7	0.7	0.0	2.9
甘 肃	353	14	42.0	780	91.2	26.7	38.2	26.3	6.8	1.4	0.6	3.3
宁 夏	192	5	44.0	774	90.1	27.1	38.0	25.0	8.3	1.6	0.0	2.0

数据来源：国家粮食和物资储备局标准质量中心统计资料。

表35 2022年中晚稻、粳稻收获质量情况调查表

单位：个，%

种类	省份	样品数	覆盖市数	出糙率	等级比例							整精米率								不完善粒	谷外糙米率
					中等以上	一等	二等	三等	四等	五等	等外	平均值	中等以上	一等	二等	三等	四等	五等	等外		
中晚籼稻	合 计	12746	138	77.3	90.2	17.7	43.4	29.1	7.0	1.7	1.1	54.1	85.9	68.5	7.4	10.0	4.5	2.6	6.9	2.8	0.6
	江 苏	309	7	78.9	99.7	53.4	38.5	7.8	0.3	0.0	0.0	59.3	98.1	85.4	10.7	1.9	1.0	0.0	0.6	2.1	0.7
	浙 江	348	10	79.2	97.1	60.3	31.3	5.5	2.3	0.6	0.0	59.4	95.1	88.8	4.0	2.3	1.1	0.6	3.2	3.1	0.8
	安 徽	1279	15	76.7	85	7.8	40	37.2	12.2	2.3	0.5	55.9	92.3	78.1	7.9	6.3	3.3	1.4	3	5	0.8
	江 西	1293	11	77.6	92.8	22	46.6	24.2	4.8	1.5	0.9	60.7	97.6	90.7	2.8	4.1	0.9	0.6	0.9	2.8	0.7
	河 南	487	3	75.8	85.2	0.6	16	68.6	12.5	1.2	1.1	46.8	86.2	16.8	13.5	55.9	12.4	0.6	0.8	2.3	1
	湖 北	2085	15	76.8	85.2	7.6	43.5	34.1	11.8	2.2	0.8	55.1	92.5	76.2	7.7	8.6	3.9	1.9	1.7	2.6	0.6
	湖 南	2668	14	77.1	87.1	16.4	45.7	25.0	7.0	3.0	3.0	51.4	82.4	58.9	10.8	12.7	6.0	4.0	7.6	2.0	0.7
	广 东	580	21	78.4	99.2	41.7	39.1	18.4	0.8	0.0	0.0	61.3	98.3	93.6	1.9	2.8	0.2	0.3	0.0	3.0	0.4
	广 西	246	14	78.4	99.2	36.6	46.7	15.9	0.8	0.0	0.0	61.0	99.6	93.5	2.4	3.7	0.0	0.0	0.4	3.3	0.6
	重 庆	496	1	77.0	96.4	3.0	52.2	41.1	3.2	0.2	0.2	48.2	86.0	20.4	12.8	52.8	12.6	0.6	0.8	4.3	0.6
	四 川	2539	19	77.5	92.9	18.7	47.7	26.5	5.1	1.3	0.7	44.3	52.5	33.8	9.4	9.3	9.6	7.9	30.0	2.7	0.0
	贵 州	416	9	77.4	96.4	16.6	49.8	30.0	2.4	0.5	0.7	57	97.8	89.4	2.9	5.5	1.0	0.5	0.7	2	0.3
粳稻	合 计	6161	58	80.2	94.2	34.8	42.0	17.3	4.4	1.3	0.1	65.0	96.8	80.4	11.6	4.9	2.3	0.7	0.2	3.8	1.2
	辽 宁	717	11	81.0	97.5	58.6	30	8.9	1.5	0.7	0.3	68.5	98.7	93.9	3.5	1.4	0.4	0.3	0.6	2.6	0.7
	吉 林	279	9	80.6	93.9	52	32.6	9.3	4.3	1.1	0.7	66.3	94.3	85.7	6.5	2.1	4.3	1	0.4	3.8	0.8
	黑龙江	2920	13	79.3	90.9	9.3	54.3	27.3	7	2.1	0.0	63.3	96.3	73.7	15.6	7.1	2.9	0.7	0.0	4.9	1.3
	江 苏	1736	13	81.3	98.2	63.2	27.8	7.1	1.4	0.3	0.1	66.7	99.5	88.8	8.3	2.4	0.3	0.1	0.1	2.7	1.4
	安 徽	201	8	80.3	97	36.8	46.8	13.4	2.5	0.5	0	64.1	92	70.1	13.9	8	5	2	1	2.8	1
	宁 夏	308	4	81.3	98.4	63.6	29.9	4.9	1.3	0	0.3	58.4	71.8	44.2	16.2	11.4	7.8	8.4	12	0.3	0.8

数据来源：国家粮食和物资储备局标准质量中心统计资料。

表36 2022年新收获玉米质量情况调查表

单位：个，%

| 地区 | 样品数 | 覆盖市数 | 容重 g/L | 三等以上 | 容重 g/L | | | | | | 不完善粒率% | | 淀粉% | 粗蛋白% | 粗脂肪% |
					一等	二等	三等	四等	五等	等外	≤8.0	其中霉变粒≤2.0			
合计	27469	239	723	96.9	60.0	24.3	12.6	2.7	0.3	0.1	94.6	99.4	72.2	9.1	4.1
河北	2431	13	743	98.8	88.2	9.3	1.3	1.2	0.0	0.0	97.7	98.7	71.4	9.7	3.8
山西	779	11	739	99.6	85.2	13.0	1.4	0.0	0.0	0.0	93.1	99.6	71.8	9.4	3.6
内蒙古	3011	12	724	93.9	60.3	27.2	6.4	5.6	0.5	0.0	95.2	100.0	72.6	8.6	3.9
辽宁	2220	14	738	99.7	88.0	10.1	1.6	0.2	0.1	0.0	99.1	99.4	73.5	8.8	4.3
吉林	2262	9	719	97.9	52.1	37.6	8.3	1.5	0.6	0.0	98.3	100.0	72.1	8.7	4.0
黑龙江	4360	13	687	91.9	9.8	33.7	48.4	7.5	0.6	0.0	93.6	99.7	73.3	8.8	4.1
江苏	297	12	724	98.7	63.3	30.3	5.1	1.0	0.3	0.0	83.5	99.7	70.6	10.0	4.1
安徽	665	12	712	97.4	39.8	44.8	12.8	2.3	0.3	0.0	70.2	95.9	73.1	9.0	4.0
山东	2907	16	733	100.0	75.2	21.5	3.2	0.0	0.0	0.0	93.2	98.9	71.4	9.6	4.5
河南	2395	18	718	97.1	57.1	26.6	13.4	2.3	0.5	0.0	90.0	99.0	71.7	9.4	3.9
湖北	397	15	717	96.9	52.6	35.0	9.3	0.5	0.3	0.0	88.7	93.2	70.6	9.9	4.1
广西	243	6	757	100.0	95.1	4.9	0.0	0.0	0.0	0.0	94.7	99.2	/	/	/
重庆	252	1	703	96.4	27.8	44.0	24.6	3.6	0.0	0.0	95.2	100.0	/	/	/
四川	1490	21	704	91.9	32.8	37.0	22.1	6.6	1.0	0.5	91.7	99.3	72.7	8.1	3.7
贵州	220	9	735	99.5	78.2	20.0	1.4	0.5	0.0	0.0	95.9	99.5	83	10.2	5.4
云南	1011	16	760	99.7	93.0	5.3	1.4	0.3	0.0	0.0	97.6	99.9	70.5	8.9	4.2
陕西	632	12	735	99.4	73.0	21.8	4.6	0.6	0.0	0.0	97.8	99.2	69.9	9.8	4.1
甘肃	748	14	741	99.2	84.0	13.1	2.0	0.7	0.1	0.0	97.5	99.6	71.9	9.4	3.7
宁夏	328	5	755	100	97.3	2.7	0.0	0.0	0.0	0.0	98.8	100.0	75.2	8.6	4.9
新疆	821	10	731	97.2	74.9	16.2	6.1	2.7	0.1	0.0	98.4	100.0	71.8	8.8	4.1

数据来源：国家粮食和物资储备局标准质量中心统计资料。

表 37　2022 年大豆质量情况调查表

单位：个、%

地区	样品数	涉及市数	完整粒率								粗蛋白（干基）		粗脂肪（干基）	
			平均值	一等（≥95）	二等（≥90）	三等（≥85）	四等（≥80）	五等（≥75）	等外（<75）	三等以上	平均值	达标高蛋白大豆比例	平均值	达标高油大豆比例
合　计	1386	86	90.3	17.3	34.2	38.3	7.0	2.5	0.7	89.8	38.6	29.5	20.2	55.1
内蒙古	171	8	92.9	12.3	54.4	33.3	0.0	0.0	0.0	100.0	39.6	36.0	19.6	32.0
辽　宁	40	4	93.6	55.0	22.5	15.0	5.0	2.5	0.0	92.5	41.6	84.0	20.2	60.0
吉　林	70	4	93.3	42.9	34.3	21.4	1.4	0.0	0.0	98.6	38.9	33.3	21.1	76.7
黑龙江	720	13	88.8	7.5	30.6	49.2	9.4	2.9	0.4	87.3	37.9	19.8	20.5	66.2
安　徽	93	11	91.2	26.9	40.9	17.2	9.7	3.2	2.2	84.9	35.9	0.0	18.8	13.3
山　东	69	15	95.7	72.5	23.2	2.9	0.0	1.4	0.0	98.6	／	／	／	／
河　南	95	13	92.8	36.8	38.9	21.1	2.1	1.1	0.0	96.8	42.5	93.3	20.3	66.7
四　川	128	18	88.8	36.7	18.0	21.1	11.7	7.0	5.5	75.8	41.1	55.3	18.8	21.3

数据来源：国家粮食和物资储备局标准质量中心统计资料。

表 38 2022 年发布粮油国家标准和行业标准统计表

序号	标准名称	执行标准代号
1	葵花籽	GB/T 11764-2022
2	亚麻籽	GB/T 15681-2022
3	花椒籽油	GB/T 22479-2022
4	粮油储藏 谷物冷却机应用技术规程	GB/T 29374-2022
5	谷物和豆类储存 仓储害虫的诱捕检测指导	GB/T 41278-2022
6	杏仁油	GB/T 41386-2022
7	发芽糙米	GB/T 42173-2022
8	小麦麸	GB/T 42225-2022
9	黑糯玉米	GB/T 42226-2022
10	留胚米	GB/T 42227-2022
11	粮食储藏 大米安全储藏技术规范	GB/T 42228-2022
12	动植物油脂 碘值的测定	GB/T 5532-2022
13	二氧化碳气调储粮技术规程	LS/T 1213—2022
14	氮气气调储粮技术规程	LS/T 1225—2022
15	粮库智能通风控制系统	LS/T 1226—2022
16	惰性粉储粮防虫技术规程	LS/T 1227—2022
17	散粮集装箱装卸作业操作规程	LS/T 1228—2022
18	粮堆坍塌事故防范技术规程	LS/T 1229—2022
19	散粮汽车配置标准	LS/T 1230—2022
20	早籼米加工精度标准样品 精碾	LS/T 15121.1-2022
21	早籼米加工精度标准样品 适碾	LS/T 15121.2-2022
22	晚籼米加工精度标准样品 精碾	LS/T 15122.1-2022
23	晚籼米加工精度标准样品 适碾	LS/T 15122.2-2022
24	粳米加工精度标准样品 精碾	LS/T 15123.1-2022
25	粳米加工精度标准样品 适碾	LS/T 15123.2-2022
26	南方小麦粉加工精度标准样品 特制一等	LS/T 15111.1-2022
27	南方小麦粉加工精度标准样品 特制二等	LS/T 15111.2-2022
28	南方小麦粉加工精度标准样品 标准粉	LS/T 15111.3-2022
29	北方小麦粉加工精度标准样品 特制一等	LS/T 15112.1-2022
30	北方小麦粉加工精度标准样品 特制二等	LS/T 15112.2-2022
31	北方小麦粉加工精度标准样品 标准粉	LS/T 15112.3-2022
32	籼稻整精米率标准样品	LS/T 15321-2022
33	粳稻整精米率标准样品	LS/T 15322-2022
34	籼米品尝评分参考样品	LS/T 1535-2022
35	粳米品尝评分参考样品	LS/T 1534-2022
36	小麦储存品质品尝评分参考样品	LS/T 15211-2022
37	粮食和国家物资储备标准制定、修订程序和要求	LS/T 1301—2022
38	粮油检验免疫亲和柱评价规范	LS/T 6140—2022
39	红米	LS/T 3270—2022
40	花生储藏技术规范	LS/T 1224—2022
41	粮油储藏横向通风风机技术要求	LS/T 3549—2022

数据来源：国家粮食和物资储备局标准质量中心统计资料。

表39　2022年粮食行业单位与从业人员情况总表

单位：单位数、个、人数、人

项目	单位总数	从业人员															
		从业人员总数					长期职工按学历划分					长期职工按年龄划分			
		小计	在岗职工			其他从业人员	研究生	大学本科	大学专科	中专	高中及以下	35岁及以下	36岁至45岁	46岁至54岁	55岁及以上
			小计	长期职工	临时职工										
全国总计	52852	1924182	1899308	1721764	177544	24874	27693	247314	352365	263986	830406	579226	569012	432835	140691
一、行政机关	2610	30662	30284	29191	1093	378	2504	15128	8217	1739	1603	6015	8058	9406	5712
二、事业单位	1724	27391	26679	25506	1173	712	6533	10422	5492	1366	1693	6776	8229	6862	3639
参公管理事业单位	365	6380	6375	6235	140	5	1636	2410	1606	275	308	1369	2146	1826	894
三、粮食经营企业	48518	1866129	1842345	1667067	175278	23784	18656	221764	338656	260881	827110	566435	552725	416567	131340
国有及国有控股企业	13024	467503	455659	433682	21977	11844	7137	88884	104987	66181	166493	129606	120869	129057	54150
非国有企业	35494	1398626	1386686	1233385	153301	11940	11519	132880	233669	194700	660617	436829	431856	287510	77190

数据来源：国家粮食和物资储备局统计资料。

表 40　2022 年度国家粮食和物资储备局软科学课题评价结果统计表

序号	立项单位	课题题目	评价结果
1	国家粮食和物资储备局能源储备司	国家原油储备市场调节机制研究	较高学术水平和实用价值
2	国家粮食和物资储备局规划建设司	多种情景模式下我国能源资源安全风险分析及应对措施研究	较高学术水平和实用价值
3	国家粮食和物资储备局财务审计司	国家粮食和物资储备系统事业单位国有资产增值潜力研究	较高学术水平和实用价值
4	国家粮食和物资储备局信息化推进办公室	信息化助力粮食购销领域"穿透式监管"研究	较高学术水平和实用价值
5	中国粮食研究培训中心	外商涉粮投资对我国粮食安全的影响分析	较高学术水平和实用价值
6	国家粮油信息中心	2022—2035 年我国粮食供需及贸易趋势预测	较高学术水平和实用价值
7	国家粮食和物资储备局科学研究院	我国粮食减损治理经验及长效机制研究	较高学术水平和实用价值
8	国家粮食和物资储备局宣传教育中心、中国粮食经济学会	宋代常平仓制度的若干问题研究	较高学术水平和实用价值
9	国家石油储备中心	美国页岩油发展趋势及对国际原油市场影响研究	较高学术水平和实用价值
10	国家粮食和物资储备局储备安全和应急物资保障中心	加快推进"标准化、规范化、智能化"建设进一步增强粮食和物资储备安全保障能力研究	较高学术水平和实用价值
11	国家粮食安全政策专家咨询委员会秘书处、国家粮食和物资储备局应急物资储备司	成品粮产能储备制度机制研究	较高学术水平和实用价值
12	国家粮食和物资储备局职业技能鉴定指导中心	加强粮食和物资储备新型智库建设的建议	较高学术水平和实用价值
13	江苏省粮食和物资储备局	治理基层粮库腐败的根本路径研究	较高学术水平和实用价值
14	湖南省粮食和物资储备局	深化粮食监管体制机制改革全面推进粮食购销领域穿透式监管研究	较高学术水平和实用价值
15	国家粮食和物资储备局宁夏局	储备系统事业单位管理体制机制改革初探	较高学术水平和实用价值
16	山东省滨州市粮食和物资储备局	打造"优质粮食工程"升级版赋能黄河流域粮食产业高质量发展研究	较高学术水平和实用价值
17	武汉轻工大学、湖北省粮油信息中心	数字技术下我国政策性粮食储备监管效能提升研究	较高学术水平和实用价值
18	湖南省粮食经济科技学会、湖南省粮油产品质量监测中心	政策性粮食购销及其监管存在的问题与对策——基于粮食购销领域腐败专项整治之相关案例研究	较高学术水平和实用价值
19	华中农业大学	国际粮价上涨对我国粮食安全的影响及风险防范研究	较高学术水平和实用价值
20	中国农业大学、中国粮食研究培训中心	国家战略物资储备立法原则与路径研究	较高学术水平和实用价值
21	中国农业科学院农业信息研究所	践行大食物观系统化解饲料粮供应风险研究	较高学术水平和实用价值
22	青岛农业大学	我国粮食供给格局演变与新格局下落实粮食安全责任政策研究	较高学术水平和实用价值
23	国家粮食和物资储备局物资储备司	构建重要战略物资安全预警监测体系研究	一定学术水平和实用价值
24	国家粮食和物资储备局应急物资储备司	提升应急物资储备安全保障能力的探讨	一定学术水平和实用价值

序号	立项单位	课题题目	评价结果
25	国家粮食和物资储备局粮食交易协调中心	依托"一带一路"基础设施工程建设打开玉米进口贸易新局面研究	一定学术水平和实用价值
26	北京市粮食和物资储备局	居民家庭成品粮油储存调查研究	一定学术水平和实用价值
27	山西省粮食和物资储备局	实施"三品"提升行动引领山西特色粮食产业高质量发展研究	一定学术水平和实用价值
28	辽宁省粮食和物资储备局、沈阳师范大学	提升沿海港口集群"北粮南运"的效能研究——以辽宁省为例	一定学术水平和实用价值
29	吉林省粮食和物资储备局	吉林省水稻产业集群发展路径研究	一定学术水平和实用价值
30	上海市粮食和物资储备局	科技助力数字赋能实现政策性粮食精细化管理和穿透式监管研究	一定学术水平和实用价值
31	浙江省粮食和物资储备局	粮食购销领域穿透式监管机制研究	一定学术水平和实用价值
32	安徽省粮食和物资储备局	信息化赋能粮食购销领域穿透式监管的探索与研究	一定学术水平和实用价值
33	江西省粮食和物资储备局	江西省地方国有粮食企业运营情况调查及对策研究	一定学术水平和实用价值
34	山东省粮食和物资储备局	数字变革创新在推动粮食产业高质量发展中的驱动路径研究	一定学术水平和实用价值
35	河南省粮食和物资储备局	河南省战略和应急物资储备安全管理体制机制改革研究	一定学术水平和实用价值
36	湖北省粮食局	提升湖北省级粮油公用品牌影响力问题分析和对策研究	一定学术水平和实用价值
37	广东省粮食和物资储备局	进一步完善和创新主销区粮食市场化收购机制助力乡村振兴的探索研究	一定学术水平和实用价值
38	广西壮族自治区粮食和物资储备局	广西"智慧粮仓"助力打造"无形良田"的实践研究	一定学术水平和实用价值
39	西藏自治区粮食和物资储备局	关于应急物资储备安全管理体制机制改革的对策研究	一定学术水平和实用价值
40	陕西省粮食和物资储备局	粮食购销领域政府监管效能研究	一定学术水平和实用价值
41	甘肃省粮食和物资储备局、甘肃省粮油质量监督检验所	在保障国家粮食安全视角下浅析提高西北地区大豆自给率研究	一定学术水平和实用价值
42	国家粮食和物资储备局山西局	推进"四化"建设提升监管效能——在晋中央储备粮监管机制研究	一定学术水平和实用价值
43	国家粮食和物资储备局内蒙古局	增强我国稀土等战略资源管控能力研究	一定学术水平和实用价值
44	国家粮食和物资储备局吉林局	关于改革垂直管理系统纪检监察体制深化粮食购销领域腐败问题专项整治的对策研究	一定学术水平和实用价值
45	国家粮食和物资储备局黑龙江局	坚持问题导向强化结果运用持续发挥中储粮年度考核"指挥棒"作用研究	一定学术水平和实用价值
46	国家粮食和物资储备局安徽局	中央储备粮在地监管路径研究	一定学术水平和实用价值
47	国家粮食和物资储备局江西局	压实责任创新管理保障江西辖区内中央事权粮食安全综合举措研究	一定学术水平和实用价值
48	国家粮食和物资储备局山东局	新形势下端牢能源饭碗加强国家能源储备研究——以山东辖区为例	一定学术水平和实用价值
49	国家粮食和物资储备局广东局	进一步加强进口储备粮监管的路径探讨	一定学术水平和实用价值

序号	立项单位	课题题目	评价结果
50	国家粮食和物资储备局广西局	建立国家储备仓库安防监控系统运行和维护管理体系研究——以广西局四七九处为例	一定学术水平和实用价值
51	国家粮食和物资储备局陕西局	中央储备粮质量安全监管模式的实践与思考研究	一定学术水平和实用价值
52	国家粮食和物资储备局新疆局、新疆维吾尔自治区粮食和物资储备局	新疆物资储备管理体制机制存在的问题及对策研究	一定学术水平和实用价值
53	国家粮食和物资储备局上海局、上海市粮食和物资储备局	探索走进重点产业链为供应链薄弱环节提供储备保障——以上海市为例	一定学术水平和实用价值
54	国家粮食和物资储备局浙江局	国家储备物资市场化收储轮换机制研究	一定学术水平和实用价值
55	江苏省南通市通州区粮食购销有限公司	高质量推进主粮保险路径研究	一定学术水平和实用价值
56	河南省粮食和物资储备局	优化河南省粮食安全党政同责考核方式方法研究	一定学术水平和实用价值
57	四川省粮食质量监测中心	创新方法强化手段着力提升储备粮质量监管效能研究	一定学术水平和实用价值
58	中化现代农业有限公司	聚焦产粮大县打造优质粮食工程升级版路径研究	一定学术水平和实用价值
59	北大荒农垦集团有限公司、黑龙江省农垦科学院、黑龙江省农垦管理干部学院	以北大荒粮食交易市场为牵引统筹强化"产购储运加销"协同联动机制研究	一定学术水平和实用价值
60	中国粮食行业协会	新形势下做好粮食行业职业技能人才队伍建设服务的对策研究	一定学术水平和实用价值
61	河南工业大学	新经济时代推进我国优质粮食工程的理论及方略研究	一定学术水平和实用价值
62	河南工业大学、中国粮食研究培训中心	国家战略物资储备立法选择及其制度设计研究	一定学术水平和实用价值
63	南京财经大学、南京市发展和改革委员会	基于安全和效能目标的粮食储备央地对接机制研究	一定学术水平和实用价值
64	南京财经大学、江苏省粮食和物资储备局	长三角地区应急物资一体化储备机制研究	一定学术水平和实用价值
65	南京财经大学	国家粮食应急预案的理论与实践问题研究	一定学术水平和实用价值
66	武汉轻工大学	当前国际形势下我国粮食贸易格局变化趋势及粮食进口风险防范研究	一定学术水平和实用价值
67	江南大学	双循环格局下国家粮食安全的提升路径与模式选择研究	一定学术水平和实用价值
68	江南大学	我国粮食损耗浪费政策效果评估及全产业链保障体系设计研究	一定学术水平和实用价值
69	山西农业大学	五良融合助力优质粮食工程的实施路径研究	一定学术水平和实用价值
70	广州商学院	双碳目标约束下的战略石油储备政策建议研究	一定学术水平和实用价值

数据来源：中国粮食研究培训中心统计资料。

表41　2022年度中国粮油学会科学技术奖获奖项目目录

序号	登记号	项目名称	主要完成单位	主要完成人	推荐单位
特等奖					
1	68	稻谷"六步鲜米精控技术"创新体系开发及产业化	丰益（上海）生物技术研发中心有限公司、吉林大学、河南工业大学、佐竹机械（苏州）有限公司	姜元荣、吴文福、安红周、徐杰、胡杰、刘厚清、王梅桂、潘坤、徐学兵、王巍、李超、岑涛、黄叶欣、鲍春辉、王刚、石浩、瞿若虹、牛其文	中国粮油学会食品分会
一等奖					
2	61	小麦制粉智能粉师系统研发与应用	河南工业大学、布勒商业（无锡）有限公司、海南恒丰河套面业有限公司	卞科、张恒达、温纪平、关二旗、李萌萌、赵仁勇、林江涛、王晓曦、魏建功、郭嘉、张影全、刘翀	河南工业大学
3	64	优质小麦粉数字化加工与营养健康品质提升关键技术研发应用	中粮营养健康研究院有限公司、中粮面业（巴彦淖尔）有限公司、中粮面业（海宁）有限公司、中粮面业（秦皇岛）鹏泰有限公司	杨书林、李慧、应欣、杨少武、任晨刚、张连慧、强婉丽、张瑞雪、李静、惠滢、杨海莺、林娜	中粮营养健康研究院有限公司
4	45	粮食库存数量网络实时监测关键技术及系统研发与推广	河南工业大学、吉林大学、河南工大设计研究院、山东金钟科技集团股份有限公司、国家粮食和物资储备局科学研究院、中央储备粮郑州直属库有限公司、郑州工大粮安科技有限公司	王录民、许启铿、朱航、揣君、尹君、袁庆利、高绍和、曹宇飞、刘仁利、刘永超、阎磊、韩峰	河南工业大学
5	24	负压散料输送系统关键技术装备创新与应用	河南工业大学、郑州金谷粮食机械工程设备有限公司、中粮粮谷投资有限公司、益海嘉里（武汉）粮油工业有限公司、中储粮成都储藏研究院有限公司、中央储备粮新郑直属库有限公司、郑州佰沃科技发展有限公司	卞科、陈奕州、周立刚、张瑞雪、杨书林、兰启山、常延辉、贺波、陈锡建、吴军强、程建贵、刘晓东	中国粮油学会储藏分会
6	9	食用油绿色加工及品质调控关键技术与产业化应用	西北农林科技大学、陕西关中油坊油脂有限公司、渭南石羊长安花粮油有限公司	于修烛、欧阳韶晖、张静、李琪、徐怀德、陈佳、杨会军、董瑶瑶、刘恒	中国粮油学会油脂分会
7	30	高品质花生油加工关键技术创新及产业化应用	山东兴泉油脂有限公司、武汉轻工大学、国家粮食和物资储备局科学研究院、武汉食品化妆品检验所、青岛长生集团股份有限公司、青岛品品好粮油集团有限公司、湖北巴山食品有限责任公司	李子松、郑竟成、薛雅琳、江小明、郑晓、胡传荣、矫明佳、雷芬芬、王英俊、楼汉华、王澍、王爱月	中国粮油学会油脂分会
二等奖					
8	37	粮堆霉变生物危害监测预警技术研究与应用	国家粮食和物资储备局科学研究院、中国储备粮管理集团有限公司、中储粮成都储藏研究院有限公司、成都比斯特科技有限责任公司、北京大蚯蚓数字科技有限公司	唐芳、祝凯、田琳、李迅、林荣华、祁智慧、张海洋、胡立强、刘胜强	国家粮食和物资储备局科学研究院

序号	登记号	项目名称	主要完成单位	主要完成人	推荐单位
9	31	粮食收购自动化质量检测关键技术开发及应用	新疆粮油产品质量监督检验站、国家粮食和物资储备局科学研究院、北京中仪智控科技有限公司、北京市粮油食品检验所、浙江伯利恒仪器设备有限公司	马宏、叶金、李勇、刘洪美、呙琴、范维燕、林新恩、韩逸陶、路辉丽	新疆维吾尔自治区粮食和物资储备局
10	10	制粉关键设备研磨与筛理技术的研发及产业化	中粮工程装备（张家口）有限公司	郭善辉、徐桂清、胡建军、姚中海、高春明、沈军、芦伟、梁彦兵、陈小刚	中国粮油学会食品分会
11	13	小麦加工副产物高值化利用关键技术及产业化应用	山东省农业科学院、北京工商大学、滨州中裕食品有限公司、山东大学齐鲁医院、山东渠风食品科技有限公司	杜方岭、刘洁、宗爱珍、徐同成、张慧娟、刘丽娜、王子元、李健、孟凡福	中国粮油学会食品分会
12	46	稻谷产后质量智能监管与虚拟仿真关键技术研发及应用	南京财经大学、北京工商大学、吉林大学、吉林工商学院、江苏省农垦米业集团有限公司	丁超、左敏、张亚秋、方勇、唐培安、胡秋辉、刘强、赵思琪、孔建磊	南京财经大学
13	36	国产大豆绿色制油及蛋白高值化利用关键技术与应用	吉林出彩农业产品开发有限公司、武汉轻工大学、武汉食品化妆品检验所、武汉博特尔油脂科技有限公司	郭庆江、高盼、杨靖、钟武、陈哲、陆书存、田华、赵康宇、丁琴琴	中国粮油学会油脂分会
14	59	绿色低温保质保鲜储油技术研发应用	河南工业大学、河南工大设计研究院、山东兴泉油脂有限公司、中央储备粮镇江直属库有限公司、郑州大学	刘玉兰、王振清、马宇翔、王小磊、郝新奇、张露、李子松、宋毛平、张学娣	河南工业大学
15	50	粮油食品中关键危害因子的风险精准识别、评估和管控技术研究	国家食品安全风险评估中心、中国科学院上海营养与健康研究所、丰益（上海）生物技术研发中心有限公司	刘兆平、张磊、梁江、武爱波、周萍萍、王小丹、潘坤、宋雁、曹佩	国家食品安全风险评估中心
16	33	马铃薯深加工产业化关键技术装备研究与示范	河南工业大学、郑州精华实业有限公司	陈洁、王彦波、吕莹果、汪磊、许飞、王新伟、田双起、高会民、潘丽	河南工业大学
17	2	传统白酒酿造关键装备技术集成创新与应用示范	河南工业大学、普瑞特机械制造股份有限公司	王明旭、范伟国、杨磊、范润洲、程敏、张永宇、张超、张海红、王威杰	河南工业大学
18	28	粮食中真菌毒素快速检测关键技术创新及应用	国家粮食和物资储备局科学研究院、山东省粮油检测中心、中储粮成都储藏研究院有限公司、南京中储粮粮油质监中心有限公司、南京微测生物科技有限公司	叶金、巩性涛、王松雪、陈晋莹、王培、李丽、刘洪美、袁华山、肖理文	国家粮食和物资储备局科学研究院
19	48	花生储藏加工黄曲霉毒素绿色精准防控技术及应用	中国农业科学院农产品加工研究所、佛山科学技术学院、青岛农业大学、江南大学、山东农业大学	刘阳、邢福国、李旭、杨庆利、侯汉学、纪剑、于强、杨博磊、巫世贵	中国农业科学院农产品加工研究所

序号	登记号	项目名称	主要完成单位	主要完成人	推荐单位
20	32	全脂大豆绿色高效智能膨化关键技术及装备研发应用	江苏丰尚油脂工程技术有限公司、哈尔滨商业大学、江苏丰尚智能科技有限公司、东北农业大学、黑龙江省绿色食品科学研究院	钱胜峰、黄雨洋、彭君建、张鹏飞、李杨、左青、郑环宇、朱瑜、阎宏先	中国粮油学会油脂分会
21	51	小麦玉米粮食深加工及循环利用集成创新技术产业示范	河南工业大学、河南省农业科学院农副产品加工研究中心、河南亿德制粉工程技术有限公司、河南省安康食品科技研究院、中粮营养健康研究院有限公司	陈志成、张康逸、田双起、温青玉、张晓琳、王立、刘晓萌、印铁、徐晴	河南工业大学
22	49	主粮功能化产品创制关键技术及设备	湖北工业大学、陈克明食品股份有限公司、中国农业机械化科学研究院集团有限公司、武汉轻工大学、湖北华大江声科技有限公司	周梦舟、梁晓军、周小玲、李维德、周坚、陈轩、王涛、胡勇、何平高	湖北工业大学
23	40	棉籽高效精深加工及产业化关键技术	新疆晨光生物科技股份有限公司、邯郸晨光植物蛋白有限公司、晨光生物科技集团克拉玛依有限公司、喀什晨光植物蛋白有限公司	韩文杰、邵会、袁新英、郎同庆	新疆生产建设兵团第三师科学技术局
24	18	植物油加工副产物—皂脚利用环保提纯技术开发应用	广西森洲生物技术有限公司、郑州远洋油脂工程技术有限公司	邱洲龙、李普选、黄政辉、郭立、万颖、邱伟洲、覃伟楠、张宁、许诗荣	中国粮油学会油脂分会
25	21	仿生动态人体上消化道的关键技术开发和应用	中粮营养健康研究院有限公司、苏州大学、苏州工业园区新国大研究院、中粮面业（秦皇岛）鹏泰有限公司、中粮米业（宁夏）有限公司	陈晓东、董志忠、孟金凤、周维彪、应剑、王梦倩、王黎明、王勇、高菁	中粮营养健康研究院有限公司
26	52	基于云数据的循环式粮食烘干设施适配技术及装备研发与产业化	中粮工程装备无锡有限公司	王猛、姚会玲、黄施凯、茅慧莲、仲其建、郭善辉、邱孟柯、刘凯、段谟泽	中粮工程科技股份有限公司
27	60	稻米加工全产业链质量安全控制与减损关键技术及应用	中粮营养健康研究院有限公司、中国科学院生态环境研究中心、中粮米业（吉林）有限公司、中粮米业（盐城）有限公司、中粮粮谷投资有限公司	史晓梅、史亚利、钱承敬、谢天、贾健斌、翟晨、白术群、蔡军、张巍巍	中粮营养健康研究院有限公司
28	6	芝麻深加工及高附加值产品的研究及应用	山东丰香园食品股份有限公司	王子建、许成举、李宏身、朱文凯、信召艳、吴月芬	山东省粮食经济学会
29	35	荣智RG系列大米色选装备关键技术及产业化开发	安徽中科光电色选机械有限公司	袁苑、张凯、汪庆花、疏义桂、张议升、王乔	安徽中科光电色选机械有限公司

序号	登记号	项目名称	主要完成单位	主要完成人	推荐单位
三等奖					
30	39	高效粮食干燥系统控制理论研究及实验装置研发	北京邮电大学、青岛农业大学、北京联合大学	周晓光、代爱妮、刘景云、陈成栋、杨军、刘相东	北京邮电大学
31	16	基于光电探测的储粮隐蔽性害虫早期检测技术及应用	河南工业大学、河南宸宇扬电子科技有限公司	樊超、梁义涛、陈磊、杨铁军、史卫亚、王锋	中国粮油学会信息与自动化分会
32	44	粮食储藏环节主要害虫智慧检测与绿色防控技术研究及示范	浙江农林大学、国家粮食和物资储备局科学研究院、浙江省储备粮管理有限公司	刘兴泉、周国鑫、张涛、金建德、冯海林、邓建宇	浙江省粮食和物资储备局
33	42	小麦蛋白精深加工及高值化利用关键技术与产业化	中国食品发酵工业研究院有限公司、江中药业股份有限公司、宁波御坊堂生物科技有限公司	谷瑞增、刘文君、熊艳霞、熊菲菲、袁媛、刘文颖	中国食品发酵工业研究院有限公司
34	23	进口粮食危险生物因子筛查关键技术的研发与应用	湛江海关技术中心、中国检验检疫科学研究院、广州海关技术中心	龙阳、袁俊杰、付伟、吴海荣、李献锋、李盼畔	湛江海关技术中心
35	54	码头船舶智能化粮食专用扦样设备	浪潮软件集团有限公司、上海良友（集团）有限公司	乔彬、石晓斐、魏革新、荆世华、郝忠诚、王福磊	中国粮油学会储藏分会
36	4	基于超导体包被的真菌毒素智能快速定量检测系统的构建与应用	中储粮成都储藏研究院有限公司、深圳市赛泰诺生物技术有限公司	陈晋莹、马志、唐颜苹、王锦、姜友军、李理	中国粮油学会储藏分会
37	56	稻谷出入库质量安全扦检一体化系统创制与应用	国粮武汉科学研究设计院有限公司、浙江伯利恒仪器设备有限公司、南京财经大学	谢健、袁建、周显青、黄文雄、邵亮亮、林新光	国粮武汉科学研究设计院有限公司
38	55	粮食安全检测用磁性生物传感器开发与应用	河南工业大学、上海交通大学、嘉兴学院	王莉、王侃、王娟、王建鹏、刘穗君、王涛	中国粮油学会信息与自动化分会
39	1	筒式仓阀控式防分级布料装置	江门市振达机械制造有限公司、中央储备粮广东新沙港直属库有限公司	江列克、郑始才、伍有照、庄泽敏、向征、袁浩强	江门市振达机械制造有限公司
40	62	面向储粮质量的电磁波快速检测关键技术及应用	河南工业大学、大恒新纪元科技股份有限公司	葛宏义、蒋玉英、秦瑶、廉飞宇、王一凡、段珊珊	中国粮油学会信息与自动化分会

注：以上特、一、二、三等奖各获奖项目的"主要完成单位"和"主要完成人"按照申报材料提供的信息，依据贡献大小按照从左到右、从上到下的顺序依次排序，其中特等奖单项授奖人数不超过18人，单位不超过9个；一等奖单项授奖人数不超过12人，单位不超过7个；二等奖单项授奖人数不超过9人，单位不超过5个；三等奖单项授奖人数不超过6人、单位不超过3个。

数据来源：中国粮油学会统计资料。

表 42　2022 年国民经济与社会发展速度指标（一）

指标	2022 年为下列各年%				平均每年增长%		
	1978 年	1990 年	2000 年	2021 年	1979—2022 年	1991—2022 年	2001—2022 年
人口							
年末总人口	146.7	123.5	111.4	99.9	0.9	0.7	0.5
城镇人口	533.9	304.9	200.6	100.7	3.9	3.5	3.2
乡村人口	62.1	58.4	60.7	98.5	-1.1	-1.7	-2.2
国民经济核算							
国内生产总值	4480.1	1589.0	589.3	103.0	9.0	9.0	8.4
第一产业	659.0	345.6	239.3	104.1	4.4	4.0	4.0
第二产业	6768.3	2235.6	631.0	103.8	10.1	10.2	8.7
第三产业	6439.7	1781.1	671.8	102.3	9.9	9.4	9.0
就业和失业							
就业人员	182.7	113.3	101.8	98.3	1.4	0.4	0.1
# 城镇就业人员	482.8	269.5	198.4	98.2	3.6	3.1	3.2
城镇登记失业人员	227.0	313.9	202.2	115.7	1.9	3.6	3.3
能源							
一次能源生产总量	743.0	448.8	336.6	109.2	4.7	4.8	5.7
能源消费总量	947.0	548.3	368.2	102.9	5.2	5.5	6.1
固定资产投资							
全社会固定资产投资总额		12830.5	1760.6	104.9		18.4	16.2
# 房地产开发		52465.6	2666.4	90.0		24.8	19.5
对外贸易和实际利用外资							
货物进出口总额	118500.9	7566.0	1071.2	107.6	17.5	14.5	11.4
出口额	142949.0	8026.4	1161.4	110.3	18.0	14.7	11.8
进口额	96602.9	7032.0	971.2	104.3	16.9	14.2	10.9
外商直接投资		5423.9	464.5	109.0		13.3	7.2
主要农业、工业产品产量							
粮食	225.3	153.8	148.5	100.5	1.9	1.4	1.8
棉花	276.0	132.7	135.4	104.3	2.3	0.9	1.4
油料	700.3	226.5	123.7	101.1	4.5	2.6	1.0
肉类	989.2	326.5	155.1	103.8	5.3	3.8	2.0
原煤	737.7	422.1	329.4	110.5	4.6	4.6	5.6
原油	196.8	148.0	125.6	102.9	1.6	1.2	1.0
水泥	3264.1	1015.5	356.7	89.6	8.2	7.5	6.0
粗钢	3203.1	1534.2	792.2	98.3	8.2	8.9	9.9
发电量	3449.1	1424.5	652.8	103.7	8.4	8.7	8.9

数据来源：国家统计局统计资料。

表 42 2022 年国民经济与社会发展速度指标（二）

指标	2022 年为下列各年％				平均每年增长％		
	1978 年	1990 年	2000 年	2021 年	1979—2022 年	1991—2022 年	2001—2022 年
建筑业							
建筑业总产值		23195.4	2496.3	106.5		18.6	15.7
消费品零售							
社会消费品零售总额	28213.3	5297.9	1143.7	99.8	13.7	13.2	11.7
运输和邮电							
客运量	220.0	72.3	37.8	67.3	1.8	-1.0	-4.3
货运量	1613.0	530.9	379.2	97.2	6.5	5.4	6.2
移动电话用户		9189602.6	1991.5	102.5		42.9	14.6
固定电话用户	9318.1	2619.1	123.9	99.3	10.9	10.7	1.0
科技、教育、卫生、文化							
R&D 经费支出			3446.5	110.4			17.5
技术市场成交额			7343.4	128.1			21.6
在校学生数							
#普通、职业本专科	4275.0	1773.8	658.1	104.7	8.9	9.4	8.9
普通高中	174.7	378.3	225.9	104.2	1.3	4.2	3.8
初中阶段	102.5	130.7	81.8	102.0	0.1	0.8	-0.9
小学阶段	73.4	87.7	82.5	99.6	-0.7	-0.4	-0.9
医院数	398.1	257.4	226.7	101.2	3.2	3.0	3.8
医院床位数	696.6	410.0	353.7	103.4	4.5	4.5	5.9
执业（助理）医师	453.4	251.5	213.6	103.4	3.5	2.9	3.5

注：1. 国内生产总值按可比价格计算，固定资产投资总额平均每年增长速度按累计法计算，其他价值量指标按当年价格计算。

　　2. 能源生产和消费总量、固定资产投资 2022 年比上年速度按可比口径计算。

数据来源：国家统计局统计资料。

表 43 国民经济与社会发展总量指标（1978—2022 年）（一）

指标	单位	1978 年	1990 年	2000 年	2021 年	2022 年
人口						
年末总人口	万人	96259	114333	126743	141260	141175
城镇人口	万人	17245	30195	45906	91425	92071
乡村人口	万人	79014	84138	80837	49835	49104
国民经济核算						
国内生产总值	亿元	3678.7	18872.9	100280.1	1149237.0	1210207.2
第一产业	亿元	1018.5	5017.2	14717.4	83216.5	88345.1
第二产业	亿元	1755.1	7744.1	45663.7	451544.1	483164.5
第三产业	亿元	905.1	6111.6	39899.1	614476.4	638697.6
人均国内生产总值	元	385	1663	7942	81370	85698
就业和失业						
就业人员	万人	40152	64749	72085	74652	73351
＃ 城镇就业人员	万人	9514	17041	23151	46773	45931
城镇登记失业人员	万人	530	383	595	1040	1203
居民收入						
全国居民人均可支配收入	元	171	904	3721	35128	36883
城镇居民人均可支配收入	元	343	1510	6256	47412	49283
农村居民人均可支配收入	元	134	686	2282	18931	20133
财政						
一般公共预算收入	亿元	1132.3	2937.1	13395.2	202554.6	203703.5
一般公共预算支出	亿元	1122.1	3083.6	15886.5	245673.0	260609.2
能源						
一次能源生产总量	万吨标准煤	62770	103922	138570	427115	466000
能源消费总量	万吨标准煤	57144	98703	146964	525896	541000
固定资产投资						
全社会固定资产投资总额	亿元		4517.0	32917.7	552884.2	579555.5
＃ 房地产开发	亿元		253.3	4984.1	147602.1	132895.4
对外贸易和实际利用外资						
货物进出口总额	亿元	355.0	5560.1	39273.3	390921.7	420678.2
出口额	亿元	167.7	2985.8	20634.4	217287.4	239654.0
进口额	亿元	187.4	2574.3	18638.8	173634.3	181024.2
外商直接投资	亿美元		34.9	407.2	1809.6	1891.3
主要农业、工业产品产量						
粮食	万吨	30477	44624	46218	68285	68653
棉花	万吨	217	451	442	573	598
油料	万吨	522	1613	2955	3613	3654
肉类	万吨	943	2857	6014	8990	9328
原煤	亿吨	6.2	10.8	13.8	41.3	45.6
原油	万吨	10405	13831	16300	19888	20472
水泥	万吨	6524	20971	59700	237724	212951
粗钢	万吨	3178	6635	12850	103524	101796
发电量	亿千瓦时	2566	6212	13556	85342	88487

数据来源：国家统计局统计资料。

表 43　国民经济与社会发展总量指标（1978—2022 年）（二）

指标	单位	1978 年	1990 年	2000 年	2021 年	2022 年
建筑业						
建筑业总产值	亿元		1345.0	12497.6	293027.4	311979.8
消费品零售						
社会消费品零售总额	亿元	1558.6	8300.1	38447.1	440823.2	439732.5
运输和邮电						
客运量	万人	253993.0	772682.0	1478572.5	830256.6	558737.6
货运量	万吨	319431.4	970602.0	1358681.7	5298499.1	5152571.1
邮政业务总量	亿元	14.9	46.0	232.8	13698.3	14316.7
电信业务总量	亿元	19.2	109.6	4559.9	17197.5	17497.5
移动电话用户	万户		1.8	8453.3	164282.5	168344.3
固定电话用户	万户	192.5	685.0	14482.9	18070.1	17941.4
金融						
金融机构人民币项存款余额	亿元	1155.0	13943.0	123804.0	2322500.0	2584998.0
金融机构人民币项贷款余额	亿元	1890.0	17511.0	99371.0	1926903.0	2139853.0
科技、教育、卫生、文化						
R&D 经费支出	亿元			895.7	27956.3	30870.0
技术市场成交额	亿元			650.8	37294.3	47791.0
在校学生数						
# 普通、职业本专科	万人	85.6	206.3	556.1	3496.1	3659.4
普通高中	万人	1553.1	717.3	1201.3	2605.0	2713.9
初中阶段	万人	4995.2	3916.6	6256.3	5018.4	5120.6
小学阶段	万人	14624.0	12241.4	13013.3	10779.9	10732.1
医院数	万个	0.9	1.4	1.6	3.7	3.7
医院床位数	万张	110.0	186.9	216.7	741.4	766.3
执业（助理）医师	万人	97.8	176.3	207.6	428.8	443.5
社会保障						
参加基本养老保险人数	万人		6166.0	13617.4	102871.4	105301.0
参加基本医疗保险人数	万人			3786.9	136296.7	134570.0
参加失业保险人数	万人			10408.4	22957.9	23807.0
参加工伤保险人数	万人			4350.3	28286.5	29111.0
参加生育保险人数	万人			3001.6	23751.7	24608.0
社会保险基金收入	亿元		186.8	2644.9	96936.8	102033.5

注：1.2000 年社会消费品零售总额根据第四次全国经济普查结果及有关制度规定进行了修订。

　　2. 本表价值量指标中，邮政、电信业务总量 2000 年及以前按 1990 年不变价格计算；2021 年起邮政业务总量按 2020 年不变价格计算，电信业务总量按上年不变价格计算；其余指标按当年价格计算。

　　3.2022 年社会保障数据为快报数。2017 年及以后大部分省份参加新型农村合作医疗的人员并入城乡居民基本医疗保险参保人数中；2016 年及以前主要为城镇基本医疗保险参保人数。

数据来源：国家统计局统计资料。

后　记

　　《中国粮食和物资储备发展报告》是国家粮食和物资储备局主编，经国家新闻出版管理部门批准出版，逐年编撰、连续出版的资料性年刊。主要聚焦粮食和物资储备重点难点问题，系统反映发展状况，客观展示历史足迹，为科学决策和理论研究提供参考，为社会了解粮食和物资储备发展状况提供帮助。《中国粮食和物资储备发展报告 2023》（以下简称《发展报告》）囊括粮食生产、市场供求形势分析、宏观调控、安全监管、质量与标准、流通体系建设、流通体制改革、棉花和食糖储备、物资储备、能源储备、科技人才与创新发展、节粮减损与帮扶支援、对外开放与国际合作 13 个部分，设置 9 个专栏，突出反映 2022 年度重点、亮点工作，全面展现粮食和物资储备改革发展成果。《发展报告》（包括附表）所有统计资料和数据均未包括我国香港、澳门特别行政区和台湾地区。

　　《发展报告》在编写过程中得到了国家发展和改革委员会、农业农村部、国家统计局等有关部门的大力支持，参加《发展报告》编写工作的部门及单位有：国家发展和改革委员会农经司、经贸司、价格司，农业农村部种植业管理司，国家统计局综合司、农村司，国家粮食和物资储备局办公室（外事司）、粮食储备司、物资储备司、能源储备司、应急物资储备司、法规体改司、规划建设司、财务审计司、安全仓储与科技司、执法督查局、直属机关党委（人事司）、信息化推进办公室、标准质量中心、中国粮食研究培训中心、国家粮油信息中心、粮食交易协调中心、科学研究院、宣传教育中心、国家石油储备中心、中国粮油学会等。

　　在此，谨向在《发展报告》编写过程中给予大力支持的领导、专家和同志们表示衷心的感谢！《发展报告》如有不妥之处，敬请批评指正。

《中国粮食和物资储备发展报告》编辑部

中国粮食研究培训中心

2023 年 8 月

责任编辑：刘敬文

图书在版编目（CIP）数据

中国粮食和物资储备发展报告 2023 ／国家粮食和物资储备局 主编 .—北京：人民出版社，2023.10

ISBN 978－7－01－025863－8

I.①中…　 II.①国…　 III.①国家物资储备－研究报告－中国－2023　 IV.① F259.21

中国国家版本馆 CIP 数据核字（2023）第 149765 号

中国粮食和物资储备发展报告 2023

ZHONGGUO LIANGSHI HE WUZI CHUBEI FAZHAN BAOGAO 2023

国家粮食和物资储备局　主编

人民出版社 出版发行

（100706　北京市东城区隆福寺街 99 号）

中煤（北京）印务有限公司印刷　新华书店经销

2023 年 10 月第 1 版　2023 年 10 月北京第 1 次印刷

开本：889 毫米 ×1194 毫米 1/16　印张：15.25

字数：151 千字

ISBN 978－7－01－025863－8　定价：150.00 元

邮购地址 100706　北京市东城区隆福寺街 99 号

人民东方图书销售中心　电话：（010）65250042　65289539